KB113674

꾼들의 재개발·재건축 투자급소 50

꾼들의 재개발·재건축 투자급소 50

초판 1쇄 발행 2023년 8월 20일

지은이 김부현
펴낸이 변선욱
펴낸곳 왕의서재
마케팅 변창욱
디자인 꼼지락

출판등록 2008년 7월 25일 제313-2008-120호
주소 경기도 고양시 일산서구 일현로 97-11 두산위브더제니스 105-601
전화 070-7817-8004
팩스 0303-3130-3011
이메일 latentman75@gmail.com
블로그 blog.naver.com/kinglib

ISBN **979-11-86615-63-8 13320**

책값은 표지 뒤쪽에 있습니다.
파본은 구입하신 서점에서 교환해드립니다.

꾼들의 재개발 재건축 투자급소 50

김부현 지음

헤리티지
HERITAGE

차례

4장. 투자는 디테일에서 판가름난다

5장. 핵심용어 모르면 진짜 호구된다

INTERVIEW

머리말_ 출판사와의 인터뷰

인플루언서들이 절대 알려주지 않는 부동산 시장 독법

Q 2023년 하반기부터 부동산시장이 상승할 것이라는 칼럼으로 극과 극의 평가를 받았는데, 현재 부동산시장을 어떻게 보고 있는지요?

지난 1월에 "2023년 집값 상승한다"라는 칼럼을 두고 하시는 말씀 같은데요. 개인적인 견해를 적어본 것이었는데 의외로 많은 관심을 가져주신 것 같습니다.

하반기가 되면 미국금리뿐만 아니라 국내 기준금리도 점차 안정될 것입니다. 물가도 안정되고 대출금리도 점차 내려가겠고요. 그간 정부에서 발표했던 각종 부동산 대책들도 효과가 나타나겠지요.

게다가 우리니라 부동산시장을 쥐락펴락하는 3대 공생체(전문가,

언론, 건설사)들의 대정부 압박이 강화되면서 정부는 전방위적 규제 완화대책을 계속 쏟아낼 것입니다. 또한 그들이 자주 써먹어 왔던 부동산발 경제 위기론과 막무가내식 대국민 홍보전략이 통하고 있어 미분양이 점차 해소되면서 메이저아파트를 중심으로 상승세로 전환될 거라고 봅니다. 물론 통계적으로는 미분양이 늘어나고 있지만, 악성 미분양은 호들갑을 떨 만한 수준은 아닙니다.

이런 와중에 난데없이 집값이 오름세로 돌아설 거라고 하니 그 근거를 대라고들 합니다. 도대체 그 근거란 게 뭘까요? 아마도 각종 통계, 언론 기사, 전문가의 전망치, 미분양 증가 등을 말하는 듯합니다. 하지만 부동산 관련 통계, 언론 기사, 전문가를 그다지 신뢰하지 않습니다. 그런 근거는 널리고 널렸으니 굳이 제가 이야기할 필요는 없을 것 같습니다.

단정할 순 없지만, 하반기가 되면 또 언제 그랬냐는 듯 잘난체하는 집단에서부터 '집값 하락세 멈추고 상승세로 돌아섰다' '미분양 해소로 경기회복 신호' 등과 같은 전망치가 나올 것이고 이에 언론들도 관련 기사들을 쏟아낼 것입니다.

건설사 주장을 앵무새처럼 받아쓰는 언론이 많은 이유 중 하나는 지나치게 많은 건설사가 언론과 방송사를 소유하고 있기 때문입니다. 그들의 언론 사랑은 눈물겨울 정도인데요.

건설사의 언론, 방송사 지분 소유구조(2021년)를 보면, SBS-태영건설, 헤럴드경제-중흥그룹, 서울신문-호반건설, 광주방송-호반건설,

TV조선-부영주택, 한라일보-부영주택 등. 일일이 나열하기도 힘들 정도입니다.

건설사들이 왜 언론을 소유하려 할까요? 건설사는 광고 비중이 매우 높은 편이잖아요. 어차피 집행할 광고비라면 자기 소유 언론사에다 광고하는 게 더 좋지 않겠어요. 또 자기들 이해관계에 따라 부동산 뉴스를 내보내는 홍보 창구로 이용할 수도 있죠. 그래서 투자자들 사이에서는 언론의 부동산 뉴스는 반대로 해석하라는 말이 유행하고 있는 것입니다.

따라서 건설사발 미분양위기론에 공생체들이 합세하여 여론전을 펼치면 정부도 계속 완화대책을 낼 것이기 때문에 경제가 아닌 정치 논리에 의해 집값이 상승세로 전환할 수밖에 없다고 보는 겁니다. 거기다 내년 총선을 위해서라도 정부는 부동산시장을 띄워야 하는 숙제를 안고 있기도 하구요.

Q 2023년 부동산시장 전망에서 인플루언서, 전문가, 유명 유튜버들이 하는 이야기와 상당한 차이가 있는데, 이유가 뭘까요?

앞의 질문과 연결되는 것 같은데요. 결국 부동산시장을 바라보는 시각의 차이 즉 접근방식의 차이라고 생각합니다. 그들은 통계와 경제 논리로 접근하지만, 저는 심리와 정치 논리로 접근하기 때문인 것 같습니다.

내로라하는 전문가나 인플루언서들이 올해 집값이 내린다고 하는 근거는 여러 가지가 있겠지만 결국 통계와 직결됩니다. 그들이 하락론을 내세우는 근거는 거창하죠. 미국 금리 인상, 국내 기준금리 인상, 부동산 심리 위축, 미분양 증가, 대외적인 거시경제의 불확실성 등이 통계와 함께 단골 메뉴로 등장합니다. 그럴듯하죠. 이러한 단골 메뉴들은 계속 재탕된다는 공통점이 있죠.

하반기에 집값이 상승세로 돌아설 것이라고 한 이유는 우리나라만의 독특한 부동산시장의 특성 때문입니다. 앞서 언급했듯이 우리나라 부동산시장은 경제 논리가 아닌 정치 논리에 의해 결정된다는 단순한 논리죠.

오랫동안 서로 맞서 싸우기 좋은 양당제가 지속되다 보니 대안이 없어지고 제3의 선택지가 없어진 거죠. 부동산정책도 결국은 국회에서 법을 바꿔야 하는데 맨날 맞짱 뜨고 있으니 사실 정부도 뾰족한 방법이 없는 거죠. 부동산 역시 태생적으로 정치 논리에 휘둘릴 수밖에 없는 구조가 오랫동안 정착되어온 것입니다.

얼마 전 서울 둔촌주공 일병 구하기 대책도 다분히 정치적 결정이었다고 봅니다. 많고 많은 단지 중 왜 하필 둔촌주공이었냐? 유권자 수가 많으니까 대마불사론이 작동한 거죠. 12,000세대나 되는 단군 이래 최대의 재건축단지라는 상징성과 총선을 앞둔 정치 논리 때문이라고 봅니다.

어떤 정권이든 부동산 정책의 최종 목표는 현상 유지입니다. 집값이 올라도 표가 떨어지고 집값이 내리면 기득권층과 다주택자들이 들고 일어나기 때문입니다. 이것이 반복되다 보니 부동산시장은 기울어진 운동장이 된 지 오래고, 기울어진 운동장에서는 정상적인 축구 경기가 진행되기 어렵고 통계도 객관성을 상실하게 되는 것이죠. 기울어진 운동장에 빌붙어 공생하는 부류 중 하나가 공생체의 앞잡이 역할을 하는 전문가라는 집단이죠.

"우리가 곤경에 빠지는 것은 뭔가를 몰라서가 아니라 뭔가를 확실히 안다는 착각 때문이다." 마크 트웨인(Mark Twain)의 말이지만, 영화 《빅쇼트(The Big Short)》 때문에 유명해졌습니다. 전문가일수록 뭔가를 확실히 안다는 착각에 빠집니다. 그들의 전망은 화려한 말장난에 불과합니다. 정답도 없고, 오답도 없고, 주장에 대한 책임도 따르지 않습니다. 각종 통계와 그래프, 경제학, 거기다 러시아-우크라이나 전쟁까지 끌어들여 새로운 대안을 제시하기보다 자신의 주장을 뒷받침하는 근거로 사용하기 때문입니다.

그러니 그 예측은 빗나가기 일쑤였죠. 부동산가격 상승세가 지속되던 2022년 상반기, '땅집고'에서 전문가 20명을 상대로 하반기 부동산시장(매매가와 전세가) 전망을 조사했던 적이 있었죠. 19명이 상승한다고 했고, 1명만 매매가와 전세가 모두 하락한다고 전망했습니다. 하반기는 폭락이었죠. 적중률은 5%에 불과합니다.

이와 유사한 사례는 곳곳에서 찾아볼 수 있습니다. 전망이 틀렸으면 쪽팔려서라도 자숙하고 공부해야 하는데도 계속 얼굴을 들이밀고 있죠. 정치인도 잘못하면 자숙 모드로 전환하는데 정치인들보다 얼굴이 더 두껍다고 봐야죠.

'투자의 대부'로 불리는 앙드레 코스톨라니(Andre Kostolany)도 《투자는 심리게임이다》에서 "전문가들은 두 눈을 가린 검투사와 같다. 이들의 예측은 거의 설득력이 없고 현란한 말장난에 불과하다. 어쩌다 맞출 수는 있지만, 원숭이보다 확률이 낮다. 따라서 믿을 게 못 된다. 그들의 주고객은 투자의 새내기들뿐이다. 그들의 말 중 90% 이상이 광고나 조작이다."라고 퍼부었죠.

전부는 아니겠지만 인플루언서들도 부동산시장을 들쑤시는 부류죠. 끝을 모르고 하늘로 치솟던 집값을 잡기 위해 대책이라는 대책은 다 동원했지만, 집값이 잡히지 않다가 단번에 집값을 잡은 건 40년 만에 들이닥친 인플레이션을 잡기 위해 단행한 금리 인상 때문이었죠. 천정 심리가 졸지에 공포심리로 변해 버렸어요.

심리지표를 대표하는 소비자동향지수, 주택가격전망지수도 하루 사이에 절망 지수로 바뀌었고요. 이러한 틈을 타 팬데믹을 확대재생산하는 부류가 바로 유튜브라는 소셜미디어로 무장한 인플루언서들이죠.

우리나라 유튜브 구독자 수(중복구독자)는 코로나19를 거치면서

36억 명(2021년)으로 수직 상승했다고 합니다. '지금 집 사면 호구', '부동산 대폭락 아직 시작도 안 했다' 등과 같은 자극적인 주제로 개미들을 절망의 구렁텅이로 몰아가는 몰빵 방송을 실시간으로 내보내면서 정보의 편중화로 시장을 교란하고 있죠.

사회과학에서 과거에 대한 결과를 분석하고 해석하는 전문가는 있을 수 있지만, 미래를 예측하는 것은 인간이 아닌 신의 영역이라고 봐야 합니다. 그런데도 마치 신인 양 나대는 인간들이 너무 많죠. 얄팍한 지식적 우월성이죠.

'미래는 오래된 과거'라는 말도 있지만, 그것은 수학적, 통계학적 시각에 불과합니다. 부동산시장에서는 과거의 통계가 미래로 잘 연결되지 않습니다. 같은 상황을 두고도 변덕스러운 인간 심리와 감정 탓에 과거와 미래가 다를 수 있기 때문입니다.

그런데도 왜 해마다 그토록 많은 전문가가 전망치를 쏟아낼까요? 그들을 철석같이 믿고 따르는 꼬봉이, 즉 개미들이 있기 때문이다. 개미들은 그들의 호구이자 밥이죠. 인간은 환경에 적응합니다. 같은 이야기를 반복해서 들으면 그 이야기에 빠져들게 되고, 폭력 영화를 자꾸 보면 폭력적으로 변하는 게 인간입니다. 부정적 언론 기사를 반복해서 보면 부정적 프레임을 가질 수밖에 없죠.

Q **최근 미분양이 증가해 건설사들이 어려움을 겪고 있어 이대로 가다가는 국가 경제에 심각한 위기가 될 것이라는 이야기가 많은데, 어떻게 생각하는지요?**

앞서 언급했던 건설사발 미분양위기론과 일맥상통하는 부분인데요. 한마디로 말도 안 되는 억지라고 봅니다. 그럼 왜 억지를 부릴까요?

늘 그래왔거든요. 그렇게 해서 미분양이 생길 때마다 국민에게 떠넘겼죠. 오랫동안 써먹어 왔던 공생체들의 못된 버릇이죠. 국민을 우습게 보고 심지어 정부도 얕잡아 본다는 반증입니다.

그러다 보니 건설사는 부동산시장을 좌지우지하는 공생체 중에서도 가장 상위의 포식자가 된 거죠. 최근 또다시 건설사의 진두지휘 아래 공생체들이 일제히 나서서 미분양발 경제위기 운운하는 걸 보면 어처구니가 없습니다.

만든 제품이 팔리지 않으면 머리를 싸매고 품질을 좋게 하거나 가격을 낮추는 게 순서고 경제 논리에도 맞습니다. 저질인 제품을 터무니없는 가격으로 책정해 놓고 전문가, 언론 동원해서 국민에게 집 사라고 꼬드기다 안 되니까 이제는 정부를 압박하고 있습니다. 정치 논리로 접근하는 것이죠.

우리나라에 집 없는 사람이 40%나 되는데 왜 미분양이 생기는 걸까요? 비싸기 때문입니다. 왜 비쌀까요? 집이 부족해서죠. 그런데도 정부까지 나서 집이 남아서 미분양이 생기는 것처럼 호도하고 있습니다.

과연 그럴까요? 나라별 사정은 다르겠지만 OECD 기준(인구 천 명당 주택 수)으로 보면, 우리나라는 주택이 턱없이 부족했고 지금도 그렇습니다. 그런데도 종종 미분양 났다고 난리를 쳤죠. 맘대로 지어놓고 조금만 미분양 나면 경제가 폭망한다는 해괴한 주장을 펼쳐 왔고늘 국민은 그들의 총알받이가 되어왔죠.

분양이 안 되는 것은 고금리 탓이 아닙니다. 대출이 어려운 탓도 아니고, 미국 금리 탓도 우크라이나 전쟁 탓도 아닙니다. 가격 탓입니다. 품질 대비 비싸니까 수요자들이 외면하는 겁니다.

다른 이유는 대국민 홍보용에 불과합니다. 지난 2월 기준 미분양 아파트는 7만5천 가구입니다. 증가하고 있는 건 맞지만 미분양 때문에 국가 경제가 거덜 난다는 식으로 침소봉대하는 건 지나가는 소가 웃을 일입니다.

경제 논리가 정상적으로 작동한다면 미분양이 생기면 먼저 건설사가 망해야 하는데 그때마다 언론, 전문가 동원하여 국민의 호주머니를 털어갔죠. '영끌'하라고 부추긴 게 누구였는지 보세요. 우리나라 건설사의 영업력은 세계 최고 수준입니다. 미분양이 생겨도 어떻게든 팔아 버리잖아요. 국민 꼬드기다 안 되면 마지막에는 국가가 사게 할 정도니까요.

얼마 전, 대통령까지 나서서 미분양아파트를 공공기관(LH, HUG)에서 매입해서 공공임대해 보라고 하자, LH는 단번에 서울 미분양아파트 36채를 80억에 매입했죠. 농민들은 국회 앞에서 삭발까지 하면서 남는 쌀을 정부에서 사 달라면서, 길거리에 드러눕고 쌀을 뿌려도 정부는 본 척도 하지 않습니다.

미분양아파트는 사주면서 쌀은 사주지 않는 겁니다. 식당을 운영하는 자영업자도 예측을 잘 못해서 밥이나 반찬이 남으면 손해를 보지 정부한테 사가라고 하지는 않죠.

대통령도 앵무새처럼 자유시장경제 운운하지만, 자유시장경제 원리가 돌아가는 나라에서 어느 정도 미분양이 나는 건 당연한 것 아닌가요? 짓는 족족 분양이 다 되는 게 더 이상하지 않나요? 완판이 되니까 가격도 안 내리고 품질도 닭장 수준이죠. 외국 건설사들의 국내 주택 시장 진입이 필요한 이유이기도 합니다.

아직도 무슨 영업비밀 운운하며 분양원가 공개도 제대로 하지 않고 있잖아요. 작년 한 해 자영업자 35만 명이 피눈물 흘리며 문을 닫았습니다. 쫄딱 망했지만 누구도 정부 탓을 하지 않았습니다. 식당 망하는 건 괜찮고 건설사 망하면 나라가 폭망하나요? 돈을 쓸어 담을 땐 가만 있다가 미분양이 생기는 건 우매한 국민 탓이라 생각하는 것이죠. 참 신기할 뿐입니다.

미분양 때문에 끙끙 앓고 있지만 정작 문 닫는 건설사는 별로 없습니다. IMF 때 종합건설사 117곳, 전문건설사 248개가 망했지만, 그때도 우리나라 경제는 폭망하지 않았습니다. 저만 그런가요? 미분양, 물가상승, 인건비 상승, 금리 인상 등으로 건설사 망하는 소리는 안 들리고, 분양가 왕창 올라가는 소리만 들리네요.

Q **부동산시장이 가라앉자 정부가 각종 대책을 쏟아내고 있는데 대책이 적절하다고 보시는지요?**

결론부터 말씀드리면, 정책의 방향은 옳다고 생각합니다. 전 정부는 사실상 할 수 있는 모든 걸 다 동원하여 규제했지만, 결과는 집값 폭등이었잖아요. 순진하게 경제 논리에 따른 통계만 보고 대책을 남발했던 것이죠.

반복하지만, 우리나라 부동산시장은 경제학 교과서로만 접근해서는 곤란한 측면이 있습니다. 부동산에 관한 한 합리적 소비, 이성적 의사결정을 기반으로 하는 경제 논리가 잘 들어맞지 않는다는 것이죠. 바로 심리라는 괴물 때문입니다.

매매가가 3억인데 5억을 주고 사는 건 오른다는 심리 때문이고, 5억 하는 아파트가 3억이 돼도 사지 않는 것 역시 심리적 요인 때문입니다. 오를 때는 더 오를 것 같고 내릴 때는 더 내릴 것 같아서인데 부동산은 주로 단계적 상승, 수직적 하락 패턴을 보입니다. 오를 때는 시간을 두고 천천히 오르지만 내릴 때는 단기간에 급락하는 것도 부정적 요인을 크게 인식하는 심리 때문입니다.

아무튼 규제 위주였던 전 정부와는 달리 대대적인 완화정책을 펼치고 있는 현 정부의 대책은 적절하다고 봅니다. 현 정부의 부동산 정책을 한마디로 표현하면 '정상화'라는 키워드로 대별됩니다.

전 정부에서 각종 규제에도 불구하고 집값이 오르자 다시 규제를 풀고 원래의 위치로 정상화하겠다는 것이죠. 실제로 각종 규제를 폐지하거나 완화하고 있죠. 실거주 및 전매제한 규제를 완화하고, 중도금 대출과 그린벨트도 상당 부분 해제했습니다. 그런데도 4월, '한국갤럽' 여론조사 결과를 보면, 현 정부의 부동산정책에 대해 국민의 50%가 잘못하고 있다고 평가했는데요. 이는 대대적인 규제 완화에도 여전히 비싼 집값 때문에 정책의 효과가 잘 나타나지 않기 때문으로 보입니다.

Q 평소 주택보급률보다 인구 천 명당 주택 수 통계가 중요하다고 강변하시는데, 이유가 있을까요?

양적지표인 주택보급률은 더는 우리나라의 경제 수준에 맞지 않다고 생각하기 때문입니다. 선진국을 목전에 두고 있는 우리에게 맞지 않는 옷이죠. 부동산 관련 통계에서 여전히 귀족 대우를 받고 있지만, 주요 선진국에서는 쓰레기통에 들어간 지 오래죠. 이외에도 부동산 관련 통계는 부지기수예요. 일부 유용한 통계도 있지만 대부분은 표본 부족 등으로 곧이곧대로 받아들이기 어려운 측면이 있습니다.

- 1998년 S대학교 경영학과 졸업생들 평균 소득이 1억이라는 결과가 나왔다. 그러나 그들 중 한두 명이 1,000억을 벌었다면, 다른 졸업생들 90%가

2,000만 원을 못 벌어도 평균 소득이 1억 원이라고 결론 내리는 게 통계다.
- 5만 명이 사는 동네에 10가구를 방문하고 나서 다섯 집에 피아노가 있다고, 이 동네에 2만 5,000대의 피아노가 있다고 하는 게 통계다.
- 1,000세대가 사는 아파트단지에서 2채가 30% 싼 가격으로 거래되면, 나머지 998세대의 아파트값도 30% 하락했다고 하는 게 통계다.
- P라는 도시에 10,000채의 아파트가 있는데 그중 200채만 표본으로 조사해서 나온 결과를, P도시 전체 아파트 10,000채에 적용하는 게 통계다.

2019년 우리나라 주택보급률은 105% 수준이었으나, 계속 줄어 2021년에는 102.2%인데요. 통계상으로는 이미 초과 공급상태지만 여전히 집이 부족합니다. 미분양이 생기는데 집이 부족하냐고 반문할지 모르겠지만, 부족합니다. 외국의 주요국들이 주택보급률 통계를 사용하지 않는 이유는 통계의 허점이 많기 때문인데 자세히 이야기해 보고자 합니다.

먼저 주택 수에 고시원, 오피스텔, 쪽방, 기숙사와 같은 곳을 제외하고 있다는 점입니다. 서울의 가구 수(2021년)는 404만6,800가구인데요. 반면 주택 수는 381만1,900채가량으로 약 23만 5천 채가 부족합니다. 통계대로라면 서울에는 집이 없어 잠잘 곳 없는 노숙자 23만5,000명이 거리를 떠돌고 있어야 하죠. 그러나 서울에 가보면, 23만5,000명이 잘 곳이 없어 떠돌아다니지 않습니다. 대부분은 오피스텔, 쪽방, 고시원, 기숙사 같은 곳에 거주하고 있기 때문입니다.

또, 가구 수에 우리나라에 거주하는 외국인들은 빠져 있습니다. 우리나라에 거주하는 외국인들이 길거리에서 자는 것도 아닌데, 통계는 모두 집이 없어 길거리에서 자는 것으로 보고 있다는 것입니다. 외국인들을 모두 노숙자로 본다는 의미인데 말이 안 되는 소리죠.

경기도 안산시 반월동 어느 지역에 100가구에 100채의 주택이 있을 경우 외국인 가구가 5가구라면, 이들 5가구가 빠진 95가구가 가구 수로 적용되어 주택보급률((100가구/95채)×100)상으로는 105.26%가 되어 집이 대략 5채가 남는 것으로 나옵니다. 빈집이 없는데도 빈집이 있는 것으로 잡히는 것이죠. 따라서 외국인 가구가 많은 동네는 남아도는 빈집이 많은 것으로 나타나게 되겠죠. 외국인 가구가 증가하는 마당에 이런 통계를 왜 만들고 있는지 이해하기 어렵습니다.

주택의 질이 반영되지 않는다는 허점도 있습니다. 현실적으로 시골이나 도시 달동네에 낡고 오래된 집이 있다면 그 집에서 살기보다는 새로운 집으로 찾아 떠나려는 수요가 많기 때문에 주택보급률이 100%라도 주택은 모자랄 수밖에 없습니다.

낡고 오래되어 물이 새는 집, 지붕이 부서지고 멸실되기 직전의 집은 사실상 사람이 거주하기 힘들어 집으로서의 효용가치가 없어 집이 아닌 것으로 봐야 하는데 통계에는 집으로 잡히고 있습니다.

미분양 리스크 운운하지만, 사실 어느 정도의 초과공급은 걱정할 필요가 없습니다. 예를 들어보죠. 한 마을에 가구당 4명씩 2가구가 살고 있다면 집이 2채 필요합니다. 그런데 1채만 공급하면 주택보급률((1채 ÷ 2가구) × 100)은 50%가 되므로 1가구는 노숙을 해야 합니다. 그런데 실제 가보면 주택보급률은 100%로 나옵니다. 길에서 잘 수는 없어 그 한 채에 가벽을 만들어 2가구가 몸을 부비며 살기 때문입니다.

반대로 집을 3채 공급하면 주택보급률((3채 ÷ 2가구) × 100)은 150%가 됩니다. 따라서 1채는 비어 있어야 하는데 일정 시간이 지나서 가보면 나머지 1채에도 살고 있죠. 즉, 주택보급률상 집이 부족해도 길거리에서 잠을 자지 않고, 집이 남아도 빈집으로 계속 있는 것이 아니라 일정 시점이 되면 가구가 분화하여 계속 빈집으로 남아 있지는 않다는 것입니다. 엄청난 초과공급이 아니라면 주택보급률은 결국 100%로 맞춰지게 되죠.

주택과 관련한 유용한 통계도 있지만, 대부분 표본 자체가 적어 전체를 대변하기 어렵고, 표본의 다양성이 떨어져 획일화할 여지가 많습니다. 유용한 통계 역시 시대적 변화를 다양하게 반영할 수 있는 노력이 따라야 통계로서의 신뢰성을 확보할 수 있을 것입니다.

그래서입니다. 우리나라 부동산 통계로는 돈을 벌기가 어렵습니다. 돈을 잃지 않는 방법은 될 수 있을지 몰라도 돈을 버는 방법으로는 부족한 것이죠.

Q 흔히들 일본에 빗대어 우리나라도 인구가 감소하면 집값이 폭락한다는 이야기가 많은데, 이에 대해 어떻게 생각하시는지요?

우리나라의 인구수 정점은 2020년입니다. 향후 인구가 줄어들 것으로 보기 때문에 최고치로 봐도 무방하겠죠. 경제학, 통계학적으로는 인구감소는 곧 수요 감소로 이어지기 때문에 집값 하락의 요인이 될 수 있습니다.

그러나 신발이나 볼펜이 아닌 집으로 한정할 경우에는 딱 잘라 말하기 어려운 측면이 있습니다. 집에 대한 집착과 욕망을 통계로는 모두 반영할 수 없기 때문입니다. 따라서 인구감소로 인한 집값 하락을 상쇄시킬 만한 요인들이 있다면 인구가 줄어도 집값이 폭락하지는 않겠죠.

먼저 공급 부족입니다. 삶의 필수재인 집, 우리나라는 공급 과잉 시 시장의 충격을 막는다는 이유를 들어 공급을 일정 수준으로 조절해온 측면이 있습니다. 인구감소를 논하기 전에 집 자체가 부족했고 현재도 부족한 상태라는 걸 강조하고 싶습니다. 대개의 재화는 수요가 공급을 창출하지만 집은 좀 다를 수 있습니다.

집이 부족한 단적인 예로 앞서 언급했던 OECD 기준을 보죠. OECD에서 사용하는 주택공급의 적정량을 산출하는 통계는 '인구 천 명당 주택 수'입니다.

OECD에서는 인구 천 명당 주택 수를 기준으로 462채가 적정수준이라고 보는데, 우리나라는 전국 기준(2021년) 423.6채, 서울 기준 402.4채 수준에 불과한 실정입니다. 전국 기준으로 하면 OECD 기준 462채에는 약 38채가 부족합니다.

38채는 작은 수치가 아닙니다. 이를 인구 5천만 명에 대입해 보면, 190만 채의 주택이 부족하다는 결론이 나옵니다. 서울시 전체 아파트 171만 채보다 많은 수치입니다. 서울만 놓고 봐도 무려 60채 정도가 부족한 것으로 나옵니다. 마찬가지로 서울 인구 약 1천만 명에 대입하면 60만 채가 부족합니다. 서울 집값이 비싼 이유입니다. 공급 부족량이 인구감소 폭보다 크기 때문입니다.

그리고 평균수명이 늘어나는데 평균수명도 집값에 영향을 줍니다. 예전에는 평균수명이 60~70세 정도였지만, 갈수록 오래 삽니다. 아파트 수명주기를 30년으로 보면, 60세에 사망한다고 가정할 때 평생 2채가 필요하지만, 90세에 사망한다면 3채가 필요하다는 결론이 나옵니다. 따라서 수명 연장은 주택 수요를 늘리는 측면이 있습니다. 인구감소에 따른 수요 감소보다 수명 연장으로 인한 수요 증가가 더 크기 때문입니다.

게다가 은퇴자들이 주택 수요층이라는 점입니다. 인구가 감소하면 집값이 폭락한다는 측에서는 일본과 비교하곤 합니다. 일본의 전철을 밟을 수 있다는 것이죠. 알 수는 없지만, 일본의 부동산 버블은 우리와는 출발 자체가 다릅니다.

일본은 기업들이 제품생산은 뒷전이고 상업용 빌딩을 매입하는데 열을 올렸죠. 당시 은행들은 감정가의 120%까지 대출을 해주는 경우도 있었으니까요. 내 돈 한 푼 안 들이고 빌딩을 사재기할 수 있었던 것이죠. 기업들이 제품생산은 뒷전이고 부동산에 열을 올린 이유였죠.

하지만 우리나라는 상업용 빌딩이 아닌 주거의 필수재인 집이라는 점이 일본과는 다릅니다. 게다가 LTV, DTI 등과 같은 다양한 방법으로 대출을 규제해 왔기 때문에 일본의 버블을 따라갈 거라고 보지는 않습니다.

더 중요한 것은 우리나라의 베이비붐 세대에 해당하는 일본의 단카이 세대들은 은퇴하면서 수입이 없자 집을 마구 내다 파는 주택 매도층이었습니다. 반면 우리나라 은퇴자들은 은퇴한 이후에도 월세를 받기 위해 더 적극적으로 집을 구매하는 든든한 주택 매수층이라는 점이죠. 다주택자의 대부분도 은퇴자들입니다. 그동안 온갖 규제로 다주택자들을 괴롭혔지만, 다주택자 수는 꾸준히 늘고 있고, 정부의 온갖 압박에도 버티기 전략으로 늘 승자가 되었죠.

이뿐만이 아닙니다. 가구 수가 계속 분화되고 있습니다. 집은 가구 단위로 소비되는데 과거처럼 4인 가구에서 3인, 2인, 1인으로 가구 수가 분화되면 인구감소로 인한 집값 하락을 일정 부분 상쇄시킬 수 있습니다. 우리나라는 벌써 최소가구 단위인 1인 가구가 40%에 이를 정도로 가구 분화가 한계점에 다가가고 있어 가구 분화가 어렵다고 보는 시각도 있습니다. 과연 그럴까요?

과거에는 4인 가구가 대부분 집 한 채에 살았죠. 4인 가족도 있고 그 이상도 있지만, 대세가 그렇다는 것입니다. 그 후에는 자녀들이 분가하여 2인 가구로 분화되다가 이제 1인 가구가 대세가 된 것이죠. 그러나 1인 가구가 정점에 올랐다고 끝나는 것은 아니라고 봅니다.

1인 가구가 다주택자로 전환될 것입니다. 혼자 살아도 사계절을 집 한 채에 거주하는 것이 아니라 여름 집, 겨울 집, 별장 등과 같이 '1인 가구의 다주택자 전환'으로 또 집이 2채, 3채 필요하게 됩니다.

자동차 대수 증가하는 것과 유사한 형태를 보일 거라고 하면, 자동차하고 집하고 같냐고 묻곤 합니다. 물론 집은 자동차와 다르죠. 하지만 인간의 소비패턴, 심리, 또는 욕망 측면에서 보면 자동차 사듯 집을 살 것입니다.

요즘 일명 '깡통전세'로 전 국민이 흥분하고 있습니다. 한 놈이 집을 수백, 수천 채씩 가지고 있다가 사고를 친 경우인데, 이놈들은 자동차보다 더 많은 집을 가지고 있습니다. 그렇다고 흥분할 일이 아닙니다. 한편으론 부러운 존재들이죠. 나쁜 놈이니 사기꾼이니 따지기 전에 그게 인간의 본성입니다.

20만 원짜리와 기능이 같은 핸드백을 수천만 원씩 주고 사는 게 인간이죠. 소비에 관한 한 인간은 이성적이고 합리적인 존재가 아닙니다. 인간의 욕망은 이미 수치화할 수 없는 통계 그 너머에 있으니까요.

게다가 1인당 주거면적도 증가하고 있습니다. 주거면적 증가 역시 집값 하락을 막는 한 요인이 됩니다. 영화나 드라마를 보면 주인공은 혼자 살면서도 100평짜리 아파트에 살잖아요. 욕이 나오는 걸 참으면서도 한편으로는 나도 저 주인공처럼 살고 싶잖아요. 그게 인간의 본성이고 욕망이죠.

지구촌 주요국들의 '1인당 주거면적'(2019년)을 보면, 미국은 20평, 영국·일본·중국은 12평인데, 우리나라(2021년)는 9평에 불과합니다. 1인당 주거면적은 '인구 천 명당 주택 수'와 더불어 주택의 질적 측면을 중시하는 중요한 통계입니다. 이제 우리도 말로만 세계 6위다, 7위다 할 것이 아니라 경제 규모에 걸맞게 더 넓은 평수에서 살 수 있도록 해야 하고 또 그렇게 될 것입니다.

마지막으로, 자가보유율이 낮아 무주택자가 든든한 주택 수요층으로 받쳐주고 있다는 점입니다. 우리나라는 여전히 집 없는 사람이 많아 이들이 주택 수요층으로 항시 대기하고 있습니다.

우리나라의 자가보유율(2021년)은 60.6%인데, 이는 일본 61.2%, 영국·프랑스 65.1%, 미국 65.3%, 캐나다 66.3%, 이탈리아 72.3%, 호주 65%에 비하면 턱없이 낮습니다. 집값이 비싸기 때문입니다.

이외에도 여러 의견이 있을 수 있습니다만, 분명한 것은 현재 수준의 공급량으로는 인구가 줄어도 그것을 상쇄할 요인들이 충분하니 인구감소가 곧장 집값 하락으로 이어지지는 않으리라 생각합니다.

인구감소가 집값 하락에 영향을 주려면 우선 집을 왕창 짓고 나서 걱정할 일이죠. 주요국들과 비교해도 집이 턱없이 부족한데 여전히 정부와 언론은 충분한 것처럼 호도하고 있습니다.

집을 더 지으면 빈집이 증가하여 사회적 문제가 된다느니, 미분양이 나서 경제가 나빠진다느니, 온갖 이유를 대고 있죠. 분양가를 올리다 올리다 더는 명분이 없자 옵션 품목 늘려 국민 호주머니 털어가고, 그다음에는 발코니 확장해준다면서 등쳐먹고, 또 최근에는 하이엔드라는 이상한 괴물을 들고나와 공사비를 올리고 있습니다.

Q 다른 부동산에 투자할 곳도 많은데 굳이 재개발에 투자해야 하는 이유가 뭔가요?

여타의 부동산 투자보다 상대적으로 투자금이 적고, 단타도 가능하여 리스크 대비 수익성이 높기 때문입니다.

내가 돈을 벌면 투자, 남이 돈을 벌면 투기라는 말이 있어요. 투자와 투기를 간단명료하게 구분한 말입니다. 흔히들 재개발 투자는 시간이 오래 걸린다, 자금이 오래 묶인다는 말을 합니다. 사업의 진행 전 과정을 보면 맞는 말이지만 실수요자가 아니라면 가격상승 폭이 큰 단계에서 매도할 수 있습니다.

갈수록 재개발도 단타가 대세입니다. 구역 지정 무렵에 샀다면 조합설립인가 후 매도할 수 있고, 조합설립인가 후 사서 사업시행인가 무렵에 파는 식이에요. 물론 사업 단계가 진행될수록 프리미엄이 높아져 투자금이 많이 들지만, 어떤 투자든 위험과 기회는 동시에 존재하는 법입니다. 투자가 어려운 이유 중 하나는 내가 공부했던 지식, 삶의 가치관·철학 그리고 도덕적 본성 등을 거슬러야 하기 때문이에요. 기회가 80%이고 리스크가 20%인 경우에도 리스크 때문에 투자를 포기하는 것이 인간 본성입니다.

이미 지어진 아파트는 한방, 호갱노노, 네이버, 디스코, 밸류맵 등과 같은 각종 포털사이트에 실시간으로 매매 가격이 오픈되어 있어서 투자하기가 쉽습니다. 하지만 이건 투자라 할 수 없죠. 모든 사람에게 공유되는 가격에서 갭투자나 저가 매수해서 투자차익을 남기는 것은 진정한 투자가 아닙니다. 게다가 이런 식으로 돈 버는 시대는 지났다고 봐야죠.

재개발 투자는 이야기가 다릅니다. 법 공부예요. 주변에 재개발 투자로 성공한 사람이 있으면 좋겠지만 그렇지 않다면 당장 휴대폰을 꺼내세요. 내가 급해서 밤 12시에도 전화할 수 있는 공인중개사가 있는지, 내가 언제든 불쑥 방문해도 반갑게 맞이해줄 공인중개사가 있는지. 없다면 일요일마다 부동산 사무실로 달려가세요. 한가하게 카페 놀러 다닐 때가 아닙니다. 적어도 해당 지역 부동산 5곳을 방문하고 그중에서 코드가 맞는 부동산 소장을 정해서 자주 찾아가세요.

많은 사람을 안다는 것은 아무도 모른다는 것과 같습니다. 그렇게 한 달 다니면 20곳, 석 달이면 60곳을 다닐 수 있습니다.

그리고 투자는 하고 싶은데 돈이 없다고 합니다. 종잣돈이 없다면 공부하고 준비하면서 기다려야 합니다. 입지, 상품, 매수 타이밍, 사업성 판단 방법 및 진행 단계에 따른 프리미엄의 변화 등을 디테일하게 공부하는 거예요. 목표를 정하고 공부를 하다보면 길이 열립니다. 단지 종잣돈이 없어 투자를 못 한다면 나중에 돈이 있어도 투자를 못 합니다. 준비가 안 되어 있기 때문이에요.

재개발은 높은 레버리지 투자상품이므로 투자금이 상대적으로 적게 듭니다. 재개발이 진행되어 이주단계가 되면 이주비가 무이자로 지급되는 경우가 대부분이고 중도금도 후불제 아니면 무이자이기 때문에 레버리지를 최대한 이용할 수 있어요.

적은 돈으로 투자를 하겠다면 재개발 예정지나 초기 재개발구역을 노리는 수밖에 없습니다. 모든 사람이 좋아하는 구역이나 입지가 좋은 곳은 진입 자체도 어렵고 돈이 많이 듭니다. 재개발 투자는 사업이 진행될수록 프리미엄도 높아지고 투자금도 커지는 속성이 있습니다. 단계가 어느 정도 진행된 곳이나 입지가 좋은 곳을 선호하는 건 누구나 아는 상식이죠. 결국 투자금이 문제입니다.

부동산은 상승장이 오면 핵심 지역의 등락 폭이 크지만, 그렇다고 핵심 지역만 오르는 것은 아닙니다. 핵심 지역이 상승하면 그 인근 지역도 불길 번지듯 상승합니다. 서울 강남이 먼저 오르고 점차 인근 지역으로 불길이 번지듯 부산 역시 해운대가 오르니까 옆 동네 수영구, 연제구, 남구로 번지는 거죠.

재개발도 같은 패턴을 보입니다. 조합설립인가 단계에서 오른다면 구역 지정 무렵에도 오릅니다. 단지 상승 폭에 차이가 있을 뿐이에요. 따라서 투자금이 부족할 때는 리스크만 보지 말고 재개발 가능성이 큰 지역을 선택하는 겁니다. 재개발 가능성이 클지 아닐지를 아는 방법은 공부하고 손품 발품 파는 방법뿐입니다.

재개발·재건축 르네상스 시대가 도래하고 있습니다. 우리나라는 인구만 고령화되는 것이 아니라 주택의 노후화 속도 역시 빨라요. 전국 광역시 주택노후도(2022년. 통계청, 25년 이상 공동주택, O/T 포함)는 30%에 육박합니다. 대전이 36.4%로 가장 높고 31.2%의 울산이 그 뒤를 따르고 있죠. 서울은 26.4%, 부산은 28.9%에 이릅니다. 어느 대도시 할 것 없이 주택의 노후화는 심각한 수준입니다. 재개발·재건축이 계속되어야 하는 이유입니다. 산을 허물고 그린벨트를 풀고 도심 외곽의 논과 밭을 밀어 아파트를 지으면 공급량을 증가시키는 데는 가장 효과적이지만, 문제는 교통이 불편하고 편의시설이 부족한 외곽에 거주할 사람이 없다는 점입니다. 대안은 도심지에 주택을 공급해야 하는데 현실적으로 시내에 아파트를 지을 땅이 없어요. 재개발·재건축뿐입니다.

따라서 유주택자든 무주택자든 재개발 투자를 해야 합니다. 집을 갖고 있어도 내 집만 오르는 게 아니기 때문에 자산 증식에 한계가 있고 그렇다고 무작정 주택 수만 늘린다면 세금 부분에서 부담이 됩니다.

주택 수가 많다면 지금은 아파트가 아니지만, 미래에 새 아파트가 될 재개발구역 상가, 토지, 도로, 무허가주택과 같은 물건에 미리 투자하는 것도 방법이죠. 사업이 진행되어 새 아파트가 되는 과정에서 시간에 따른 시세 상승을 기대할 수 있습니다.

무주택자라면 현재 집값이 너무 비싸서 집 사기가 망설여집니다. 재개발은 집을 사는 것이 아니라 새 아파트에 입주할 권리를 사는 것이기 때문에 매수 시점에서부터 어느 정도의 안전마진을 확보할 수 있습니다. 이미 지어진 아파트보다 훨씬 낮은 금액으로 선점할 수 있으므로 그동안 상승장에서 뒤처졌던 격차를 충분히 따라잡을 수 있습니다. 갭투자로 낡아가는 아파트에 투자하는 것보다 새 아파트가 되는 재개발 입주권에 투자하는 것이 수익률 면에서도 좋습니다.

여러 투자상품 중 재개발에 투자하는 목적은 크게 네 가지로 요약됩니다. 첫째는 안전하게 새 아파트를 확보하기 위해서에요. 한국부동산원 청약홈에 따르면 올 1분기 전국 신규 분양아파트의 60% 이상이 청약 미달로 나타났는데, 이는 지방의 청약 성적입니다.

부동산시장 침체기임에도 불구하고 서울은 100% 청약 마감에 성공했고 청약경쟁률이 57대 1에 이를 정도로 지방과 서울의 청약 성적은 극과 극이었어요. 부동산시장 상황과 관계없이 서울 쏠림 현상이 심화하고 있습니다.

물론 지방 역시 주요 단지의 청약경쟁률은 수십 대 1의 경쟁률을 보입니다. 부산 양정1구역(2022.9.)의 경우 청약경쟁률은 평균 69대 1, 최고 169대 1이었습니다. 여전히 주요 재개발구역의 청약 당첨은 하늘의 별 따기 수준이고 청약 당첨은 곧 '로또'에 당첨되는 수준입니다. 따라서 로또와 같은 일반분양 당첨에 오매불망하기보다는 조합원 물건을 미리 선점하여 안정적으로 내 집 마련을 하기 위해서 재개발 투자가 대안입니다.

둘째는 분양가 차이로 인한 차익 실현을 위해서입니다. 조합원에게는 일반분양가에 비해 통상 10~30% 정도 할인된 가격으로 아파트를 제공합니다. 사업성이 좋은 곳은 조합원분양가와 일반분양가가 2~3억 차이가 나기 때문에 재개발구역 조합원 물건을 매입하는 겁니다.

셋째는 좋은 층을 배정받기 위해서입니다. 재개발은 조합원들의 대표기관인 조합에서 사업을 시행하기 때문에 조합원에게는 다양한 혜택이 주어집니다. 그중 하나가 선호하는 동, 원하는 층을 배정받을 수 있다는 점이에요.

일반분양자는 조합원분양이 끝나고 남은 동·호수를 받습니다. 하나의 단지 내에서도 많은 사람이 선호하는 동·호수가 있기 마련이므로 동·호수만 잘 배정받아도 상당한 차익이 발생하죠.

마지막으로, 부수적인 혜택도 있습니다. 재개발은 결국 조합원들의 의지로 사업의 속도나 성공 여부가 판가름 나므로 조합원들에게는 일반분양분과는 차별화된 특별 제공 품목을 제공합니다. 발코니 확장은 기본이고 냉장고, 싱크대, 홈오토시스템 등과 같은 특화된 품목들을 받을 수 있어요.

여전히 많은 사람들이 재개발·재건축투자를 어려워합니다. <도시정비법>에 의해 사업이 진행되다 보니 절차도 복잡하고 알아야 할 용어도 많아서예요. 게다가 조례는 물론 정관까지 살펴봐야 하니 따져볼 게 더 많죠. 구역 지정, 조합설립, 사업시행인가, 관리처분인가는 물론이고 비례율, 감정평가, 분담금, 권리가액, 사업비와 같은 용어들이 손에 딱 잡히지 않다 보니 머뭇거리게 됩니다.

일반 아파트 매매 시에는 아파트 가격이 적정한지, 아닌지를 사실 정보로 바로 확인할 수 있죠. 공인중개사들이 즐겨 사용하는 한국공인중개사협회의 '한방'이나 네이버 아파트 시세정보를 통하면 산수도 필요 없이 금방 확인이 가능하니까요. 그러나 재개발·재건축에서는 감정평가액, 분양 수입, 총사업비, 무상지분율 등을 어느 정도 추정할 수 있어야 합니다. 그래서 학습이 되어 있는 사람과 그렇지 않은 사람 간에 정보 비대칭이 심하게 발생하죠.

동시에 재개발·재건축은 현재가치가 아닌 미래가치에 따라 가격이 형성되기 때문에 현시점에서 적정가격 여부를 판단하기란 쉽지가 않아요. 또 사업이 제대로 진행될지도 장담할 수 없죠. 확실한 것은 없고 온통 추정과 예상으로 투자를 결정해야 하니 사람들이 어려워하지만, 기본적인 용어와 절차만 이해하면 누구나 쉽게 접근할 수 있습니다. 이 같은 어려움 때문에 상대적으로 수익률이 높은 거예요.

여전히 부동산시장은 어둠 속을 헤매고 있는 듯하지만, '부동산 R114'에 따르면, 올해 재개발·재건축으로 분양하는 아파트는 12만6,053가구에 이릅니다. 종전 최대치였던 2020년 10만4,154가구 대비 21% 증가한 사상 최대 공급량입니다. 이 중 71.8%인 9만449가구가 재개발 물량이에요. 서울의 경우 최근 분양하는 아파트의 80~90%가 정비사업장입니다. 반복하지만 대도시에 재개발·재건축 빼고 아파트 1,000세대 지을 땅도 없기 때문이죠.

새 정부 들어 연이어 발표한 재개발·재건축 규제 완화대책의 효과가 점차 나타나면서 향후 상승에 대한 기대심리가 반영된 결과로 보입니다. 하반기가 되면 상승압력은 더 커질 거예요. 여전히 높은 편이지만 금리도 안정세로 돌아서고 미분양이 해소되면서 주요 메이저급 아파트를 시작으로 반등할 겁니다. 올 하반기가 투자의 최대 적기인 까닭입니다. 언론 기사를 곧이곧대로 믿지 마시기 바랍니다.

몇 날 며칠을 고민하다 내일은 기어코 관심을 두었던 프리미엄이 낮은 빌라를 사겠다고 다짐한 A는 다음 날 아침 신문기사를 보고 계속 하락할 것 같아 매수를 포기합니다. 이성이 아닌 감정에 지배를 받은 거예요. 진정한 투자자는 미쳐 날뛰는 군중, 인터넷 가격정보, 언론 기사로부터 떨어져 있어야 합니다.

Q 이번이 재개발·재건축 관련 네 번째 책인데 이전의 책들과는 어떤 차이점이 있는지요?

저의 버킷리스트 중 하나는 죽기 전에 10권의 책을 쓰는 것인데요. 지금까지 출간된 건 모두 8권으로 그중에서 부동산 관련 재개발·재건축은 4권째입니다. 이제 2권만 쓰면 책쓰기 버킷리스트를 달성하는 셈인데 아직 살날이 많아 나머지 2권은 좀 아껴둬야 할 것 같습니다.

첫 책은 《하루에 끝내는 재개발 재건축》인데요. 관련 용어, 절차 등을 총망라한 기본 입문서라고 보면 될 것 같습니다. 두 번째 책 《이틀에 끝내는 재개발 재건축》은 각종 판례와 입주권 관련 세금을 정리한 책이고, 약 2년 전 출간했던 《재개발 재건축이 부의 미래를 결정한다》는 투자자를 위한 종합안내서 정도로 이해하시면 될 것 같습니다.

이번 책은 좀 다르게 접근해 봤습니다. 질문하고 답하는 Q&A 방식입니다. 그동안 재개발·재건축 현장이나 강의장에서 받았던 질문, 현장 개업공인중개사들에게 상담한 내용, 그리고 LH 및 부산 구청들 등 외부강의에서 만났던 수강생들과 각종 부동산아카데미와 부동산 카페 등 전문강의장에서 받았던 질문, 투자자나 직장인들에게 대면 상담 했던 내용 중에서 투자의 급소가 되는 내용을 선별했습니다.

재개발·재건축 관련 투자자, 공인중개사, 수강생들에게 현장에서는 무엇이 우선순위이고 어떻게 투자가 이뤄지는지 상세히 알려주려고 노력했습니다. 언제까지 걸음마 단계의 책들만 볼 수는 없으니까요.

Q 현재 재개발·재건축시장 상황은 어떻게 보고 있는지?

새해가 되면 운세 보듯 올해 재개발·재건축시장은 어떻게 될 것인지 질문을 받곤 합니다.

역대 정부의 부동산 대책 중심에는 언제나 재개발·재건축이 자리 잡고 있었습니다. 현 정부의 전방위적 완화대책의 중심에도 재개발·재건축이 있습니다. 현 정부 출범 100일을 앞둔 지난해 '희망은 키우고 부담은 줄이는 국민주거안정 실현방안'이라는 '8·16대책'을 발표한 바 있는데, 핵심은 도심공급확대였습니다. 교통이 편리한 도심지에 양질의 주택을 공급하겠다는 거죠. 도심지 주택공급의 열쇠를 쥐고 있는 것은 다름 아닌 재개발·재건축입니다.

임기 5년 동안 총 270만 호의 주택을 공급하겠다고 했는데요. 이 중 재개발·재건축을 통해 130만 호를 공급한다고 했죠. 그간 재건축의 대못으로 불리었던 재건축부담금이 감면되고, 안전진단 요건도 완화되어 재건축시장에 활기가 돌고 있는 것은 사실입니다만 서울 주요 재건축단지를 옥죄고 있는 것은 토지거래허가구역 재지정입니다.

강남구 압구정동 아파트지구·양천구 목동 택지개발지구·영등포구 여의도동 아파트지구·성동구 성수 전략정비구역(1~4구역) 총 4곳을 토지거래허가구역으로 다시 묶었죠. 주택 매매가는 하락세이지만, 아직 토지거래허가구역을 풀기에는 이르다고 판단한 것으로 보입니다. 투기를 막는 강력한 수단이긴 하지만 토지거래허가구역은 현재 부동산시장 상황으로 볼 때 지나친 규제로 보이고 탄력적 운영이 필요한 시점이라 생각합니다.

재건축뿐만 아니라 재개발 규제 완화도 이어지고 있는데요. 서울시에서는 '재개발 활성화 6대 규제 완화 방안'(2022.5.)을 발표했는데 구역 지정의 진입장벽이었던 주거정비지수제 폐지, 공공기획 도입으로 구역 지정 기간 단축, 주민동의율 확인 간소화, 재개발 해제구역 신규구역으로 지정, 규제 완화를 통한 사업성 개선, 매년 공모를 통한 신규 지역 발굴 등으로 재개발에 한층 속도가 붙을 것으로 보입니다.

어떤 분야든 규제는 최후의 수단이 되어야 합니다. 부동산시장은 더 그렇죠. 규제란 곧 자유시장경쟁을 저해한다는 의미가 포함되어 있기 때문입니다. 역대 정부는 일을 너무 편하게 합니다. 책상에 앉아서 규제를 묶고 푸는 탁상행정을 남발하는 식이죠. 지역을 좀 더 세분화하여 규제지역을 최소화할 필요가 있어 보입니다. 연이은 대책으로 완전히 해결되지 않은 재건축부담금과 분양가상한제라는 훼방꾼이 사라져야 재건축시장도 더욱 활기를 띨 것이라 머지않아 완화되리라 생각합니다.

반복하지만 부동산은 선택이 아닌 생존의 문제가 되었습니다. 많은 사람이 부동산투자를 통해 경제적 자유를 꿈꿉니다. 사람마다 기준은 다르겠지만 제가 생각하는 경제적 자유는 떼돈 벌어 남은 인생 신나게 놀고먹는 것이 아니라, 돈 때문에 스트레스 덜 받고 내가 하고 싶은 일에 열정과 시간을 쏟을 수 있는 자유면 충분하다고 생각합니다.

"투자에서 큰 수익은 내가 똑똑해서라기보다는 다른 사람들의 어리석음에서 나온다."라는 말이 있습니다. 결국은 심리 싸움에서 수익률이 결정된다는 말입니다. 실수요자를 빼면 재개발·재건축도 집을 매개로 한 투자의 한 종목이죠. 매매, 경·공매, 분양권 등 집과 관련한 투자 방법은 다양하지만, 재개발·재건축이 기본이라고 봐야 합니다.

Q 재개발·재건축 투자 시 체크해야 할 사항이 많은데, 가장 중요한 한 가지를 꼽는다면요?

재건축은 별문제가 없지만, 재개발에서 가장 중요한 포인트는 아파트가 지어지면 새 아파트에 입주할 수 있냐는 것입니다. 입주권이라고 하죠. 단독입주권이 나오는지가 핵심입니다.

프리미엄이나 수익률도 따져봐야겠지만 중요한 것은 입주권을 받는 것이죠. 프리미엄을 싸게 주고 샀다 하더라도, 수익률이 아무리 높다 하더라도 입주권이 나오지 않거나 현금청산 된다면 말짱 도루

묵이 되고 말죠.

혹자는 '입주권이 안 나오는 걸 누가 사겠냐!'라고 반문하겠지만, 사는 사람이 있으니까 하는 말입니다. 그리고 실수요자가 아닌 투자자라면 입주권이 나오는 것 중에서 대지지분(감정평가금액)이 작은 것을 사야 실투자금이 적게 들어가게 됩니다. 물론 투자금액이 적게 들어갈수록 상대적으로 프리미엄은 높게 형성된다는 것도 기억해야 합니다.

실투자금을 줄이는 가장 단순한 방법은 전세가 들어 있는 물건을 사는 것이죠. 전세금만큼 실투자금액이 줄기 때문에 수익률이 높아지는 겁니다. 투자 시 체크해야 할 사항은 많지만, 굳이 우선순위를 매기자면, 먼저 입주권이 나오는지 확인하고, 프리미엄이 적정한지 체크한 다음 실투자금액이 얼마인지 확인하면 투자하는 데 어려움은 없을 것입니다.

Q 재개발 재건축 투자에 노심초사하는 분들에게 자신만의 투자 노하우를 전한다면요?

평소 출근하면서 무심코 지나쳤던 부산 우암동 산동네가 재개발이 진행되어 2억이던 썩빌(썩은 빌라)이 3년 만에 5억짜리 입주권으로 바뀌었습니다. 서울 봉천동 3억짜리 썩아(썩은 아파트)도 9억짜리 새 아파트로 탄생했어요. 나도 그때 사둘걸. 사촌이 땅을 산 것도 아닌데 배가 아픕니다. 퇴근길에 휘황찬란한 새 아파트를 보면서 나도 당장 허름한 빌라를 사야겠다고 마음먹고 손품 발품을 팔지만, '미분양아파트 급증'이라는 30초짜리 아침 뉴스 한 꼭지에 없던 일이 되고 말죠.

눈만 돌리면 재건축이고 발길에 차이는 것이 재개발입니다. 10년 전이나 지금이나 기회는 늘 곁에 있었습니다. 기회가 배신을 때린 게 아니라 내가 기회를 놓쳤고, 그것이 기회인지조차 몰랐던 것뿐입니다. 하지만 아쉬워하지 마시길… 그 기회는 지금도 널리고 널렸으니까.

재개발 상담하며 느끼는 건 투자를 권하면 대개 두 가지 반응이 나온다는 점입니다. 투자할 돈이 없다는 것과 투자했을 경우 자금이 오래 묶인다는 것입니다. 이런 대답이 나오면 투자 마인드는 초보 수준으로 보면 됩니다.

여기저기서 주워듣기는 했는데 정작 공부를 해보지도 않았고 현장에 가보지도 않았다는 반증입니다. 돈이 없어 투자를 못 한다는 것은 새빨간 거짓말입니다. 투자를 못 하는 것이 아니라 안 하는 것입니다. 왜? 너무 많이 알기 때문이지요. 기준금리 상승으로 대출금리가 올랐다는 둥 깡통전세, 빌라거지가 판치는 더러운 세상이라는 둥, 언론의 세뇌성 홍보에 기가 죽은 탓입니다. 너무 많이 알기 때문에 오히려 투자를 못 합니다. 솔직히 부산 산동네 40년 된 썩빌 3천만 원 주고 사는데 기준금리, 대출금리, 우크라이나 전쟁이 무슨 관계가 있나요?

8년 전 처음 재개발 투자를 할 당시 투자금은 3,200만 원이었습니다. 입주권이 나오지 않는 부산 가야동 도로 5평이었습니다. 가야1구역이었는데 2008년 조합설립인가가 났지만, 10년 가까이 사업이 지지부진해 재개발사업에 대한 피로도가 극에 달했던 시기였고 실망 매물이 나오던 때였습니다.

그러나 집에서 가까워 자주 지나다닌 데다가 역세권으로 접근성도 좋아 언젠가는 재개발이 될 거로 믿었습니다. 입주권도 나오지 않는 도로 5평을 산 이유는 돈이 없어서였습니다. 2억씩 주고 빌라를 사는 사람들이 부러웠죠.

얼마 지나지 않아 멈춰있던 사업이 움직이기 시작했어요. 기존 시공사를 해지하고 현대산업개발과 대우건설이 선정된 것입니다. 1군 건설사가 선정되자 투자자들의 발걸음이 잦아지더군요.

도로 5평을 살 당시 부동산 소장님에게 두 가지 매도 조건을 걸었습니다. "2년 뒤에는 무조건 매도한다는 것과 매수한 가격의 두 배가 되면 매도한다"였습니다. 그런데 7개월 만에 6,500만 원에 팔았습니다. 매수자는 과소토지 51m²를 소유한 직장인이었습니다. 도로 5평을 매수하면 67.5m²가 되어 입주권을 받을 수 있었기 때문이었죠.

당시 양도소득세로 500만 원(15%) 정도를 납부했어요. 중개수수

료와 취득세를 감안해도 7개월 만에 2배 가까운 차익을 남겼습니다. 지금 가야1구역(더다이너스티가야)은 관리처분인가를 받아 이주를 앞두고 있어요.

현재 상황을 보면 속이 쓰립니다. 계속 가지고 있었으면 3억 정도에 팔 수 있으니까요. 그러나 이를 계기로 그 직장인과의 인연은 계속되고 있고 그동안 밥도 많이 얻어먹었습니다. 그는 직장생활을 하면서도 투자를 잘하는 편이어서 필자가 배우는 처지예요.

지금까지도 필자는 개인적인 투자경험담을 책에 공개한 적이 없습니다. 무슨 영업비밀이어서도 아니고 투자 비밀이어서도 아닙니다. 투자방식이 일반적이지 않아서 대부분 받아들이기가 쉽지 않은 거예요. 투자는 자기만의 원칙이나 철학이 중요한데 사람마다 자금 사정이나 원칙이 제각각이니 다른 사람들의 투자 경험이 자기에게 딱딱 들어맞지 않는 경우가 대부분입니다.

투자는 공부한다고 되지 않습니다. 하물며 잘 안다고 되는 것도 아니에요. 자신의 원칙을 세워 저지르는 용기가 있어야 합니다. 원칙을 정했으면 그대로 밀고 나가는 것이 중요해요.

개인적으로는 세 가지의 투자원칙을 가지고 있습니다. 첫째, 재건축보다는 재개발 투자 비중을 늘린다. 둘째, 가급적 정상적으로 입주권이 나오는 물건을 사지 않는다. 마지막으로 특별한 사정이 없다면 단타 매매를 한다.

먼저 재개발보다는 상대적으로 입지가 좋은 재건축은 다는 아니어도 대부분 초기부터 비쌉니다. 첫 투자 경험 때문인지는 모르겠지만, 주로 재개발에 관심을 두고 있습니다. 그리고 될 수 있으면 정상적으로 입주권이 나오는 물건에는 투자하지 않는 편입니다. 자투리 땅, 도로, 과소토지, 지분 등과 같이 정상적으로 입주권이 나오지 않는 이른바 특수물건들이어서 대부분 회피하는 유형입니다. 정상적인 물건 역시 상대적으로 투자금이 많이 들기 때문입니다.

그리고 단타 매매를 합니다. 단타는 보통 2년 정도를 말합니다. 이유는 차익이 생겼을 경우 세금도 고려하고 또 사는 족족 장기보유하면 투자금이 금세 바닥나기 때문입니다.

일반적으로 단타는 투자에서 금기어에 가깝죠. 주식도 마찬가지입니다. 투기로 생각하는 경향이 많은데 투기라 하든 말든 내로남불일 뿐이니 신경 쓸 이유는 없습니다.

갈수록 정보도 빠르고 부동산 사이클도 짧아져 재개발도 단타가 가능합니다. 통상 별다른 변수가 없다면 재개발사업은 2년 정도면 한 단계씩 진행됩니다. 예를 들어 재개발구역 지정 무렵에 사서 조합설립인가 나면 매도하고, 조합설립인가 후 매수하면 사업시행인가 무렵에 매도하는 방식을 취하면 단타가 가능하고 수익률도 높은 편입니다.

지금 언론에서 떠들고 있는 빌라왕, 빌라사기, 깡통전세, 전세사기와 같은 말들이 가슴에 와닿는다면 하수입니다. 리스크를 잘 보는 혜안(?)은 있을망정 기회를 보는 안목은 없는 탓입니다. 90%의 기회와 10%의 리스크가 있다면 리스크에 올인하는 타입입니다. 그러고는 10%의 리스크를 없애기 위해 온갖 통계를 분석하고 머리를 싸매는 거죠. 헛수고일 공산이 큽니다. 머리를 싸맬수록 리스크는 점점 더 크게 다가오고 그 리스크에 대한 분석력만 높아질 테니까요.

그러니 쓸데없는 일에 에너지를 낭비하지 말고 그보다는 차라리 투자해 놓고 매도할 타이밍에 집중할 것!

모두가 절망을 이야기하고 있지만, 이미 부동산시장은 기지개를 켜고 있습니다. 혹자는 지금은 쉬는 것이 최고의 투자라면서 현금을 보유하면서 시장 상황을 좀 더 지켜보라고 해요.

시장 상황? 그게 어때서! 금리가 높아서? 거래량이 적어서? 가격이 자꾸 내려서? 그러니까 투자의 최적기라고 말하는 것입니다. 지금 들어가서 2~3년 후에 나오면 됩니다. 분명 무릎에서 사라고 했는데 또 발바닥을 기다리는 우를 범하고 있지 않은지 자신에게 물어보세요.

투자 측면에서 최악의 선택은 현금을 들고 있는 것이라 생각합니다. 시장이 좋으면 좋은 대로 나쁘면 나쁜 대로 돈은 굴려야 합니다. 구르는 돈에는 마이너스가 없는 법이니까요. 상승기에 잠깐 나오고 하락기에 이불 뒤집어쓴다면 진정한 투자자가 아닙니다.

그리고 자꾸 금리 올랐다고 징징대지 마시기 바랍니다. 1억 대출

시 금리가 3%일 경우 월 이자는 25만 원, 5%이면 41만 원입니다. 1년이면 금리 차이는 192만 원입니다. 192만 원이 겁나서 투자 못 하고 현금을 그냥 들고 있겠다면 앞으로도 투자할 기회가 별로 없을 것입니다.

원래 우리나라 평균 대출금리는 3~4%였습니다. 2~3년 전 불장 시절의 초저금리는 비정상적이었고 코로나19로 인한 유동성 증가에 따른 일시적인 현상이었습니다. 앞으로 초저금리 시대는 오지 않을 겁니다. 말로는 높은 금리 운운하지만, 실상은 언론이나 다른 사람들의 말을 거스를 용기가 없기 때문입니다.

지금도 부산 해운대구 반여동 35년 된 썩아 14평은 단돈 3천만 원이면 살 수 있습니다. 매매가 9천만 원에 전세 6천만 원입니다. '갭투자네?' 할 것 같습니다. 갭투자로 전세사기가 판치고 전세사기범이 사회적 파장을 몰고 왔다면서 도덕적 잣대를 들이밀려고 하지 마세요. 그건 수백, 수천 채씩 갭투자한 일부에 불과합니다.

전세제도가 없어지지 않는 한 갭투자는 절대 사라지지 않습니다. 갭투자자들이 전세시장을 좌지우지하고 있기 때문입니다. 갭투자를 없애려면 국가가 공공임대주택을 엄청나게 공급하는 방법뿐인데 현실적으로 가능할까요?

만약 자금이 부족하다면 예정지로 가보세요. 노후화 요건이 되는 저렴한 썩아, 씩빌은 널리고 널렸습니다. 썩아보다는 썩빌이 돈이 더 적게 듭니다. 빌라는 거래가 잘되지 않아 환금성이 떨어지고 가격도 잘 오르지 않는다는 사회적 분위기에 편승해 아파트를 선호하기 때문입니다.

그러나 아파트보다 싸고 재개발 기대감까지 더해져 빌라는 그간 아파트 거래 건수를 넘어섰습니다. 서울부동산정보광장 자료에 의하면, 2022년 서울 전체 주택거래 중 66%가 빌라였고 아파트는 21.2%에 불과했어요. 빌라 거래가 늘어난 이유는 계속되는 정부의 정비사업 완화에 따른 개발 기대감이 크게 작용한 것입니다.

하지만 2023년 들어 상황이 바뀌어 빌라는 천덕꾸러기 신세가 되었습니다. 빌라왕, 빌라거지, 빌라사기로 도배질하는 언론 덕분에 거래량도 뜸해졌고 전세가도 폭락하고 있습니다. 한국부동산원에 의하면 2월 기준 아파트거래량은 82.5%, 빌라는 9.1%로 뚝 떨어졌습니다.

얼마 전 한 부동산카페 강의에서 지금이 썩빌을 살 타이밍이라고 했더니, 아니나 다를까 한 수강생이 '지금 이 상황에서 빌라를 사라고요?', '빌라 산 사람들 가격 폭락하여 죄다 빌거지 됐는데요?'라면서 의아해했어요. 물론 어떤 미래가 펼쳐질지는 알 수 없습니다. 누군가는 폭락한 현재를 볼 것이고 또 다른 누군가는 폭등할 미래를 볼 것입니다.

다세대, 연립으로 통칭하는 이른바 빌라는 우리나라 주거 형태의 중요한 징검다리 역할을 하고 있습니다. 빌라를 빼고 주택시장을 말할 수 없을 정도입니다. 물론 폭락장을 맞아 거래량도, 매매가도, 전세가도 동반 하락했어요. 그래서 빌라를 사라는 것입니다. 빌라로 떼돈 번 사람들은 안 보이고 빌라거지만 보는 우를 범해서는 안 되겠죠.

(저자와의 인터뷰는 2023년 4월 15일 진행)

휴~. 또 한 권의 책이 출생신고를 합니다. 여덟 번째 출생신고지만 할 때마다 떨리고, 걱정되고, 흥분되고, 기대도 됩니다.

본서는 필자가 진행하는 '2023 부동산 첫 책 쓰기 프로젝트' 수강생들이 있었기에 시작할 수 있었습니다. 또 강의장에서, 전화로, 상담을 통해 만났던 전국 각지의 공인중개사 소장님들·투자자·직장인 그리고 재개발·재건축에 대해 함께 고민하고 토론했던 분들 덕분에 탄생했습니다.

1

분양자격 모르면
말짱 도루묵이다

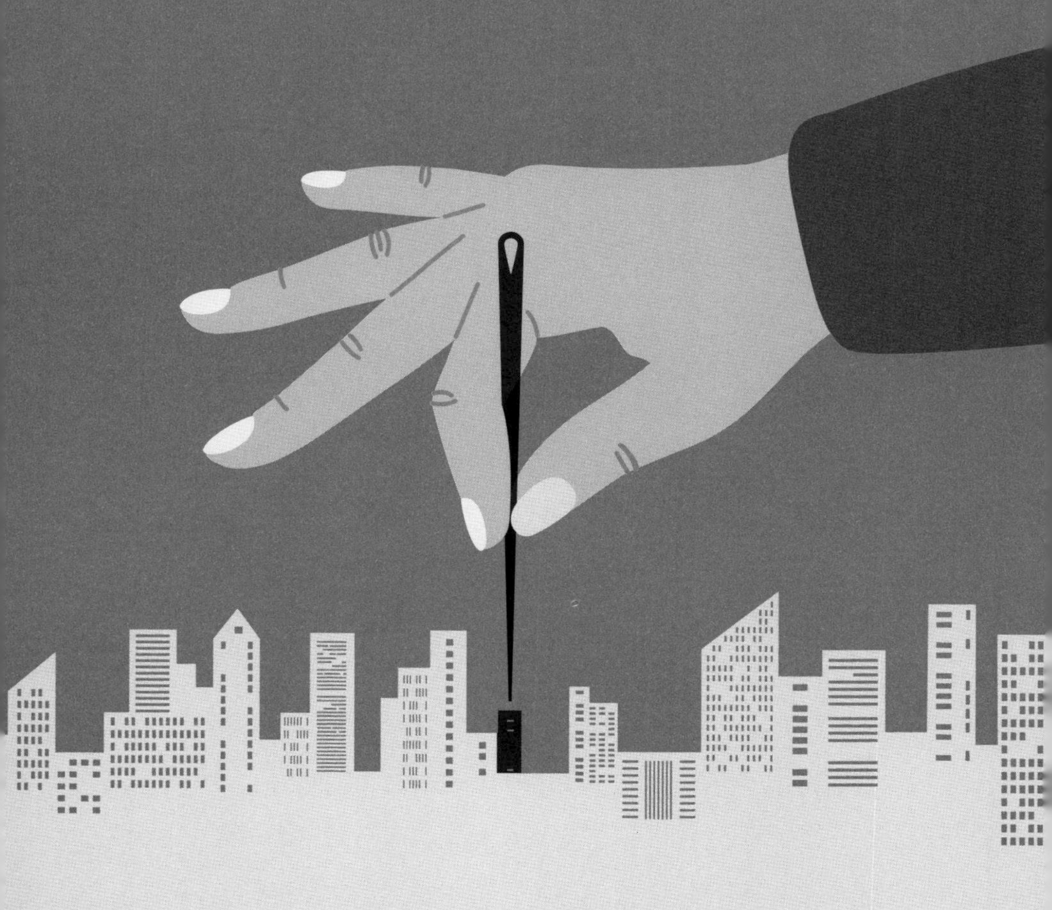

재건축에서는 아파트 여러 채를 가지고 있으면 새 아파트도 여러 채 받는 것 아닌가요?

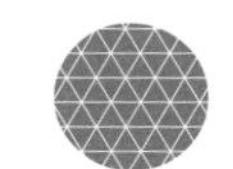

재건축단지에 아파트 여러 채를 소유하고 있으면 원칙적으로는 새 아파트도 여러 채 받을 수 있지만, 예외가 많아 지자체마다 다를 수 있다.

분양자격과 관련된 내용인데, 분양자격을 이야기할 때마다 나태주 시인의 '풀꽃'에 나오는 한 구절이 떠오른다.

"자세히 보아야 예쁘다. 너도 그렇다"

<도시및주거환경정비법>(이하 "도시정비법"이라 칭함) 제76조가 그렇다. 분양자격은 자세히 봐야 한다. 그래야 분양자격을 알 수 있고, 분양자격이 나와야 재개발·재건축도 예쁘게 보인다.

재건축의 분양자격 관련 내용은 동법 제76조에서 규정하고 있는데, '제7항 나'를 근거로 재건축사업에서는 소유한 주택 수만큼 공급하는 것이 원칙이다. 그러나 이를 제한하는 여러 조건이 있어 세밀하게 따져봐야 한다.

〈도시정비법〉 제76조 제7항

7. 제6호에도 불구하고 다음 각 목의 경우에는 각 목의 방법에 따라 주택을 공급할 수 있다.

가. 2명 이상이 1토지를 공유한 경우로서 시 · 도조례로 주택공급을 따로 정하고 있는 경우에는 시 · 도조례로 정하는 바에 따라 주택을 공급할 수 있다.

나. 다음 어느 하나에 해당하는 토지등소유자에게는 소유한 주택 수만큼 공급할 수 있다.

1) 과밀억제권역에 위치하지 아니한 재건축사업의 토지등소유자. 다만, 투기과열지구 또는 「주택법」 제63조의2 제1항 제1호에 따라 지정된 조정대상지역(이하 이 조에서 "조정대상지역"이라 한다)에서 사업시행계획인가(최초 사업시행계획인가를 말한다)를 신청하는 재건축사업의 토지등소유자는 제외한다.

'제7항 나'에서는 1)의 조건을 충족할 경우 소유한 주택 수만큼 공급한다고 규정하고 있다. 1)의 조건을 보면, 먼저 재건축단지가 과밀억제권역에 위치하지 않아야 소유한 주택 수만큼 공급받을 수 있다. 따라서 과밀억제권역에 있는 재건축의 경우에는 소유한 주택 수만큼 공급받지 못하고 1채만 공급받는다는 의미다.

과밀억제권역은 서울, 경기도, 인천시가 포함된 수도권을 말하는데, 이들 지역에서 재건축을 할 경우에는 소유한 주택 수만큼 공급받지 못하고 여러 채를 소유하고 있더라도 1채만 공급받게 되는 것이다.

“과밀억제권역”이란, 수도권 중 인구와 산업이 지나치게 집중되었거나 집중될 우려가 있어 이전하거나 정비할 필요가 있는 지역을 말한다. 수도권의 인구와 산업을 적정하게 배치하기 위하여 수도권을 다음과 같이 과밀억제권역, 성장관리권역 및 자연보전권역의 3개 권역으로 구분하고 권역 특성별로 인구집중유발시설과 대규모 개발사업의 입지에 대한 차등규제를 실시하고 있다.

재개발에서는 다물권자에게는 분양자격을 1개만 주는 것이 원칙이지만, 재건축은 일정 요건이 충족되면 예외적으로 소유한 주택수만큼 공급받을 수 있다. 그런데 나목 1) 즉, “과밀억제권역에 위치하지 아니한 재건축 토지등소유자의 경우, 소유한 주택 수만큼 공급할 수 있다”고 해놓고 단서를 붙여 놓았다. “다만, 투기과열지구 또는 <주택법> 제63조의2 제1항 제1호에 따라 지정된 조정대상지역(이하 “조정지역”이라 칭함)에서 사업시행계획인가(최초 사업시행계획인가를 말한다)를 신청하는 재건축사업의 토지등소유자는 제외한다.”라는 것이다.

즉, 과밀억제권역이 아닌 지역이라도 단서 조항에 해당하면 역시 소유한 주택 수만큼 공급받지 못한다는 의미다. 따라서 소유한 주택 수만큼 공급받으려면 두 가지 요건이 충족되어야 한다.

먼저 재건축구역이 과밀억제권역에 위치하지 않아야 하고, 투기과열지구와 조정지역에 포함되지 않아야 한다. 만약 투기과열지구와 조정지역에 포함된 경우에는 조정지역으로 지정되기 전에 해당 재건축구역이 사업시행인가 신청이 된 상태라면 소유한 주택 수만큼 공급받을 수 있다.

단서 조항을 사례를 통해 살펴보자. 과밀억제권역에 속하지 않는 부산시 어느 재건축단지에서 아파트 2채를 소유한 조합원이 소유한 주택 수만큼 공급받으려면 조정지역으로 지정되기 전에 사업시행인가 신청을 한 상태여야 한다는 의미다. 만약 사업시행인가 신청 전에 조정지역으로 지정되면 2채를 소유하고 있더라도 1채만 공급받는다는 말이다.

예를 들어, 아파트 3채를 소유하고 있는 부산 재건축구역 조합원 A는 재건축이 되면 아파트 3채를 받을 요량으로 계속 소유하고 있었다. 그러던 중 해당 재건축구역이 조합설립인가가 나자마자 조정지역으로 지정되었다. 이 경우 A는 새 아파트를 몇 채 받을 수 있을까? 1채만 받을 수 있다.

'제76조 제7항 나1)'의 단서 조항은 사업시행인가 신청 전에 조정지역으로 지정될 경우 소유한 주택 수만큼 공급하지 않는다고 규정하고 있기 때문이다. 반대로 사업시행인가 신청이 된 상태에서 조정지역으로 지정되었다면 A는 3채를 받을 수 있다.

그리고 2022년에 개정되어 추가된 "다"항을 보자. '제76조 제7항 다'에서는 '나1)'의 단서에도 불구하고 "과밀억제권역 외의 조정지역 또는 투기과열지구에서 조정지역 또는 투기과열지구로 지정되기 전에 1명의 토지등소유자로부터 토지 또는 건축물의 소유권을 양수하여 여러 명이 소유하게 된 경우에는 양도인과 양수인에게 각각 1주택을 공급할 수 있다." 라고 규정하고 있다.

예를 들어, 과밀억제권역이 아닌 부산 재건축에서 조정지역 지정 전에 3채를 소유하고 있는 다물권자로부터 1채를 매수한 후 조정지역으로 지정되더라도 매수자는 단독으로 1채를 받을 수 있다는 의미다. 따라서 조정지역 지정 전에 다물권자로부터 1채를 매수한 경우, 매수하고 나서 조정지역으로 지정되더라도 예외적으로 매수자에게 1채를 준다는 것이다. 이는 다물권자가 중간에 1채를 매도한 경우에는 매도 시점을 기준으로 분양자격을 판단한다는 의미다.

개정된 '다'항으로 혜택을 본 대표적인 곳이 부산 재건축 대장으로 불리는 남천삼익비치아파트다. 그래서 남천삼익비치 다물권자 구제대책으로 볼 수 있다. 지금은 조정지역에서 해제된 상태지만 남천삼익비치 2채를 소유한 다물권자로부터 조정지역으로 지정되기 전에 1채를 매수했는데 그 후 조정지역으로 지정되었다 하더라도 매수자는 분양자격을 받을 수 있기 때문이다.

최근 재건축 예정지에서 상가쪼개기가 유행인데 '쪼개기' 한 상가를 사면 아파트를 받을 수 있는지요?

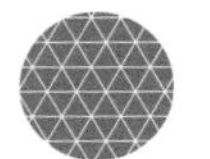

조합에 따라 다를 수 있다. 재건축에서는 상가조합원은 상가를 받는 것이 원칙이지만 최근에는 아파트를 받을 수 있도록 산정비율을 낮게 하는 사업장이 많아지는 데다가 현재 추세라면 주요 재건축단지의 상가조합원이 아파트를 받을 가능성이 커진 상황이다.

재건축단지 상가쪼개기는 새로운 투자 트렌드로 자리 잡은 듯하다. 재건축에서 상가를 소유한 조합원은 새로 짓는 상가를 받는 것이 원칙이지만, 재건축 과정에서 상가를 아예 짓지 않기로 하여 상가가 없거나, 권리차액(상가조합원분양가-종전자산평가액)이 조합이 정한 요건을 충족할 경우 아파트를 받을 수도 있다.

상가조합원이 아파트를 받기 위해서는 재개발의 경우, 기존 상가의 권리가액(종전자산평가액×비례율)이 신축아파트의 최소분양가보다 클 경우, 재건축은 권리차액(상가분양가-종전자산평가액)이 신축아파트의 최소분양가에 산정 비율을 곱한 금액보다 클 경우 아파트를 받을 수 있다.

여기서 중요한 것은 '산정비율'이다. 이는 상가만 소유한 조합원이 아파트를 받을 수 있는지를 좌우하는 숫자를 말하는데 통상적으로 1.0이다. 신축아파트 최소분양가에 산정비율을 곱한 값보다 상가의 가치가 커야 새 아파트를 받을 수 있다는 의미다. 따라서 보통 상가 소유자들은 어떻게든지 산정비율을 낮추려고 한다.

예를 들어, 서울 목동 아파트의 상가를 소유하고 있는 홍길동의 권리가액은 10억이다. 목동 아파트가 재건축을 통해 새 아파트로 탈바꿈하고, 가장 작은 59m²타입의 분양가가 12억일 경우, 분양가에 곱하는 산정비율이 1이면 홍길동은 새 아파트 가치(12억)보다 상가의 가치(10억)가 더 작아 아파트를 받을 수 없다. 그러나 조합 정관을 변경하여 그 비율을 0.1로 낮추면 새 아파트의 가치는 1억2,000만 원이 되므로 아파트를 받을 수 있게 된다.

최근 서울 재건축의 상징으로 불리는 은마아파트도 상가소유주들이 아파트를 달라고 하여 새로운 암초를 만났지만, 우여곡절 끝에 상가조합원들과의 합의로 갈등이 봉합된 듯하다.

마지막까지 이견이 있었던 상가조합원분양 비율은 10%로 최종 합의했다. 통상 재건축 과정에서 상가조합원은 상가를 분양받는 걸 원칙으로 한다. 하지만 현행법상 상가조합원이 아파트를 분양받을 수도 있다. 새로운 상가의 분양가격에서 기존 상가의 권리가액을 제외하고 남는 금액이 큰 경우가 대표적이다. 이번 합의에 의하면 남는 금액이 아파트의 최소형 평수 분양가의 10% 이상이면 1주택을 분양받을 수 있다. (매일경제, 2023.4.30.)

이번 합의대로 간다면 상가조합원들의 판정승으로 보인다. 전국적으로 재건축단지 곳곳에서 상가쪼개기와 상가조합원이 아파트를 분양받기 위한 산정비율을 낮추는 통에 대부분 상가조합원들 요구대로 가는 형국이다. 예를 들어, 은마아파트 상가조합원의 권리가액이 3억이고 제일 작은 25평형 분양가가 19억(평당 7,700만 원)인 경우, 산정비율이 100%이면 권리가액이 분양가 19억에 턱없이 부족해 아파트를 받을 수 없다. 그런데 이 비율을 10%로 낮추면 아파트값은 1억 9천만 원이 되어 권리가액 3억인 상가조합원이 아파트를 받을 수 있게 된다. 따라서 상가조합원이 아파트를 받기를 원한다면 대부분 받을 수 있을 것이다.

재건축단지 곳곳에서 아파트와 상가조합원의 분쟁은 끊이지 않고 있다. 강남구 개포우성5차는 상가 제척을 위한 소송이 진행 중이고, 압구정3구역 및 서초구 신반포2차는 아파트 소유주들이 상가 관련 정비계획에 반발하고 있다. 신반포12차는 이미 관련 소송으로 한 차례 조합설립이 취소되는 등 강남권 주요 재건축단지들이 상가소유주들과의 분쟁으로 사업이 지연되고 있다. 상가가 재건축의 열쇠를 쥐고 있다고 해도 과언이 아니다.

최근 부산 재건축시장에도 핫이슈가 등장했다. 2022년 한 법인이 재건축 예정지인 해운대 대우마리나1차 지하상가 1실을 사들인 후, 약 3평 크기로 123실로 쪼개어 팔고 있기 때문이다. 유튜브까지 동원해 여기저기 광고하는 통에 부동산에 조금만 관심이 있는 사람이라면 다 알고 있을 정도인데, 쪼갠 상가를 사면 아파트를 받을 수 있다는 것이다.

상가쪼개기로 기존 53실이던 상가는 현재 175실로 늘어났다. 전체 상가의 70% 이상이 전용면적 9.02m²에 불과한 지하상가인 셈이다. 전체 175실 중 지하상가가 123실이라는 말인데 현행법으로는 지하상가 소유자 123명의 동의 없이는 재건축이 불가능할 것으로 보인다. 상가도 1개 동으로 보아 동별 동의율 요건 50% 이상이 되어야 재건축이 가능하기 때문이다. 게다가 재건축이 진행되려면 상가조합원들의 요구대로 산정비율 역시 낮춰줄 수밖에 없어 보인다.

이에 발등에 불이 떨어진 국토교통부(이하 '국토부'라 칭함)가 또 뒷북을 치고 있다. 재건축단지 곳곳에서 상가쪼개기 관련 문제가 언론에 보도되자 부랴부랴 상가 지분쪼개기에 문제가 있다고 보고 <도시정비법> 개정을 통해 상가 지분 분할의 근거와 방법 등에 대한 규제에 나설 예정이라고 밝혔지만, 어느 세월에 될는지 알 수 없다. 변죽만 울리다 흐지부지되지 싶다. 늦은감이 없지 않지만 빠른 법 개정이 이루어지지 않으면 상가쪼개기는 재건축사업의 또 다른 걸림돌이 될 것이다.

이러한 빈틈을 파고들어 서울, 부산 등 대도시 주요 재건축단지 상가에는 눈치 빠른 투자자들이 이미 진입한 상태인데 여전히 개미들은 뒤에서 투기꾼 놈들이라며 삿대질만 해대고 있다.

재개발구역 과소토지로 분양자격 요건을 갖추었는데도 현금청산자가 되었는데 이유가 뭔가요?

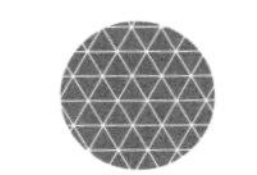

과소토지로 분양자격을 받는 것이 법적으로는 가능하지만, 여러 조건이 있어 과소토지로 아파트를 받는다는 것이 쉽지는 않다.

필자는 공인중개사협회 상담을 제외하고는 무료상담이나 무료강의는 하지 않는다. 아마 공인중개사 유료상담제를 실시한 것도 전국 최초가 아닐까 싶다. 아니나 다를까 초창기에는 온갖 말들이 무성했다. '세무사도 아닌데 공인중개사가 뭐라고 유료상담을 하냐!', '재개발·재건축이 거창한 것도 아닌데 무슨 돈까지 받고 상담하냐!', '누가 공인중개사에게 돈을 주면서까지 상담을 받겠냐!' 등등. 심지어 공인중개사 소장들도 의아해했다. 말이 목구멍까지 넘어올 때가 많지만 일절 대응하지 않는다.

하지만 유료상담자들의 반응은 나쁘지 않다. 투자자, 세무사, 공인회계사, 직장인, 주부, 부린이 등 다양하다. 그런데 옛날에 상담을 받고 갔던 A에게 문제가 터졌다.

몇 년 전, 당시 찾아온 A는 내 집 마련은 해야 하는데 재개발구역 빌라나 주택은 비싸서 살 수가 없다고 해서 투자금이 적게 드는 '뚜껑'과 '과소토지'에 대해 상담해줬는데 그 이후 가타부타 연락이 없다가 얼마 전 갑자기 연락이 온 것이다. 이야기를 들어보니 당시 내게 상담을 받고는 다른 부동산에 가서 조그만 토지를 샀는데 문제가 생긴 것이다.

부산 수영구 한 재개발구역 토지 30m²를 매수하여 분양자격을 갖추었지만, 현금청산된 A의 사연이다. 무주택자였던 A는 평소 재개발 투자에 관심은 있었지만, 생각보다 투자금액이 높아 고민만 하고 있었다. 그러던 어느 날, 평소 알고 지내던 부동산 소장으로부터 자투리 토지를 매입하면 투자금도 낮고 분양자격도 받을 수 있다는 전화를 받았다.

서둘러 부동산 사무실로 찾아간 그는 매물로 나온 재개발구역 토지 30m²의 물건에 관한 브리핑을 들었다. 부동산에서 "본 물건은 30m²이므로 과소토지에 해당하여 정상적으로는 분양자격이 나오지 않지만, 부산은 토지 20~60m² 미만인 과소토지의 경우 다음 네 가지 요건을 갖추면 분양자격이 된다"고 했다. 즉 "해당 토지가 1필지일 것, 분할된 경우 분할등기 완료 시점이 권리산정기준일 이전일 것, 지목 및 현황이 도로가 아닐 것, 마지막으로 사업시행인가일로부터 공사완료고시일까지 세대원 전원이 무주택자일 것"

그래서 A는 토지 30m²를 매입할 경우 분양자격이 되는지를 하나씩 체크하기 시작했다. 첫째, 반드시 1필지여야 한다. 해당 물건에 대한 등기부등본과 토지대장을 확인해 본 결과 1필지여서 문제가 없었고 현재 소유주는 B였다. 둘째, 해당 토지가 분할된 경우, 분할등기 완료시점이 권리산정기준일 이전이어야 된다고 했는데, 해당 토지는 분할된 경우가 아니었고 처음부터 1필지였기 때문에 역시 문제가 없었다. 셋째, 지목 및 현황이 도로가 아니어야 한다고 해서 먼저 지목을 봤더니 도로였지만 현장에 가보니 도로가 아닌 대지로 사용하고 있어 역시 문제가 없었다. 마지막으로, 사업시행인가고시일로부터 공사완료고시일까지 세대원 전원이 무주택자이어야 된다고 해서 A에게 적용해 봤더니, A는 본인뿐만 아니라 세대원 전원이 무주택자여서 본 토지를 매입 후 아파트가 다 지어질 때까지 무주택 상태를 유지하면 되기 때문에 역시 문제가 되지 않았다.

세대원 전원이 무주택자였던 그는 부동산 소장의 브리핑을 들어보니 요건에 충족되고 프리미엄도 적당한데다 무엇보다 투자금액이 낮아 토지 30㎡를 분양신청기간에 토지를 매입했다. 잔금을 치르고 등기를 완료하고 조합에 가서 명의변경까지 마친 A는 84타입으로 분양신청까지 마쳤다. 그런데 1년 후 관리처분인가 과정에서 그만 현금청산자가 되었다.

과소토지였지만 분양자격 요건을 모두 갖추고 있던 A가 왜 현금청산자가 되었을까? 무주택자이고 다른 요건도 다 충족하기 때문에 A가 분양자격을 받는데 아무런 문제가 없는데 뭐가 잘못된 것일까?

문제는 무주택자 기간에 있었다. 무주택자의 경우 사업시행인가고시일로부터 공사완료고시일까지 세대원 전원이 무주택 상태이면 되지만, 이때 매수자만 무주택 상태를 유지한다고 되는 것이 아니라는 데 있다.

A가 과소토지를 매수한 시기는 사업시행인가고시가 난 후 분양신청 기간이었다. 문제는 매도자 B가 해운대구에 집을 1채 가진 유주택자였다는 데 있다. 다시 말하면, 사업시행인가고시일로부터 공사완료고시일까지 무주택자여야 한다는 의미는 사업시행인가 후 매수하면 매수자뿐만 아니라 매도자도 사업시행인가고시일로부터 매도일까지 무주택 상태를 유지하고 있어야 한다는 것이다. 만약 A가 사업시행인가고시 전에 과소토지를 매수했다면 매도인의 주택 소유 여부는 따져볼 필요가 없다.

그리고 무주택 관련하여 간과하지 말아야 할 점은 무주택기간은 본인뿐만 아니라 세대원 전원이 무주택 상태여야 하고, 또 본인 및 세대원 전원이 해당 기간(사업시행인가고시일~공사완료고시일)에 단 하루라도 주택을 소유한 적이 없어야 한다. 따라서 재개발구역에서 과소토지로 분양자격을 갖춘다는 것은 생각보다 쉽지가 않다.

재개발·재건축 책 한두 권 읽고 강의 한두 번 듣고 다 아는 것처럼 떠들고 다니다가 큰코다칠 수 있다. 특히 지분쪼개기나 분양자격 관련 내용은 사후 수습이 쉽지 않다. 물건을 사기 전에 잘 체크해야지 문제가 터지고 나서 되돌리기는 어렵다.

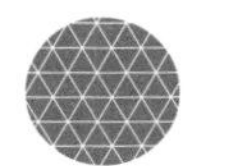

재개발구역 토지를 여러 필지 소유하고 있으면 소유형태별로 분양자격을 각각 산정한다는 말이 있던데 사실인가요?

국토부 질의회신 및 법제처 유권해석상으로는 재개발구역 토지의 경우 소유 형태별로 각각 분양자격을 산정하도록 하고는 있으나 기판력이 없어 권장하는 수준에 불과하므로 조합마다 다를 수 있다.

맞는 말이다. 같은 재개발구역에서 2개 이상의 토지를 소유한 경우 국토부와 법제처에서는 토지의 소유 형태별로 각각 분양자격을 산정하라고 유권해석을 내린 바 있다. 재개발에서 분양자격을 받기 위해서는 토지등소유자이면서 조합원이어야 한다. 그러나 한 사람이 같은 구역에 여러 개의 물건을 소유하고 있거나, 1세대가 여러 개의 물건을 소유하고 있으면 분양자격은 하나만 주어진다. 그런데 토지의 경우 소유 형태별로 각각 분양자격을 산정해야 한다는 논쟁이 계속되고 있다.

이와 관련하여 한 조합원이 국토부에 질의하여 회신받은 내용을 먼저 보자. 사례는 토지가 아닌 주택이다. 질의 내용은 "A의 주택1과 주택2의 소유권 형태가 다른 경우, A의 소유권 일부를 매수 시 <도시정비법> 제39조(조합원 자격) 제1항 제3호 적용 여부가 어떻게 되는지" 즉, "주택1은 A+B 공동소유이고, 주택2는 A 단독소유일 경우 분양자격 산정은 어떻게 해야 하는지."에 대한 국토부 회신이다.

"<도시정비법> 제39조 제1항에 따르면 정비사업의 조합원은 토지등소유자로 하되, 조합설립인가 후 1명의 토지등소유자로부터 토지 또는 건축물의 소유권이나 지상권을 양수하여 여러 명이 소유하게 된 때 등 각호의 어느 하나에 해당하는 때에는 그 여러 명을 대표하는 1명을 조합원으로 본다고 규정하고 있습니다. 따라서, 소유 형태가 다른 경우에는 상기 규정에 따른 1명의 토지등소유자로 보기는 어려울 것으로 판단됨을 알려드리니, 더 자세한 사항에 대해서는 조합설립인가권자인 시군구청장에게 문의하시기 바랍니다."

여담이지만 현장에서 일하다 보면 가끔 답답할 때가 있다. 필자가 통화한 공무원들은 떠넘기기의 달인들이다. 물론 <도시정비법>이 너무 허술하기 때문에 발생하는 일인지도 모르겠다. 정비사업은 대부분 조합방식으로 진행되기 때문에 자세한 내용은 조합에 문의하는 게 맞다. 그러나 조례 관련 사항은 시청에서 답을 해주는 게 맞는데도 구청에 떠넘겨서는 곤란하다.

앞의 사례 끝부분에서 국토부는 '자세한 사항은 해당 시군구청장에게 문의하라'고 했다. "~소유 형태가 다른 경우 1명의 토지등소유자로 보기 어려울 것으로 판단됨을~"이라면서 역시 말꼬리를 흐렸다.

소유 형태가 다르면 분양자격을 2개로 줘야 한다는 말은 안 하고 애매모호하게 회신하여 혼란을 가중시켰다. 소유 형태가 다를 경우 조합원을 각각으로 보아 2개의 분양자격을 줄지 말지는 해당 구청장이나 조합의 의지에 달렸다고 볼 여지가 있기 때문이다.

그러자 이번에는 재개발구역 토지를 여러 개 소유한 조합원이 다시 국토부에 같은 질의를 했다.

재개발구역 토지 소유 형태	
토지 A	철수와 영희 1/2씩 공동소유(대표 : 관계없음)
토지 B	철수 소유

철수는 어느 재개발구역에 A와 B의 2필지 토지를 소유하고 있는데, A토지는 철수와 영희가 2분의 1씩 공유하고 있고, B토지는 철수가 단독으로 소유하고 있다. 철수의 분양자격은 어떻게 되는지가 관건이다.

즉 철수의 소유권이 일부 겹치지만, 소유형태(A토지 공유, B토지 단독소유)가 다르다. 이 경우 철수에게 A토지와 B토지를 각각 조합원으로 보아 분양자격을 2개(A토지=철수+영희 1개, B토지=철수 1개)로 주어야 할까, 아니면 철수 1명이 다주택 또는 여러 토지를 소유하는 경우로 보아 A토지와 B토지를 합쳐 분양자격을 1개(철수+영희)만 주어야 할까? 이에 대해 법제처에서 국토부에 직접 질의하여 회신받아 유권해석한 것이다.

법제처의 유권해석(19-0391, 2019.11.10.)을 보면, "정비구역 내 2개의 토지의 소유 형태가 서로 다른 경우 조합원의 자격을 갖는 사람은 2명으로 보아야 하므로 2명의 조합원이 각각 분양신청을 하여 주택을 공급할 수 있을 것으로 판단된다"는 것이다. 따라서 국토부와 법제처는 A토지와 B토지에 대해 각각 분양자격을 산정하고 요건이 충족되면 2개의 분양자격이 주어져야 한다는 것이다. 물론 A와 B토지는 과소토지에 해당하지 않아야 하고 관련 지자체 조례의 분양대상 기준을 충족하여야 한다. 즉 철수와 영희가 유주택자인 경우 서울이라면 A토지 180m^2 이상, 부산은 120m^2 이상이 되어야 하고, B토지는 서울 90m^2 이상, 부산 60m^2 이상이 되면 철수는 분양자격을 2개 받을 수 있다. 그런데도 일부 조합에서는 소유형태가 다르다 하더라도 다물권자로 분류해 분양자격을 1개만 주려는 조합들이 있어 확인이 필요하다.

이뿐만이 아니다. 법제처는 법령해석(18-0365, 2018.12.7.)을 통해서도 토지의 소유형태가 다르면 각각 조합원으로 보아 분양자격을 산정해야 한다고 해석한 바 있다. 그러나 국토부 질의회신이나 법제처 유권해석은 구속력이 없다. 단순한 의견제시에 불과하다 보니 일부 조합에서 다물권자 취급하여 분양자격을 산정하는 것이다. 이에 대한 판례가 나올 때까지는 혼란이 불가피해 보인다.

재개발구역 물건 중 분양자격이 복잡한 것은 상가와 토지인데 쉽게 이해할 수 있는 방법은 없나요?

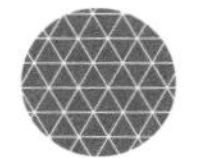

그렇다. 재개발구역 여러 물건 중 상대적으로 토지와 상가의 분양자격이 복잡한 편이다. 상가는 정해진 우선순위에 따르고, 토지는 면적을 따져야 한다.

이건 이해하려고 하기보다는 일단 외우는 게 순서다. 암기하다 보면 자연스럽게 이해가 된다. 재건축과는 달리 재개발에는 주택, 빌라, 토지 등과 같은 여러 물건이 혼재해 있는데 주택이나 빌라는 분양자격을 산정하는 데 별 어려움이 없으므로 상가와 토지를 중심으로 살펴보자.

"여우는 많은 것을 알지만 고슴도치는 큰 것 하나를 안다"라는 그리스 속담이 있다. 재개발에 딱 맞는 이야기다. 재개발에서 '가장 큰 것 하나'는 분양자격이다. 그래서 그런지 현장 공인중개사들뿐만 아니라 강의장에서도 가장 많은 질문을 받는다. 그만큼 분양자격이 중요하다는 방증이고 분양자격을 빼면 아닌 말로 시체다.

분양자격이란 재개발로 신축하는 아파트를 받을 수 있는 자격이므로 분양자격이 안 되면 볼 것도 없이 현금청산이다. 재개발에서 최악은 현금청산이다. 재개발 투자자 중 상당수는 매수하려는 물건의 프리미엄이 높다 또는 낮다에 지나치게 관심을 가진다. 물론 잘못된 접근은 아니지만 중요한 것은 매수할 물건이 단독으로 분양자격이 나오는지 아닌지다. 이렇게 묻고 싶을 것이다. '분양자격이 없는 물건을 누가 사겠냐!'고. 있으니까 하는 소리다. 현장에서는 매수한 물건이 분양자격에 문제가 생겨 분쟁이 벌어지고 부동산과 조합사무실에 드러눕고 때로는 소송도 불사한다.

재개발 투자가 처음이라고 면피가 되는 것은 아니다. 문제가 터지고 나서 징징대봐야 아무 소용이 없다. 다른 건 몰라도 사려고 하는 물건이 정상적으로 단독으로 분양자격이 나오는지 정도는 알고 부동산에 가야 한다. 공부도 하기 싫고 분양자격을 모르겠으면 백발백중 호구된다. 재개발 투자는 로또복권 같은 확률 게임이 아니다. 전재산이 왔다 갔다 하는 마당에 문구점에 가서 볼펜을 사는 것처럼 해서야 되겠는가. 물론 분양자격 여부는 중개하는 부동산에서 대부분 체크해준다.

매도인에게도 확인하고 조합에도 전화하거나 방문해서 확인한다. 문제는 그렇게 확인하는데도 관리처분인가 시 멀쩡했던 조합원이 갑자기 현금청산자가 되는 경우가 종종 있다는 점이다. 분명 조합에서도 조합원 자격을 인정했고 분양신청까지 했는데도 말이다. 따라서 분양자격이 100% 확실하다고 할 수 있는 시기는 관리처분인가 시점이다.

분양자격에 관한 사항은 정부는 <도시정비법>에서, 지자체는 <조례>로, 조합은 <정관>에 세부적으로 정하고 있어 조합마다 조금씩 차이가 날 수 있다.

재개발에서는 <도시정비법>보다 더 중요한 것이 조례와 정관이다. 필자도 상담 과정에서 상담이 끝날 즈음에 '해당 조합에도 문의해 보라'는 말을 종종 하는데 세부적인 것은 결국 조합에서 결정하고 조합마다 적용기준이 다를 수 있어서다.

조합마다 조합원 수가 다르고, 세대수도 다르고, 일반분양 물량도 다르고, 새 아파트의 평형도 다른 것처럼 같은 사안을 두고도 어떤 조합은 분양자격을 주지만, 다른 조합에서는 주지 않는 경우가 있기 때문이다.

이제 근린생활시설(상가)의 분양자격을 보자.

재개발구역에 위치한 상가는 통상가, 일부는 상가이면서 일부는 주택으로 사용하는 상가주택, 층과 호별로 구분 소유하는 구분상가 등 다양한 형태로 존재한다. 상가, 상가주택, 구분상가 소유자도 조합원이다. 상가나 부대복리시설의 분양자격이 주어지지만, 권리가액에 따라서는 아파트를 받을 수도 있고 상가나 아파트를 동시에 받을 수도 있다.

상가의 경우에는 분양받는 것도 중요하지만 어느 위치에 받느냐가 더 중요하기 때문에 일정 요건을 부여하여 1~7번까지 순서를 정해 그에 따라 배정한다. <도시정비법>에서도 '상가는 사업시행자가 수립하는 관리처분계획 중 재개발사업 및 도시환경정비사업의 상가 등 분양대상 부대복리시설의 분양대상자는 분양신청자 중 관리처분계획 기준일 현재 다음 각호의 순위 및 자격을 기준으로 정관 등이 정하는 바에 따른다'라고 규정하고 있다.

〈표〉 상가 분양자격 순위

순위	건축물용도	사업자등록	최소단위규모추산액
1	동일 or 유사	o	이상인 자
2	동일 or 유사	×	이상인 자
3	동일 or 유사	o	미달이면서 공동주택을 분양받지 않은 자
4	동일 or 유사	×	미달이면서 공동주택을 분양받지 않은 자
5	-	×	이상이면서 공동주택을 분양받지 않은 자
6	-	×	공동주택을 분양받은 자
7	-	-	그 밖에 분양을 희망하는 토지등소유자

<표>에 의하면, 상가의 분양자격 순위는 관리처분계획기준일(분

양신청종료일)을 기준으로 건축물 용도, 사업자등록 유무, 최소단위규모추산액의 세 가지를 고려하여 1순위부터 7순위까지 정해져 있는데, 최소단위규모추산액이란 권리가액이 분양대상 아파트 중 제일 작은 타입의 조합원분양가를 말한다.

제1순위 자격은 종전 건축물의 용도가 분양건축물 용도와 동일하거나 유사한 시설로서 사업자등록(인허가 또는 신고 등을 포함)을 마친 해당 건축물의 소유자로서 종전자산가액(공동주택을 분양받은 경우에는 그 분양가격을 제외한 가액)이 분양건축물의 최소단위규모추산액 이상인 자를 말한다.

예를 들어, 재개발구역 내 상가 소유자로서 사업자등록을 하고 휴게음식점인 커피전문점을 운영하는 A와 약국을 운영하는 B가 있다. 물론 A, B는 종전자산가액이 분양건축물의 최소단위규모추산액 이상으로 업종만 다르고 권리가액도 비슷하다.

분양신청 할 때 A는 휴게음식점인 커피전문점으로, B는 슈퍼마켓으로 신청했을 경우 우선순위는 어떻게 될까. 조합마다 차이는 있겠지만 A가 B보다 앞선다. A는 기존 업종과 동일한 업종을 신청하였기 때문에 기존 업종과 다른 업종을 선택한 B보다 많이 우선하여 분양받을 수 있게 되는 것이다. 이처럼 상가 분양자격 순위를 따질 때는 사업자등록 유무나 권리가액뿐만 아니라 기존 상가와의 동일성, 유사, 그리고 위치도 함께 고려한다.

제2순위는 종전 건축물의 용도가 분양건축물 용도와 동일하거나 유사한 시설인 해당 건축물의 소유자로서 종전가액이 분양건축물의 최소단위규모추산액 이상인 경우를 말한다. 제1순위와 차이점은 사업자등록을 하지 않았다는 점이다.

그리고 3순위는 종전 건축물의 용도가 분양건축물 용도와 동일하거나 유사한 시설로서 사업자등록을 마친 건축물의 소유자로서, 종전가액이 분양건축물의 최소단위규모추산액에 미달되거나 공동주택을 분양받지 아니한 자가 해당된다. 종전 건축물의 용도가 분양건축물 용도와 동일하거나 유사한 시설인 건축물의 소유자로서 종전가액이 분양건축물의 최소단위규모추산액에 미달되나 공동주택을 분양받지 아니한 자는 4순위에 해당하는데, 역시 3순위와의 차이점은 사업자등록을 하지 않았다는 점이다. 5순위는 공동주택을 분양받지 않은 자로서 종전가액이 분양건축물의 최소단위규모추산액 이상인 자를 말한다. 6순위는 공동주택을 분양받은 자로서 종전가액이 분양건축물의 최소단위규모추산액 이상인 자, 그 밖에 분양을 희망하는 토지등소유자로서 제2항의 규정에 따라 분양신청이 가능한 자가 마지막 7순위에 해당한다.

상가주택은 대부분 일정 규모 이상의 대지와 건축물을 확보하고 있어 주택이나 공동주택보다 권리가액(종전자산평가액×비례율)이 높게 나타난다.

사업자등록을 하지 않은 경우에는 사업자등록을 한 조합원보다 권리가액이 높다 하더라도 순위에서 밀리게 된다. 상가의 분양자격은 권리가액만으로 결정하는 것이 아니다. 그런데 간혹 권리가액이 높은데도 현금청산을 택하는 조합원도 있다. 3년 전, 부산 남구 어느 재개발구역에서 대지 1,200m²의 주유소를 소유한 조합원 P, 감정평가액은 59억, 상가의 조합원분양가는 3.3m²당 1,800만 원이었다. 고민 끝에 P는 상가 분양신청을 포기하고 현금청산을 받기로 하였다. 인근 상가의 3.3m²의 시세는 2,500만 원 정도였으므로 시세 대비 700만 원이 낮아 분양신청 포기로 약 25억이 손해다. 그뿐만 아니라 상가를 분양받은 후 현금청산보다 높은 가격에 매도할 수도 있고, 분양받은 후 임대수익을 노려볼 수도 있었다. 그런데도 P가 현금청산을 받은 이유는 구분상가를 분양받기보다는 59억을 현금으로 받아 다른 지역에 단독상가건물을 매입하기 위해서였다. 이 같은 일은 재개발 현장에서 흔히 발생한다. 감정평가액이 높은 상가조합원의 경우 구분상가보다는 단독상가를 선호하기 때문이다.

몇 년 전에 있었던 상가 분양자격 관련 사례를 소개하고자 한다. 부산 남구 어느 재개발 현장에서 발생한 상가 분양자격 관련 분쟁 사례다. 조합원 K는 재개발구역 안에 있는 빌라 1층 상가(건축물 면적 35m², 대지 지분 13m², 종전자산평가액 6,700만 원)를 보유하던 중 분양신청 기간이 되자 상가 대신 아파트로 신청했다. 조합에서도 아무런 언급 없이 분양신청을 받아주었다. 아파트로 분양신청을 한 후 K는 T에게 매도하였다. 그로부터 1년이 지나 관리처분인가 시 T는 분양자격이 없어 현금청산 대상자라는 통보를 받았다. 무엇이 문제였을까?

부산시 조례 제37조(재개발사업의 분양대상 등) 1항3호 "분양신청자가 소유하고 있는 종전 토지 및 건축물의 가액이 분양용 최소규모공동주택 1가구의 추산액 이상인 자"에 해답이 있다. 즉 K가 상가로 분양신청을 했다면 아무런 문제가 없었다. 상가 소유자가 아파트를 신청할 경우에는 분양용 최소규모공동주택 1가구의 추산액 이상이거나 대지 지분이 60㎡ 이상인 경우에만 가능하다. 해당 구역의 분양용 최소규모공동주택 1가구의 추산액은 2억5천만 원이었고, K의 감정평가액이 이에 미치지 못할 뿐만 아니라 대지 지분도 60㎡가 되지 않기 때문에 현금청산자가 된 것이다.

다음은 토지 및 도로의 분양자격이다.

재개발구역 내에는 건축물이 존재하지 않는 토지 즉 나대지, 도로 등도 다수 존재한다. 도로는 기반시설이 열악한 재개발구역에서 약방의 감초처럼 등장한다. 투자 측면에서 토지나 도로는 단독·연립주택을 매입하는 것보다 상대적으로 투자금액이 적어 사업이 진행될수록 인기가 좋다. 주택 수에 포함되지 않는 장점이 있지만, 취득세 4.6%를 납부해야 하고 주택보다 감정평가액이 낮게 나와 추가분담금이 많아진다는 불리한 측면도 있다.

그러나 앞서 언급했듯이 토지나 도로는 소유만 하고 있다고 해서 모두 분양자격이 주어지지는 않는다. 주택과는 달리 토지의 면적이나 용도 등 일정 요건이 충족되어야 분양자격이 주어진다. 토지의 분양자격은 소유하고 있는 면적과 시점에 따라, 지자체마다 달라지는데 서울과 부산의 경우를 살펴보자. 먼저 서울시 조례에 따른 토지의 분양자격이다.

〈표〉 토지의 분양자격-서울시

<table>
<tr><th rowspan="2">구분</th><th colspan="2">토지</th><th rowspan="2">건물</th><th rowspan="2">무허가 건축물</th></tr>
<tr><th>30~90㎡ 미만</th><th>90㎡ 이상</th></tr>
<tr><td>기준일</td><td colspan="3">2003.12.30. 이전(조례시행일)</td><td rowspan="4">분양자격 유</td></tr>
<tr><td>토지 면적</td><td>30~90㎡ 미만</td><td>90㎡ 이상</td><td rowspan="3">분양자격 유</td></tr>
<tr><td>무주택자
(세대원 전원)</td><td>* 무주택자 30㎡ 이상</td><td rowspan="2">분양자격 유</td></tr>
<tr><td>지목</td><td>지목 및 현황이 도로가 아닐 것</td></tr>
<tr><td colspan="5">※ 단, 2010년 7월 30일 이후 최초로 정비예정구역으로 새로 포함(기본계획)된 재개발 구역에서 '토지만 소유'한 경우, 90㎡(주거지역 기준) 이상이 되어야 조합원 자격이 됨</td></tr>
</table>

* 무주택자란, 사업시행인가고시일로부터 공사완료고시일까지 분양신청자를 포함한 세대원(세대주 및 세대주와 동일한 세대별 주민등록표상에 등재되어 있지 아니한 세대주의 배우자 및 배우자와 동일한 세대를 이루고 있는 세대원 포함) 전원이 주택을 소유하고 있지 아니한 자를 말한다.

토지만 소유한 경우에는 우선 면적을 봐야 하는데, <표>처럼 '토지 면적이 90m^2 이상인 경우'에는 용도와 상관없이 분양자격이 주어진다. 여기서 면적이란 1필지는 물론 구역 내 여러 필지의 면적을 합한 것도 가능하다. 예를 들어 조합원 홍길동이 재개발구역 내 5m^2, 40m^2, 48m^{2}인 3필지를 소유하고 있다면 총면적은 93m^{2}가 된다. 이 경우에는 용도나 지목에 상관없이 분양자격이 주어진다. 그러나 '토지 면적이 30㎡ 이상 90㎡ 미만(과소토지)인 경우'에는 다음과 같은 네 가지 요건이 충족되어야 분양자격이 주어진다.

첫째, 반드시 1필지이어야 한다. 이 경우에는 1필지만을 기준으로 하며 여러 필지를 합한 면적이 아니다. 둘째, 분할된 토지인 경우 분할등기 완료 시점이 조례시행일 이전이어야 한다. 즉, 2003년 12월 30일 이후에 분할등기가 완료된 때는 분양자격이 주어지지 않는다. 셋째, 지목 및 현황이 도로가 아니어야 한다. 즉 지목이 도로인데 실제 도로로 사용하고 있는 경우에는 분양자격이 주어지지 않는다. 그러나 지목은 도로인데 현황이 대지인 경우 또는 현황은 도로인데 지목이 대지인 경우에는 분양자격이 주어진다. 넷째, 사업시행인가일부터 공사완료고시일까지 무주택자이어야 한다.

따라서 재개발구역 내 합산한 토지 면적이 90㎡ 이상일 경우에는 용도나 지목에 상관없이 분양자격이 주어지지만, 토지 면적이 30㎡ 이상 90㎡ 미만인 과소토지의 경우에는 상기 네 가지 요건을 모두 충족해야 분양자격이 주어진다.

이제 부산시 조례에서 적용하는 토지의 분양자격을 보자.

〈표〉 토지의 분양자격-부산시

<table>
<tr><th rowspan="2">구분</th><th colspan="2">토지</th><th rowspan="2">건물</th><th rowspan="2">무허가
건축물</th></tr>
<tr><th>20~60㎡ 미만</th><th>60㎡ 이상</th></tr>
<tr><td>기준일</td><td colspan="3">사전타당성 통과일</td><td rowspan="4">분양자격 유</td></tr>
<tr><td>토지 면적</td><td>20~60㎡ 미만</td><td>60㎡ 이상</td><td rowspan="3">분양자격 유</td></tr>
<tr><td>무주택자
(세대원 전원)</td><td>무주택자 20㎡ 이상</td><td rowspan="2">분양자격 유</td></tr>
<tr><td>지목</td><td>지목 및 현황이 도로가 아닐 것</td></tr>
</table>

* 기준일 : 1) 정비구역지정일 : 2020.9.14. 이전
2) 부산시에서 사전타당성검토 심의결과를 해당 자치구군에 통보한 날 : 2020.9.14. 이후
* '무주택자'의 정의는 서울과 동일

분양자격에 대해서는 서울시처럼 <도시정비법>을 적용하는 지자체도 있고 별도의 조례로 정하여 적용하는 지자체도 있다. <표>는 부산시 조례에서 정한 토지의 분양자격이다. 자투리땅이나 도로는 뚜껑과 더불어 투자자들이 선호하는 물건인데 '황금알을 낳는 거위'로 불리기도 한다.

부산시의 경우에는 서울시와는 달리 '토지 면적이 60m² 이상'인 경우에는 용도나 지목은 관계없이 분양자격이 되지만, 소유권이 분리되었거나 공유인 경우에는 기준일 이전이어야 한다. 그러나 '토지 면적이 20m² 이상 60m² 미만(과소토지)인 경우'라면 서울시와 마찬가지로 다음 네 가지 요건이 충족되어야 분양자격이 주어진다.

첫째, 반드시 1필지이어야 한다. 둘째, 분할된 토지인 경우 분할 등기 완료 시점이 사전타당성 통과일 이전(2020.9.14. 이전에 정비구역으로 지정된 사업장인 경우, 정비구역지정일)이어야 한다. 셋째, 지목 및 현황이 도로가 아니어야 한다. 넷째, 사업시행인가일부터 공사완료고시일까지 무주택자여야 한다.

정리해 보면, 주택의 경우에는 면적에 상관없이 분양자격을 주는 데 반해 토지는 면적 제한을 두고 있다. 토지 면적이 90m²(부산시, 60m²) 이상 되어야 하는 것이 원칙이다. 하지만 토지 면적이 30m² 이상 90m² 미만(부산시, 20m² 이상 60m² 미만) 즉, 과소토지일 경우에는 네 가지 조건이 충족되어야 하며 이 중 하나라도 충족되지 않으면 현금청산이다.

이 중 셋째는 명확하게 할 필요가 있다. 지목 및 현황이 모두 도로로 이용되고 있으면 분양자격이 주어지지 않는다. 즉 지목과 현황 중 하나만 도로가 아니면 된다. 지목은 도로인데 현황은 나대지이거나, 지목은 대(垈)이나 현황상 도로인 경우는 분양자격이 주어진다. 따라서 지목도 도로이고 현황도 도로라면 90m² 이상이 되어야 분양자격이 주어진다.

그리고 '1필지의 토지를 A와 B가 공유하고 있는 경우'에는 원칙적으로 A와 B에게 1개의 분양자격이 주어진다. 반면 서울은 토지 면적이 90m²(부산시, 60m²) 이상이면서 조례시행일(부산시, 사전타당성 통과일) 이전부터 A와 B가 공유하고 있었다면 A와 B에게 각각 분양자격이 주어진다.

또한 '공유지분을 매입하여 토지 면적이 90m²(부산시 60m²) 이상이 된 경우'에는 조례시행일 이후(부산시, 사전타당성 통과일 이후) 공유나 분할된 토지는 매입해서는 안 되며, 이때 공유지분을 매입할 경우에는 공유자 지분 전체를 매수해야 한다.

만약, 분양자격 기준이 되는 최소 면적 미만인 경우에는 원칙적으로 현금청산 대상이지만 분양자격을 갖추려면 분양신청종료일까지 부족한 면적을 추가로 매입하면 된다. 이때 추가 매입하는 토지는 반드시 인접한 토지일 필요는 없고, 구역 내 어디에 위치하든 관계없다.

그러나 90m² 이상이라고 무조건 분양자격이 주어지는 것은 아니다. 수개의 필지 중 일부이거나 분리된 한 필지의 토지라 하더라도 조례시행일(부산시, 사전타당성통과일) 이후에 분리된 토지를 취득할 경우 분양자격은 합쳐서 1개만 주어진다.

참고로 서울과 부산 외 다른 지자체의 경우를 보면, 울산시와 대구시는 서울과 동일한 토지 90m² 이상, 광주는 부산과 동일한 60m² 이상이며, 경기도와 경남은 시도건축조례에 따른다. 그리고 이견은 있지만 동일 구역 내 토지 다물권자인 경우 소유 형태별로 분양자격을 달리 산정해야 하는데 이에 대한 세부 내용은 본서 Q4를 참조하면 된다.

그리고 전환다세대의 분양자격도 중요하다.

재개발·재건축투자가 유행했던 2000년 당시 일부 잔머리 업자들이 법의 허점을 이용해 단독주택을 매입한 후 다세대주택으로 변경해 팔기 시작했는데 지분쪼개기의 전형이었다. 단독주택은 분양자격이 1개이지만, 구분등기된 다세대주택은 구분소유자들이 각각 분양대상자가 되기 때문이다. 이처럼 단독. 다가구주택을 준공 이후 다세대로 전환한 주택을 전환다세대라고 일컫는다.

재개발 투자 시 주택을 매수할 경우 전환다세대 여부를 확인해봐야 한다. 처음에는 단독 및 다가구주택이었지만 이를 다세대주택으로 구분하여 전환한 주택인지라 외형상으로는 별 차이가 나지 않기 때문이다. 눈으로 보고 판단할 것이 아니라 등기부등본이나 건축물대장 같은 공부 서류로 확인해야 한다.

먼저 등기부등본상 가구별 구분등기된 날짜가 2003년 12월 30일 이전인가를 확인해야 하고, 건축물대장상 단독·다가구주택을 다세대주택으로 전환한 날짜가 2003년 12월 30일 이전인가를 확인해야 한다.

예를 들어, 건축물대장상에는 2002년 10월에 되어 있지만 등기부등본상에는 2004년 3월에 구분등기가 되어 있다면 단독으로 분양자격이 주어지지 않는다. 전환다세대는 서울시 조례에서 "전환다세대로 구분등기를 완료한 주택"으로 규정하고 있기 때문이다. 건축물대장상이 아닌 등기부등본을 기준으로 한다.

따라서 2003년 12월 30일 이후 전환한 다세대주택은 별도의 분양자격이 없다. 전환다세대는 분양자격 산정 시 수인의 분양대상자를 1인으로 보는 것이 원칙이다. 그러나 서울시 조례 제4550호를 통해 2003년 12월 30일(인천시 2004년 7월 19일, 경기도 2007년 4월 9일) 이전에 전환한 전환다세대는 조합 정관에 따라 전용면적 60㎡ 이하 공동주택을 분양할 수 있다고 규정하고 있다. 물론 재개발구역의 상황에 따라서는 84타입과 같은 평형 변경이 가능한 경우도 있다.

전환다세대 여부를 판단하는 방법은 집합건축물대장의 '변동사항'란에서 변동 일자와 변동내용 및 원인을 보고 판단한다. 원다세대는 '신규작성'이라고만 표기되어 있지만, 전환다세대는 '몇 년 몇 월 며칠 집합으로 전환되어 신규작성'이라고 명시되어 있다. 따라서 전환다세대 주택이 많은 지역은 사업성이 낮아지고 소형 평수가 많은 단지가 될 수 있는데, 대표적인 곳이 옥수13구역이다. 중소형 평형이 많은 단지는 평형 리스크가 있어 상승장에도 상승에 한계가 있고, 하락장에는 상대적으로 더 큰 폭으로 하락하는 경향이 있다.

재개발구역 다물권자 물건 사면 입주권 안 나온다는데 다물권자 물건은 무조건 사면 안 되는 건가요?

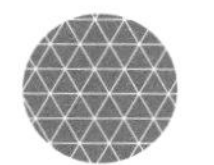

다물권자 물건을 사도 된다. 단, 조합설립인가 난 재개발구역에서 1인 또는 1세대의 다물권자 물건을 매수하면 입주권 못 받는다. 따라서 조합설립인가 전까지는 매수해도 된다.

흔히들 재개발구역 물건을 사면 당연히 입주권이 나오는 것으로 안다. 그러나 공공성을 강조하는 재개발사업의 특성상 분양자격은 물건마다 까다롭게 규정하고 있다. 일반적인 부동산 거래와 달리 재개발구역에서는 투기 수요 차단 및 기존 조합원을 보호하고 사업성을 제고하기 위해 <도시정비법> 제25조 1.2항에서는 다물권자 관련 분양자격에 제한을 두고 있다.

〈도시정비법〉 제25조

① 제25조에 따른 정비사업의 조합원(사업시행자가 신탁업자인 경우에는 위탁자를 말한다. 이하 이 조에서 같다)은 토지등소유자(재건축사업의 경우에는 재건축사업에 동의한 자만 해당한다)로 하되, 다음 각 호의 어느 하나에 해당하는 때에는 그 여러 명을 대표하는 1명을 조합원으로 본다. 다만, 「국가균형발전 특별법」 제18조에 따른 공공기관지방이전 및 혁신도시 활성화를 위한 시책 등에 따라 이전하는 공공기관이 소유한 토지 또는 건축물을 양수한 경우 양수한 자(공유의 경우 대표자 1명을 말한다)를 조합원으로 본다.

1. 토지 또는 건축물의 소유권과 지상권이 여러 명의 공유에 속하는 때
2. 여러 명의 토지등소유자가 1세대에 속하는 때. 이 경우 동일한 세대별 주민등록표 상에 등재되어 있지 아니한 배우자 및 미혼인 19세 미만의 직계비속은 1세대로 보며, 1세대로 구성된 여러 명의 토지등소유자가 조합설립인가 후 세대를 분리하여 동일한 세대에 속하지 아니하는 때에도 이혼 및 19세 이상 자녀의 분가(세대별 주민등록을 달리하고, 실거주지를 분가한 경우로 한정한다)를 제외하고는 1세대로 본다.
3. 조합설립인가(조합설립인가 전에 제27조 제1항 제3호에 따라 신탁업자를 사업시행자로 지정한 경우에는 사업시행자의 지정을 말한다. 이하 이 조에서 같다) 후 1명의 토지등소유자로부터 토지 또는 건축물의 소유권이나 지상권을 양수하여 여러 명이 소유하게 된 때

② 「주택법」 제63조 제1항에 따른 투기과열지구(이하 "투기과열지구"라 한다)로 지정된 지역에서 재건축사업을 시행하는 경우에는 조합설립인가 후, 재개발사업을 시행하는 경우에는 제74조에 따른 관리처분계획의 인가 후 해당 정비

사업의 건축물 또는 토지를 양수(매매 · 증여, 그 밖의 권리의 변동을 수반하는 일체의 행위를 포함하되, 상속 · 이혼으로 인한 양도 · 양수의 경우는 제외한다. 이하 이 조에서 같다) 한 자는 제1 항에도 불구하고 조합원이 될 수 없다. 다만, 양도인이 다음 각 호의 어느 하나에 해당하는 경우 그 양도인으로부터 그 건축물 또는 토지를 양수한 자는 그러하지 아니하다.

이와 관련하여 같은 사안을 두고 광주고등법원과 부산고등법원에서 정반대의 판결을 내리면서 재개발 현장은 혼돈의 도가니였다. 결국, 2023년 3월 대법원 최종 판결이 나오면서 현장에서의 혼란은 일단락된 모양새다.

대법원은 '다물권자로부터 일부 주택을 매수한 양수인에게 단독 입주권을 부여하지 않는다'고 부산고등법원과 같은 판단을 했다. 즉 단독 입주권 부여 대상이 아니라는 것이다. 그동안 다물권자로부터 일부 주택을 매수한 양수인의 분양자격을 둘러싸고 단독으로 입주권을 받는다, 못 받는다로 분쟁이 발생하고 있었으나 이번 대법원 판결로 이에 대한 논란은 종지부를 찍게 됐다.

대법원 판결을 좀 더 자세히 보자. 구 <도시정비법> 제19조 및 제49조에 따르면, 조합설립인가 후 1인의 토지등소유자로부터 토지 또는 건축물의 소유권이나 지상권을 양수해 수인이 소유하게 된 때 수인을 대표하는 1인을 조합원으로 본다고 규정하고 있다. 또 1세대 또는 1인이 하나 이상의 주택 또는 토지를 소유한 경우 1주택을 공급하고, 같은 세대에 속하지 않은 2인 이상이 1주택 또는 1토지를 공유한 경우에는 1주택만 공급한다고 규정돼 있다.

이런 법의 내용과 취지에 대한 대법원 판단의 핵심은 '조합원의 재산권 보호'에 있다. 하지만 종래에는 토지 또는 건축물의 소유권과 지상권이 수인의 공유에 속하는 때에만 조합원의 자격을 제한했다. 결국 조합설립인가 이후 세대 분리나 토지 또는 건축물 소유권 등의 양수로 인해 조합원들이 증가해 정비사업의 사업성이 저하되는 등 기존 조합원의 재산권 보호에 미흡한 측면이 있었다.

대법원은 "2009년 2월 6일 개정된 구 <도시정비법>에 따라 일정한 경우 수인의 토지등소유자에게만 1인의 조합원 지위만 부여함과 동시에 분양대상 자격도 제한함으로써 투기 세력 유입에 의한 정비사업의 사업성 저하를 방지하고 기존 조합원의 재산권을 보호하고 있다"라고 설명했다.

따라서 대법원 판결에 비추어 볼 때, 조합설립인가 후 재개발구역 주택을 매수하려는 경우에는 매도인이 동일 구역 내 다물권자인지, 1세대가 다물권자인지 확인해야 한다. 매매계약을 체결하기 전에 매도인과 함께 조합을 방문하여 직접 확인하고 또 매매계약서에 "매도인은 동일 구역 내 다른 부동산이 없다는 것을 확약하고, 만약 매도인 사정(사업 지연, 정관변경 등 제외)으로 매수인에게 단독으로 분양자격이 나오지 않을 경우 본 계약은 무효로 한다"와 같은 특약을 작성하는 것이 필요하다.

재개발구역 오피스텔을 사면 입주권 받을 수 있나요?

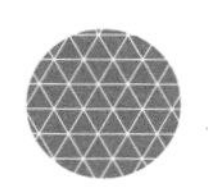

지자체의 기준일에 따라 받을 수도 있고 못 받을 수도 있다.

2021년 3월, 필자의 재개발강의 수강생이었던 직장인으로부터 이메일을 받았는데, 직접 질문지를 작성하여 보내왔다.

> *직장 동료로부터 재개발 물건을 소개받았는데 부산 동래구 초역세권에 있는 주거용 오피스텔(투룸, 전용면적 28.9㎡, 공용면적 18.87㎡)로, 현재 전세로 세입자가 살고 있습니다. 위치가 좋고 사전타당성 통과(부산의 권리산정기준일)된 상태입니다. 부동산에서는 프리미엄 1억 포함 매매가는 2억이라고 합니다.*
>
> *1. 오피스텔을 사면 추후 재개발 진행 시 1주택자도 입주권을 받을 수 있는 건가요?*
>
> *2. 입주권 받기를 원하는데 현금청산 될 수도 있나요?*
>
> *3. 입주권을 받기 위한 확실한 방법은 없는지요?*

이렇게 답장을 보냈다.

1. 주거용 오피스텔은 입주권을 받을 수도 있고 받지 못할 수도 있습니다. 그리고 재개발구역 분양자격 산정 시 매수자의 주택보유 여부(과소토지의 경우에는 주택 유무를 따진다)는 입주권과 관계가 없지요. 부산의 경우 2018년 7월 11일 이전에 구역지정공람공고가 진행된 경우 오피스텔은 분양자격이 있지만, 그 이후에 구역지정공람공고가 진행된 사업장은 분양자격이 되지 않습니다.

2. 매수하려는 오피스텔은 2021년 3월에 사전타당성심의를 통과했기 때문에 현금청산이 원칙이나 조합 정관에 따라 근린생활시설 등을 받을 가능성은 있습니다.

3. 해당 오피스텔을 여러 채 확보하여 구역 내의 조합원분양가 기준 분양용최소규모 공동주택1가구추산액보다 보유 중인 오피스텔의 종전자산평가금액이 높을 경우에는 입주권을 받을 수 있습니다. 따라서 해당 오피스텔이 역세권에 입지도 괜찮은 편이지만 임대수익이 아닌 입주권을 받을 목적이라면 현재 시점에서 프리미엄까지 주면서 매수할 필요가 있을까 하는 생각이 듭니다.

p.s. 혹시 매수 시 프리미엄의 적정 여부 확인하시고 사전타당성심의는 통과했지만 아직 정비구역으로 지정되지 않아 〈도시정비법〉 적용을 받지 않기 때문에 재개발과는 아무 관련이 없는 예정지라고 봐야 합니다. 사전타당성심의가 통과됐으면 추진위원회가 있을 것입니다. 추진위원회에 상기 사항들을 재확인하시기 바랍니다. 끝.

부산의 경우 재개발구역 내 오피스텔 관련 분양자격에 대한 논쟁은 지금도 이어지고 있다. 이에 대해서는 <도시정비법> 시행령 제63조 제1항 제3호를 먼저 봐야 한다. 단서조항에서는 '공동주택을 분양하는 경우 시도조례로 정하는 금액·규모·취득 시기 또는 유형에 대한 기준에 부합하지 아니하는 토지등소유자는 시도조례로 정하는 바에 따라 분양대상에서 제외할 수 있다.'고 규정하고 있다.

〈도시정비법〉 제63조

① 법 제23조 제1항 제4호의 방법으로 시행하는 주거환경개선사업과 재개발사업의 경우 법 제74조에 따른 관리처분은 다음 각 호의 방법에 따른다. 〈개정 2022. 12. 9.〉

1. 시 · 도조례로 분양주택의 규모를 제한하는 경우에는 그 규모 이하로 주택을 공급할 것
2. 1개의 건축물의 대지는 1필지의 토지가 되도록 정할 것. 다만, 주택단지의 경우에는 그러하지 아니하다.
3. 정비구역의 토지등소유자(지상권자는 제외한다. 이하 이 항에서 같다)에게 분양할 것. 다만, 공동주택을 분양하는 경우 시 · 도조례로 정하는 금액 · 규모 · 취득 시기 또는 유형에 대한 기준에 부합하지 아니하는 토지등소유자는 시 · 도조례로 정하는 바에 따라 분양대상에서 제외할 수 있다.

단서조항에서는 공동주택을 분양하는 경우로 되어 있지, 오피스텔에 대한 규정 자체가 없기 때문에 시도조례를 확인해 봐야 한다. 오피스텔에 대해 분양자격이 '나온다, 안 나온다'라는 논쟁이 벌어지는 이유는 부산시 조례 제37조 제1항(구 조례 제22조 제1항 1호) 때문이다.

2016년 11월 2일 부산시 구 조례 제22조 제1항 1호에서는 '종전 건축물 중 주택(기존 무허가건축물 및 사실상 주거용으로 사용되고 있는 건축물을 포함한다)을 소유한 자로 되어 있다.

구 조례로 하면, 분양자격이 나오지만, 2018년 7월 11일 조례 제37조 제1항 1호에서는 '종전 건축물 중 주택(기존 무허가건축물로서 사실상 주거용으로 사용되고 있는 건축물을 포함한다'로 개정되었다. '및'이 '로서'로 바뀌었을 뿐인데 그 의미는 하늘과 땅 차이다. 이제는 기존 무허가건축물이면서 사실상 주거용으로 사용하고 있는 경우에만 분양자격을 준다는 것이다. 즉 기존 무허가건축물이라고 무조건 분양자격을 주는 것이 아니라 기존 무허가건축물이면서 주거용으로 사용하고 있는 경우로 한정한 것이다. 2016년 조례보다 분양자격이 더 강화된 것이다.

〈도시정비법〉 제37조

① 영 제63조 제1항 제3호 단서에 따라 재개발사업으로 조성되는 대지 및 건축시설 중 공동주택의 분양대상자는 관리처분계획기준일 현재 다음 각 호의

어느 하나에 해당하는 자로 한다.

1. 종전 건축물 중 주택(기존 무허가건축물로서 사실상 주거용으로 사용되고 있는 건축물을 포함한다)을 소유한 자

그리고 2020년 9월 30일 부산시 조례가 다시 개정됐지만, 본 규정 관련 내용은 바뀌지 않아 2018년 조례가 지금까지 그대로 적용되고 있다. 정리하면, 2018년 7월 11일 이전에 구역지정 공람공고를 한 구역은 오피스텔도 분양자격이 나올 것이고, 그 이후에 공람공고를 한 구역은 분양자격이 없다고 보는 것이 타당하다. 그런데도 현장에서는 명확한 구분 없이 오피스텔 분양자격을 두고 설왕설래하는 실정이다.

오피스텔 분양자격 관련 서울시도 부산시 조례와 내용은 동일하다. 서울 재개발구역에서 오피스텔은 2008년 7월 30일 이전에 정비구역 지정을 위한 공람공고를 한 경우에는 분양자격이 되지만, 그 이후에 구역 지정공람공고를 실시한 사업장은 분양자격이 없다고 봐야 한다.

〈도시정비법〉 제36조

① 영 제52조 제1항 제3호의 규정에 의하여 주택재개발사업으로 건립되는 공동주택의 분양대상자는 관리처분계획기준일 현재 다음 각호의 1에 해당하는 토지등소유자로 한다.

1. 종전의 건축물 중 주택(주거용으로 사용하고 있는 특정무허가건축물 중 조합의 정관 등에서 정한 건축물을 포함한다)을 소유한 자

재개발구역의 멀쩡한 빌라를 매수했는데 갑자기 입주권이 단독으로 나오지 않는다고 하는데 뭐가 잘못된 건가요?

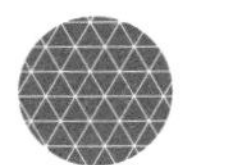

오래된 빌라의 경우 필지가 여러 개인 경우가 많으므로 빠트리지 않아야 한다. 본 사례의 경우에도 매매할 때 빌라 옆 자투리땅을 빠트려서 입주권에 문제가 생긴 것이다.

몇 달 전, 인천의 한 재개발구역에서 발생한 일이다. 가끔 통화를 했던 인천 부평구 부동산 소장한테서 전화를 받았다. 2년 전에 재개발구역 빌라를 공동중개했는데 최근에 매수자가 부동산 사무실로 찾아와 난리를 쳤다는 것이다.

매수자가 조합으로부터 대표조합원을 선임하라는 연락을 받았다는 것이다. 대표조합원은 한 물건에 조합원이 두 명 이상일 때 선임하는 것인데 무슨 일인지 중개한 소장도 깜짝 놀랐다고 한다. 계약서를 봐도 분명 매매 당시 등기된 빌라였고 공부상으로도 아무런 하자가 없었고 매수자도 한 명이었다.

소장이 조합에 들러 확인해 본 결과 해당 빌라의 대지가 2필지였는데 그중 한 필지 위에 빌라가 지어졌고, 빌라 옆 자투리땅 1필지는 주차장으로 사용하고 있어 빌라 땅이 아니라고 생각했다는 것이다.

당시 중개를 하면서 2필지 중 빌라가 들어선 대지지분과 건축물만 매매계약서에 포함하고, 주차장으로 사용하고 있는 자투리땅을 아예 빠트린 것이다. 그런데 매매하고 2년이 지나 분양신청 시점이 되어서야 일이 터진 것이다.

그래서 매도인에게 '빠트린 1필지의 대지지분을 지금이라도 매수인에게 넘겨주라'고 했더니 매도인은 빌라가 들어선 대지지분과 건축물만 팔았다고 주장한다는 것이다. 매수자가 매입한 빌라는 감정평가액이 1억이었고, 빠트린 주차장 지분에 대한 매도인의 감정평가액은 1천만 원이 나왔다고 한다.

조합에서는 매수자와 매도인을 합쳐 분양자격이 1개니까 대표조합원을 선임하라고 통보했던 것이다. 이럴 경우 어떻게 해야 하냐면서 전화를 한 것이다. 사실 이런 사실을 매매 당시 알았더라면 서로 협의해서 빠트린 주차장에 대한 대지지분도 별다른 문제 없이 매수할 수 있었을 것이다. 이미 엎질러진 물이고 지금 가장 좋은 해결책은 빠트린 1필지에 대한 지분을 매수자가 다시 매수하는 것이다. 그래서 매도인이 빠트린 필지의 지분을 매수자에게 팔라고 설득시켜보라고 했더니, 매도인이 감정평가액의 5배인 5천만 원에 팔겠다고 한다는 것이다. 그날 이후 매수자가 추가로 매수했는지 대표조합원을 선임해서 공유로 갔는지는 알 수가 없다.

사실 옛날에 지어진 오래된 빌라나 아파트는 토지가 여러 필지인 경우가 종종 있어 매수자도 중개하는 공인중개사도 주의할 필요가 있다. 그리고 필자 블로그에 댓글로 이와 유사한 상담을 요청한 사례도 있는데 그대로 옮겨본다.

"저는 재개발구역 단독주택을 구매했고 등기 완료한 상태로 조합에 명의 변경하러 가니 매도자 명의로 땅이 약 10평(도로)이 추가로 있다고 하더라구요. 물론 계약 당시는 모르는 상황이었구요. 특약에 당연히 조합원 권리는 제가 산 물건으로 한다는 것을 명시하긴 했는데… 조합에서 다물권자의 경우 전부 거래하던가 대표조합원밖에는 안 된다고 하여 저로 대표조합원을 선임해 놓은 상태입니다. 단독으로 아파트를 받으려면 나머지 도로 10평도 매입해야 한다는데…

1. 이 땅을 꼭 사야 하는지 궁금하구요.(어떤 분들은 10평밖에 안 되어서 상관없다는 분들도 있고)
2. 매도자도 땅을 판다고는 하는데 금액을 제시하지 않는 상황입니다. 사야 한다면 터무니없이 비싼 가격에 사야 할 것도 같은데… 처음부터 계약 자체가 사기가 아닌가요? 안 판다면 혹은 비싸게 부른다면 소송으로 가서 매도자에게 손해를 주고 싶은데, 어떻게 하면 좋을까요?."

일종의 '물딱지'로 봐야 한다. 입주권이 단독으로 나오지 않는 것 일체를 물딱지라 부르는데 이 경우는 입주권이 아예 안 나오는 것은 아니고, 앞서 본 인천 사례와 마찬가지로 매도인과 묶어서 나온다. 즉 단독 입주권이 나오지 않아 대표조합원을 선임해야 하는 '공유' 형태가 되는 것이다.

결론부터 말하자면, 질문처럼 지금이라도 도로 10평을 추가로 매수해야 단독으로 분양자격이 나온다. 그렇지 않으면 대표조합원을 선임해 공유형태로 가는 것이다.

한편, 매도인을 사기로 걸어 소송을 한다는 부분은 실익이 없어 보인다. 구역 내 단독주택과 도로를 소유한 매도인은 도로를 제외한 주택만 팔았다고 주장할 수 있기 때문이다. 인천 사례와 흡사하다. 물론 계약서상 특약을 보지는 못했지만, 특약에 "매도인과 세대원 전원이 이 구역 내 다물권자가 아니라는 사실과 다물권으로 인해 매수자에게 단독으로 입주권이 나오지 않을 경우 계약을 무효로 한다"는 식으로 특약을 작성했다면 계약 자체를 무효로 할 수는 있다. 이런 사례를 볼 때마다 안타깝다. 입주권 받겠다고 프리미엄까지 주면서 물건을 샀는데 정작 입주권이 나오지 않는다면 미칠 노릇이다.

그런데도 프리미엄이 낮은 물건 찾는 데만 혈안이고 정작 분양자격이나 특약을 어떻게 작성해야 하는지에 대해서는 관심이 덜하다. 프리미엄보다 더 중요한 것은 분양자격이다. 분양자격이 단독으로 나오지 않는 물건이라면 매수한 것도 문제지만 추후 팔기도 어려워 자금이 묶이게 된다. 이런 경우를 대비해 강의 때마다 다물권자

분양자격 관련한 내용을 계약서에 명시하라고 하는데도 들은 척 만척 하는 경우가 있다. "매도인(세대원 포함)은 A재개발구역 내 본 건 외 다른 부동산이 없음을 확약하며, 만약 매도인 사정으로 매수인이 단독으로 입주권을 받지 못하는 경우 본 계약은 무효로 한다."는 특약을 반드시 기재하라고 한다. 공인중개사가 책임을 회피하기 위해서가 아니라 매수자를 보호하기 위해서다.

재개발구역 매매계약서는 일반 부동산 매매와는 달리 특약이 90%라고 봐야 한다. 그만큼 특약이 중요하다.

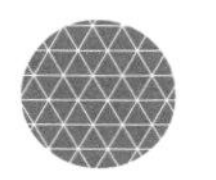

재개발구역의 조합원은 분양신청 기간 내에 분양신청을 하지 않으면 현금청산자가 되는데 현금청산자가 나중에 분양신청을 했다는데 사실인가요?

사실이다. 조합원분양신청 기간 내 분양신청을 하지 않으면 분양신청종료일 다음 날 조합원 자격은 박탈되고 현금청산 대상이 된다. 단, 예외적으로 일부 사업장에서 이주를 촉진하기 위해 현금청산자에게 다시 분양신청 기회를 주는 조합도 있다.

조합에서는 사업시행인가가 나면 조합원들에게 개략적인 분담금을 포함하여 분양신청을 하라고 통지한다. 아울러 분양신청 기간 내 분양신청을 하지 않으면 현금청산 된다고 알려준다. 하지만 일부 조합원들이 부동산시장 상황과 분담금에 비추어 볼 때 수익성이 낮다고 생각하거나 개인적인 사유 등으로 분양신청종료일까지 분양신청을 하지 않는 경우가 있다. 그런데 분양신청 기간이 종료되고 난 후 부동산시장 상황이 바뀌자 마음을 바꾸어 다시 분양신청을 하겠다고 할 경우, 분양신청을 할 수 있는 방법이 있느냐는 것이다.

이와 관련하여 '분양신청을 하지 않은 조합원의 법적 지위'에 대한 대법원 판례(2009다81203-2010.8.19. 2010다73215-2010.12.23.)가 있다. "분양신청을 하지 않거나 철회하는 등 <도시정비법> 제47조 및 조합 정관이 정한 요건에 해당하여 현금청산자가 된 조합원은 조합원으로서의 지위를 상실한다고 봄이 상당하다. 그리고 이때 조합원의 지위를 상실하는 시점은 분양신청종료일 다음 날 지위를 상실한다고 보아야 한다."라고 판결한 바 있어, 원칙적으로는 분양신청기간 내 분양신청을 하지 않으면 현금청산 대상자가 된다.

부산과 서울의 사례를 통해 살펴보자. 먼저 부산의 사업장 중 하나인 감만1구역은 단군 이래 전국 최대의 재개발 사업장(9,092세대)이다. 조합원은 2,800명 정도였으나 분양신청을 하지 않아 현금청산자가 된 조합원이 무려 500명에 달했다. 현금청산자가 약 18%인데 부동산시장 상황을 고려하더라도 다른 구역의 평균 10%보다 월등히 높은 편이었다.

따라서 기간 내 분양신청을 하지 않은 경우 조합원 자격을 상실했기 때문에 조합에서는 당연히 현금청산 대상자로 분류하여 분양신청을 받아 줄 리가 없다. 따라서 원칙적으로는 '분양신청을 하지 않은 조합원의 법적 지위'에 의거 구제가 불가능하다. 그러나 보류지나 임대사업자의 물량을 확보하거나 조합총회를 통해 구제할 여지는 있다. 관리처분인가 시 관할 구청장이 조건을 달아 현금청산자를 구제할 방안을 마련하라고 조건을 붙일 수도 있다.

먼저, 보류지로 제공할 수 있다. 보류지란 조합원의 착오나 소송 등에 대비한 예비 물량으로 일반분양을 하지 않고 남겨두는 것을 말하는데, 아파트 전체 세대수의 1%, 상가 분양대상 연면적 합계의 1%까지 가능하다. 물론 1%를 초과할 경우 시군구청장의 승인을 받으면 가능하다.

대법원 판례에서 보듯이 분양신청을 하지 않은 조합원은 분양신청종료일 다음 날 조합원 지위를 상실하기 때문에 조합원으로서의 권리 의무를 행사할 수 없다. 그러나 조합원이 아님을 전제로 조합총회를 통해 보류지를 제공할 여지는 있어 보인다. 다만, 전체 세대수의 1%에 불과한 보류지 물량으로 현금청산자들을 구제하기에는 역부족인 경우가 많다.

한편 '뉴스테이 연계형 재개발'인 경우 임대사업자의 뉴스테이 물량으로 제공할 수도 있다. 부산의 뉴스테이 연계형 재개발 사업장은 모두 4곳(감천1, 우암1,2, 감만1)이었으나, 현재까지 뉴스테이로 사업을 진행하는 곳은 감만1구역뿐이다.

뉴스테이는 사업 성격상 일반분양이 없다. 분양신청한 조합원 물량을 제외하고는 임대사업자가 전량 인수하여 8년간 장기임대를 하게 된다. 따라서 임대사업자의 임대 물량을 추가로 확보하면 기존 조합원에게 피해를 주지 않으면서 현금청산자들을 구제할 수도 있다.

또한 조합총회 결의로 현금청산자에게 분양신청 기회를 줄 수 있다. 가급적 조합원들에게 피해가 가지 않는 범위에서 조합총회를 통해 의결할 경우 현금청산자들을 구제하는 방법이 가장 합리적이다.

재개발사업의 시행사가 조합이기 때문에 총회결의로 결정하면 간단하다. 어느 구역이든 나름의 이유는 있겠지만 현금청산자들은 고민거리 중 하나다. 이주 시 이주에 적극적으로 협조하지 않을 가능성이 크고 경우에 따라서는 비대위 활동으로 이어질 수 있기 때문이다. 이 경우 사업 지연과 사업비 증가는 불을 보듯 뻔하다. 따라서 감만1구역은 일반분양이 없으므로 현금청산자들이 원할 경우 추가로 구제하는 것이 이주도 빨라지고 사업 속도도 빨라지게 된다. 실제 감만1구역 조합은 전국 최초로 현금청산자들뿐만 아니라 기존 분양신청한 조합원들에게도 추가로 분양신청 기회를 주었다. 서울도 마찬가지다. 재개발 사업장 곳곳에서 현금청산자들에게 추가로 분양신청을 받아 준 곳들이 있다.

'현금청산자 돌아오라'… 새 아파트 주겠다는 조합들… 재개발조합들이 잇따라 현금청산자 끌어안기에 나서고 있다. 조합원분양신청을 포기하고 사업에서 중도 하차했던 이들에게 새 아파트 배정 기회를 다시 주기로 한 것이다. 청산자들을 조합원으로 받아들이면 분쟁을 줄여 사업 속도를 높일 수 있는데다 비용 지출도 줄일 수 있는 까닭이다.

서울 서대문구 북아현3구역재개발조합은 오는 28일 임시총회를 열어 현금청산자 구제안을 의결할 예정이다. 청산자의 조합원 자격 회복을 명문화하는

조합 정관 변경 안건을 상정한다. 조합원 1,852명 가운데 3분의 2(1,235명) 이상이 동의하면 청산자들의 재개발사업 재합류 근거가 마련된다. 이 구역은 청산자가 전체 토지 등 소유자의 28%가량이다. 2012년 조합원분양신청 당시 2,589명 가운데 737명이 분양신청을 포기해 청산자로 분류됐다. 다른 재개발구역들의 청산자 비율이 10% 중반대인 것과 비교하면 월등히 높다. 이들을 끌어안기 위한 공감대는 이미 형성돼 있다.

– 자료 : 〈한국경제〉, 2019.9.8.

과거 서울 연희1구역도 청산자들을 조합원으로 받아들였다. 가재울뉴타운 인근인 이 구역은 애초 토지 등 소유자 523명 가운데 224명이 조합원분양을 신청하지 않았다. 그러나 조합원 87%(199명)가 동의해 현금청산자들에게 분양신청 기회를 다시 줬다. 결국 청산자의 70%(156명)가 새 아파트를 분양받기로 하면서 재개발사업에 막차로 합류했다.

이처럼 현금청산자에게 다시 분양신청 기회를 주는 이유는 하나다. 이주를 빨리하기 위해서다. 이주 지연에 다른 사업비 증가가 현금청산자들에게 새 아파트를 제공할 때의 손해보다 더 크기 때문이다. 그래서 발 빠른 투자자들은 현금청산자 물건을 사기도 한다.

재개발구역에는 주택·토지뿐만 아니라 무허가건축물(뚜껑)도 있는데 불법인 무허가건축물도 아파트를 받을 수 있나요?

재개발구역 무허가건축물도 조례나 정관에서 정한 일정 요건을 충족하면 아파트를 받을 수 있다.

질문대로 기반시설이 열악한 지역에서 진행되는 재개발구역에는 주택, 토지 외에도 무허가건축물도 다수 존재한다. 그런데 불법건축물인 무허가건축물에 대해 분양자격을 주어야 하는지가 논쟁거리다. 대지지분이 없는 무허가건축물을 현장에서는 흔히 '뚜껑'이라고 부른다. 단도직입적으로 무허가건축물은 불법건축물이다. 따라서 당장 철거되어야 할 건축물이다. 불법건축물인 무허가건축물에 대해 분양자격을 줄 경우, 정부가 나서서 불법을 조장하는 측면이 있기 때문에 원칙적으로는 분양자격이 주어지지 않는다. 하지만 낙후된 도시의 정비와 국민 주거생활의 질을 높이기 위한 사업 목적 때문에 무허가건축물도 일정 요건을 충족할 경우, 예외적으로 분양자격을 주고 있다.

통상 재개발사업에서 말하는 무허가건축물은 대지지분 없이 지상의 무허가건축물만 소유한 경우를 일컫는다. 대지는 국공유지인데 무허가건축물이 있는 경우가 대부분이다. 따라서 토지는 국가나 공공기관에서 소유하고 있어 개인 간 거래가 불가능하고, 건축물도 등기사항증명서나 건축물대장 등과 같은 공부서류가 없다.

<도시정비법>에서는 무허가건축물 분양자격을 산정하기 위해 두 유형으로 나누는데, 기존무허가건축물과 신발생무허가건축물이다. 이 중 분양자격이 되는 것은 기존무허가건축물이다. 기존무허가건축물이라 하더라도 새 아파트를 받기 위해서는 추가적인 조건들을 충족하여야 한다.

먼저 서울은 1981년 12월 31일 이전에, 부산은 1989년 3월 29일 이전에 지어진 건축물이어야 한다. 이외에도 무허가건축물증명원(구청), 재산세완납증명서(구청), 항공사진(시청)을 발급받아야 한다. 이러한 것으로도 인정받지 못하면 마지막으로 '인우보증서'로 확인하는 방법이 있다. 사실 인우보증은 어렵기도 하거니와 현실적으로 인정받기도 쉽지 않다. 인우보증은 2명 이상이어야 하며 특별한 양식은 없고 무허가건축물이 시도별 인정기준일 이전에 존재하였다는 것을 확인해주고 확인자의 인감증명서를 첨부하면 된다. 단, 인우보증인은 물건소유자의 직계가족은 안 되고, 물건소재지와 인접한 지역

에 거주하여 물건 관계 확인이 가능한 범위 내에 거주하고 있어야 한다. 인우보증서 외에도 공과금납부영수증, 전기요금납부내역, 유선전화 가입자 명의, 건물매매계약서 등으로 증명할 수 있다면 인우보증을 대체할 수 있다.

분양자격이 되는 기존무허가건축물에 대한 조건은 각 지자체의 조례로 규정하고 있는데, 서울과 부산을 기준으로 살펴보자.

먼저 서울의 조례를 보면 재개발사업 기본계획 수립일이 2010년 7월 15일 이전인 사업장이 적용받는 조례를 구조례, 그 이후에 기본계획을 수립한 사업장이 적용받는 조례를 신조례라고 한다. 이 시점을 기준으로 무허가건축물의 명칭도 기존무허가건축물과 특정무허가건축물로 달라지지만 모두 분양자격이 된다.

서울시 조례(2010.3.2)에서 정의된 기존무허가건축물 분양자격 요건

- 1981년 12월 31일 현재 무허가 건축물대장에 등재된 무허가건축물
- 1981년 제2차 촬영한 항공사진에 나와 있는 무허가건축물
- 재산세 납부대장 등 공부상 1981년 12월 31일 이전에 건축하였음을 확증할 수 있는 무허가건축물
- 1982년 4월 8일 이전에 사실상 건축된 연면적 85㎡ 이하의 주거용 건축물로서 1982년 제1차 항공사진에 나타나 있거나 재산세 납부 대장 등 공부상 1982년 4월 8일 이전에 건축하였다는 확증이 있는 무허가건축물

- 조합 정관에서 정한 무허가건축물
- 사실상 주거용으로 사용하고 있는 무허가건축물(조례 제27조)

서울시 조례(2022.12.30)에서 정의된 특정무허가건축물 분양자격 요건

- 특정무허가건축물이란 건설교통부령 제344호 〈공익사업을 위한 토지 등의 취득 및 보상에 관한 법률〉 시행규칙 부칙 제5조에서 1989년 1월 24일 당시의 무허가건축물
- 주거용으로 사용하고 있는 특정무허가건축물 중 조합의 정관 등에서 정한 건축물(조례 제36조)

부산시 조례에서는 1989년 3월 29일 이전에 지어진 무허가건축물을 기존무허가건축물이라 하고, 그 이후 지어진 건축물은 신발생무허가건축물로 부른다. 이 중 분양자격이 되는 것은 기존무허가건축물이므로 1989년 3월 29일 이후에 지어진 건축물은 신발생무허가건축물이 되어 분양자격이 없다.

부산시 조례에서 정한 무허가건축물 분양자격 요건

1. 기존 무허가건축물임을 입증할 것, 즉 기준일인 1989.3.29. 이전에 건축물

이 존재할 것(단, 항공사진상 기준일 이전에 건축물이 존재했지만 그 후 증개축 등을 통해 건물 외형이나 구조가 변경된 경우 분양자격이 없다. 사회통념상 주택의 동일성이 인정되야 하기 때문이다.)

2. 무허가건축물 소유자임을 입증할 것(재산세 납부내역 등)
3. 주거용으로 사용했다는 사실을 입증할 것(전기세, 수도세 등)
4. 해당 구역의 조합 정관에 기존 무허가건축물에 대해 입주권을 준다는 내용이 있을 것(해당 조합의 정관에 "기존 무허가건축물이면서 주거용으로 사용한 경우 분양자격을 준다"는 처분내용이 있어야 하며, 이에 대한 처분내용이 없다면 분양자격이 없다.)

얼마 전, 부산 어느 재개발 조합원으로부터 다급한 전화를 받았다. "분양자격이 되는 기존무허가건축물을 소유하고 있는데 조합에서 정관에 기존무허가건축물에 대해 분양자격을 준다는 처분내용이 없어 현금청산자가 되었다"는 것이다.

물론 조합의 주장이 틀린 것은 아니다. 앞서 보았듯이 무허가건축물로 분양자격을 받기 위해서는 서울과 부산 공히 '조합 정관에 기존 무허가건축물에 대해 분양자격을 준다는 처분내용이 포함되어 있어야 한다'라고 규정되어 있기 때문이다. 이를 달리 해석하면, 다른 요건들을 충족하더라도 해당 구역의 조합 정관에 이에 대한 처분 내역이 없으면 분양자격을 주지 않는다는 의미다.

지금은 대부분의 조합이 지자체에서 정한 표준정관을 준용하기 때문에 정관에 기존무허가건축물 분양자격에 관한 처분내용이 있지만, 표준정관이 도입되기 전에는 조합마다 정관의 내용이 상이한 부분이 많아 이런 일이 종종 발생한다.

그리고 항공사진 판독 결과 무허가건축물의 형태가 바뀐 경우 분양자격에 문제가 없느냐 하는 것이다. 항공사진 판독 결과 증축을 했다든지, 멸실 후 신축했다든지, 지붕 형태가 바뀐 경우에는 동일성이 유지되지 않아 원칙적으로는 분양자격이 없다고 봐야 한다. 물론 조합에 따라 예외적으로 분양자격을 줄 수도 있다는 점은 논외로 한다.

한편 기존무허가건축물을 임의로 철거한 경우 분양자격에 문제가 없을까?

부산 영도구 재개발구역에서 분양자격이 주어지는 기존무허가건축물을 소유한 조합원이 있었다. 그런데 해당 조합원은 철거가 진행되기 전에 무허가건축물을 임의로 멸실해 버렸다. 그도 그럴 것이 거주하지도 않는 주택에 주위에서 쓰레기를 갖다 버리고 주택이 노후화되어 누수는 물론 기둥 하나도 기울어져 있어 사람이 거주할 수 없을 뿐만 아니라 안전상의 위험도 있어 주택을 철거했다는 것이다. 이 경우 분양자격에 문제가 없을까?

조합원이 무허가건축물을 철거한 이유는 이해가 되지만 임의로 철거한 경우 분양자격에 문제가 생길 수 있다. 무허가건축물이 노후화되어 안전상 위험하다고 판단된다면 먼저 조합에 철거 의사를 통지하고 철거 시 분양자격에 문제가 없는지를 확인해야 한다. 그리고 해당 구청에도 신고하여 정상적인 절차를 통해 철거해야 분양자격에 문제가 생기지 않는다.

기존무허가건축물을 매입한 경우 처리해야 할 일이 많다. 먼저 구청 재산세과와 세무과를 방문하여 과세대장상 명의 변경 및 취득세 4.6%를 납부하고 한국자산관리공사를 방문하여 대부사용계약을 체결하여야 한다.

〈표〉 무허가건축물 매매 시 후속 처리

구분		처리할 사항
관할구청	재산세과	과세대장(구.무허가건축물관리대장) 명의 변경 : 매매계약서, 실거래신고서, 당사자 신분증
	세무과	취득세 납부 4.6%
한국자산관리공사 (KAMCO)	관할지부	① 대부사용계약서 작성 : 매매계약서, 신분증, 도장 지참, 1년 치 선납 ② 변상금 : 대부사용계약서 미작성 시 대부사용료의 120%를 변상금으로 부과
조합		조합원 명의 변경 : 매매계약서, 신분증

여기서 체크해야 할 것은 변상금(辨償金)인데, 변상금의 사전적 의미는 남에게 끼친 손해를 물어 주기 위해 내는 돈을 말한다. 재개발에서는 국공유재산을 대부 또는 사용·수익 허가를 받지 아니하고 점유하거나 사용할 경우, 해당 자산의 대부료나 사용료에서 20% 할

증한 금액으로 부과하는 일종의 징벌적 행정처분을 의미한다. 즉 과태료 성격의 돈이다.

또한 대부사용수익 기간이 끝난 후 다시 대부사용계약을 허가받지 않은 경우에도 마찬가지다. 미납분이 있으면 잔금 전에 매도인에게 납부하도록 한다. 마지막으로 조합에 관련 서류를 구비하여 명의이전 절차를 마치면 매매에 따른 후속 처리가 마무리된다. 따라서 계약서 작성 전에 변상금 미납 여부를 체크해야 한다. 변상금은 1년에 1회 납부하는데 한 번도 내지 않은 경우도 있기 때문이다.

필자가 계약한 건 중 한 매도인은 변상금을 한 번도 내지 않아 7천만 원에 팔아 변상금으로 2,200만 원을 낸 경우도 있었다. 변상금 관련하여 예전에는 한국자산관리공사에 직접 방문해서 처리했지만, 지금은 방문하지 않아도 되고 유선이나 팩스로 해당 구역 담당자에게 문의하면 미납내역뿐만 아니라 부수적인 업무 처리도 가능하다.

재개발구역에서 1+1을 받으려면 어떤 요건을 갖추어야 하나요?

주거전용면적이나 비례율이 반영되지 않은 가격이 기준요건을 충족하면 +1을 받을 수 있는 자격이 된다. 그러나 +1은 무조건 받을 수 있는 것은 아니고 조합에 따라 받지 못할 경우도 있고 평형을 다양하게 받는 경우도 있다.

어느 재개발구역에 조합원 A, B가 있다. A는 대지가 30m²인 단층 주택(주거전용면적 20m²)을 보유한 반면, B는 대지가 120m²인 2층 주택(주거전용면적 140m²)을 보유하고 있다. 이 경우 A와 B는 공히 아파트 1채를 받게 된다.

B로서는 좀 억울할 수 있다. A보다 대지가 4배, 주택 면적으로는 7배나 되는데도 A와 마찬가지로 아파트를 1채 받기 때문이다. 이를 보완하기 위해 등장한 것이 1+1이다. <도시정비법> '제74조 제1항 다'에서 이와 관련한 내용이 규정되어 있다.

〈도시정비법〉 제74조

다. 제74조 제1항 제5호에 따른 가격의 범위 또는 종전 주택의 주거전용면적의 범위에서 2주택을 공급할 수 있고, 이 중 1주택은 주거전용면적을 60㎡ 이하로 한다. 다만, 60㎡ 이하로 공급받은 1주택은 제86조 제2항에 따른 이전고시일 다음 날부터 3년이 지나기 전에는 주택을 전매(매매, 증여나 그 밖에 권리의 변동을 수반하는 모든 행위를 포함하되, 상속의 경우는 제외한다)하거나 전매를 알선할 수 없다.

재개발사업에서 입주권 부여의 대원칙은 1조합원 1입주권이지만 예외적으로 주거전용면적 또는 가격요건을 충족하면 +1을 받을 수 있다.

먼저 면적요건이다. 면적은 종전 주택의 주거전용면적을 말한다. 예를 들어 1층 근린생활시설 50m², 2층 주택 50m²인 상가주택을 소유한 조합원의 경우 1+1을 받기 위한 면적을 계산할 때는 1층 근린생활시설을 제외한 주거전용면적인 50m²만 면적으로 산정한다. 종전 주택의 주거전용면적 범위란 순수 주거전용면적이므로 공급받을 1+1의 주택 면적의 합이 건축물대장상 주택 연면적의 범위 내에 있어야 한다.

다음은 가격요건인데, 가격이란 비례율을 반영하지 않은 종전자산평가액 기준임을 주의해야 한다. 즉, 공급받을 1+1의 조합원분양가를 합한 가격이 종전자산평가액의 범위 내에 있으면 된다. 그러나

1+1을 공급받을 경우 +1은 주거전용면적 $60m^2$ 이하여야 하며 소유권이전고시 다음 날부터 3년이 지나기 전에는 상속을 제외하고는 주택을 전매(매매, 증여나 그밖에 권리의 변동을 수반하는 모든 행위를 포함)하거나 이의 전매를 알선할 수 없다. 조합에 따라 조합원 특별제공 품목이 없을 수도 있고 조합원분양가 적용을 받지 못할 수도 있으므로 해당 조합에 확인해야 한다.

〈표〉 1+1 요건 및 +1 제한사항

기본 원칙	1조합원 1입주권	
예외	일정 요건(① 또는 ②) 충족 시 1+1입주권	
1+1	요건	내용
	①면적	주거전용면적 기준이며, 공급받을 1+1의 주택 면적 합이 건축물대장상 주택연면적의 범위 내에 있을 것(상가주택의 경우, 상가면적 제외)
	②가격	비례율이 미반영된 종전자산평가액 기준이며, 공급받을 1+1의 조합원분양가를 합한 가격이 종전자산평가액의 범위 내에 있을 것
	+1 제한사항	+1은 $60m^2$ 이하일 것
		+1은 이전고시 익일부터 3년간 전매금지(단, 상속 제외)
		+1은 조합원분양가 적용이 배제될 수 있음
		중도 매각 시 1+1 분리 매각 불가(동시 매각 가능)

예를 들어, 주거전용면적이 180m²인 3층 주택을 소유한 조합원 A의 감정평가액은 1억, 조합원분양가는 3.3m²당 1,000만 원이다. 감정평가액의 범위는 조합원분양가 기준 59타입은 2억5천만 원이 되므로 A는 가격요건으로는 안 되지만, 주택의 주거전용면적이 180m² 이므로 84타입과 59타입 각각 1개씩 받을 수 있다.

또 다른 경우를 보자. 2층 주택을 소유하고 있는 조합원 B는 감정평가액이 6억 원이고 건축물대장상 주거전용면적은 110m²이며 조합원분양가는 3.3m²당 1,000만 원이다. 종전 주택 주거전용면적이 110m²로 59타입을 신청하고 남는 면적이 51m²밖에 되지 않으므로 1+1을 받을 수 있는 면적요건에 들지 못한다. 그러나 감정평가액이 6억 원이고 조합원분양가가 3.3m²당 1,000만 원이므로 가격요건을 충족하여 59타입과 84타입을 각각 1개씩 받을 수 있다.

따라서 감정평가액이 공급받는 1+1 조합원분양가의 합보다 크거나, 건축물대장상의 주거전용면적이 공급받는 1+1의 전용면적의 합보다 클 경우에는 +1을 받을 수 있다. 면적이 크거나, 감정평가액이 높아 큰 타입의 1+1이 가능한 경우라 하더라도 공급받는 +1은 전용면적 60m² 이하 주택이 반드시 포함되어야 한다. 이유는 사실 +1을 준다는 것도 혜택인데 거기에 큰 타입의 주택을 2채나 준다면 투기의 목적으로 악용될 수 있고 결과적으로 정부가 방치하는 모양새가 될 수 있기 때문이다.

1+1과 관련하여 자주 질문을 받는 것 중 하나는, 완공되기 이전

전매 가능 여부다. 결론부터 말하면 가능은 하다. 그러나 1+1은 사실 하나의 조합원 권리에서 뻗어 나온 것이기 때문에 따로따로 매매는 안 되고 동시에 매매하는 것은 가능하다.

그리고 국유지상 무허가건축물도 1+1을 받을 수 있냐고 문의하는 경우가 많은데, 두 요건에 해당하면 1+1을 받을 수 있다. 또한 상가주택의 경우에도 권리가액이 주택을 받고도 구역 내에 건립되는 상가의 최소면적분양가를 초과할 경우 상가도 받을 수 있다.

2012년 2월 법이 개정되어 두 가지 요건을 갖춘 조합원에 한하여 +1이 가능하게 되었지만, 이와 같은 법 규정에도 재개발은 구역마다, 조합마다 차이가 있으므로 +1의 경우 지자체나 해당 조합에 확인해야 한다. +1은 요건이 충족되면 받지만, 그렇다고 100% 받을 수 있는 것은 아니다. +1은 공급할 수 있다고 했지 반드시 공급하라는 명시적 규정이 없다. 따라서 조합마다 그 처리 방법이 다를 수 있다.

구역 내 조합원 수가 많거나 60m² 이하에 1주택 신청자가 많을 경우에는 1주택 신청자에게 우선권이 있어 요건이 되어도 100% 받을 수 있는 것은 아니다.

+1을 받게 되면 신축아파트를 두 채 받는 만큼 큰 시세차익을 누릴 수 있다. 실제 몇 년 전까지만 해도 반포주공1단지 1.2.4주구, 서초2동 재건축을 비롯하여 강남권에서도 본인 소유 1채, 추후 자녀에게 증여하기 위해 1채 등의 목적으로 +1을 신청하는 조합원들이 많았다. 이같이 실거주 목적 외에 임대 수익을 얻거나 또는 매매해서 시세차익을 목적으로 많이 신청했다. 그러나 갈수록 세금규제가 강화

되면서 +1의 인기가 예전 같지는 않다.

먼저 양도소득세가 중과된다. 2주택 이상을 보유하고 있는 다주택자가 조정지역 내 주택을 양도하는 경우 장기보유특별공제를 배제하고 기본세율에 20%, 3주택인 경우 30%를 가산한 중과세율을 적용한다. 그리고 입주권도 주택 수에 포함되기 때문에 +1은 2주택이 된다. +1 외에 다른 주택을 보유한 다주택자가 다른 주택을 매도하는 경우 양도소득세는 2주택 중과가 아닌 3주택 중과를 적용받게 된다. 따라서 시세차익의 대부분을 양도소득세로 납부해야 하는데, 시세차익이 적은 작은 평형의 아파트를 먼저 양도해서 중과세액을 줄이려고 해도 이전고시 익일로부터 3년을 보유해야 하므로 종합부동산세도 부담이다. 따라서 양도소득세를 줄이려면 3년간 종합부동산세 부담을 견뎌야 한다. 조정대상지역 내에 2주택 이상을 보유한 경우라면 종부세 역시 중과세율이 적용되므로 1주택자에 비해 2배 이상의 종부세를 매년 납부해야 한다. 사정이 이렇다 보니 서울 서초구 신반포 15차 재건축도 +1을 신청했던 조합원 57명이 철회 의사를 밝혀 사업계획변경을 요청하는 사태에 이르렀다. +1을 받은 조합원들이 2주택자로 간주되면서 수천만 원에 달하는 보유세를 납부해야 할 처지가 되자 벌어진 일이었다.

게다가 +1을 받은 조합원은 이주비 대출에도 제한이 있을 뿐만 아니라 추가분담금도 더 발생할 가능성이 있어 자금부담이 커진다. 결국 +1은 부동산시장 상황에 따라 양날의 검이 된다. 장점이 많지만, 규제도 심해 자신이 보유한 주택 수, 해당 물건의 상황, 취득 가격 등 여러 상황을 종합적으로 고려해야 한다.

자주 받는 또 다른 질문 중에 1+1 주거전용면적 산정 시 지하도 포함되느냐인데, 공부상 용도가 주택으로 되어 있다면 지하도 포함되지만, 무허가주택이라면 지하는 제외된다. 2022년 6월 +1 관련하여, '60타입 이하 소유권 이전 후 3년 전매금지' 관련한 법안이 발의됐다. 법안이 통과되면 3년 내에도 매도할 수 있고 다주택에 따른 각종 세금혜택도 볼 수 있게 되어 +1의 인기가 높아질 것으로 보이지만 법안 통과 여부는 아직 불투명하다.

얼마 전, 재개발 현장 공인중개사로부터 +1 관련하여 질문받은 내용이다. "1+1 중 +1은 소유권이전고시일로부터 3년간 전매가 금지되는데, 여기서 3년 전매금지의 기준일이 언제냐는 것이다. 계약일 기준인지 아니면 잔금일 기준인지"

예를 들어 소유권이전고시일로부터 2년이 지난 시점에서 계약하고 1년 후 잔금을 치를 경우, 잔금 시점으로는 3년 전매금지 기간을 넘지만 계약일 기준으로는 3년 전매금지 기간 내에 해당한다. 즉 잔금일과 관계없이 계약 자체를 3년이 지나고 해야 하는지, 계약일과 무관하게 잔금을 3년 뒤에 치르면 되는지를 두고 현장에서는 의견이 분분했다. 이에 필자가 직접 국토부 국민신문고에 질의(2AA-2304-0350602, 2023.4.11.)하여 회신(2AA-2304-0350602, 2023.4.27.)받은 내용이다.

국토부 회신에서 "~전매는 등기 관련 법령 등에 따라 실제 소유권이 양도되는 시점을 기준으로 판단하여야 할 것으로 사료되나~"

라고 얼버무리면서 "전매금지 3년의 기준은 계약일이 아닌 잔금일로 보는 것이 타당해 보이지만, 자세한 건 해당 지자체에 문의하라"면서 모호하게 회신을 했다. +1 전매금지와 관련하여 계약일 기준인지, 잔금일 기준인지를 두고 현장에서 혼란을 겪고 있는데 국토부 답변내용을 참고하면 될 것으로 보인다.

(2) 답변내용

- 상기의 60제곱미터 이하로 공급받는 +1주택은 이전고시일 다음 날부터 3년간 주택을 전매하거나 전매를 알선할 수 없으며, 이때 전매는 등기 관련 법령 등에 따라 실제 소유권이 양도되는 시점을 기준으로 판단하여야 할 것으로 사료되나, 이와 관련하여, 개별 정비사업의 구체적인 사항 또는 개별 사실 판단이 필요한 사항에 대한 질의는, 구역의 현황과 여건을 보다 잘 알고 있고, 정비사업 전반에 걸친 인가권을 가지고 있는 해당 지자체로 문의하여 주시기 바랍니다.

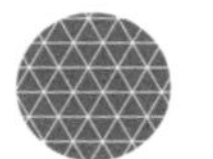

재개발구역 토지는 일정 면적이 넘어야 입주권이 나오는데 자투리땅으로 입주권을 받았다는데 사실인가요?

사실이다. 단, 조건이 있다. 자투리땅의 기준은 지자체마다 다르므로 해당 지자체 조례에서 정한 네 가지 요건을 모두 충족하면 입주권을 받을 수 있다.

주택이나 빌라와 달리 토지의 경우 면적을 따지기 때문에 분양자격을 잘 체크해야 한다. 토지면적이 90m^2 이상(부산, 60m^2 이상)이면 분양자격이 되는데, 이에 미치지 못하는 자투리땅(과소토지)의 경우에도 일정 요건이 충족되면 분양자격이 나온다. 자투리땅에 대한 분양자격 역시 조례에서 정하기 때문에 지자체마다 차이가 있다.

재개발구역 자투리땅 분양자격 요건	
서울, 인천, 대전, 대구, 울산 등	① 면적이 30~90㎡ 미만일 것
	② 지목 및 현황이 도로가 아닐 것
	③ 1필지일 것
	④ 무주택자일 것
부산, 광주	① 면적 20~60㎡ 미만일 것
	② 지목 및 현황이 도로가 아닐 것
	③ 1필지일 것
	④ 무주택자일 것

※ 무주택자란, 사업시행인가고시일로부터 공사완료고시일까지 분양신청자를 포함한 세대원(세대주 및 세대주와 동일한 세대별 주민등록표상에s 등재되어 있지 아니한 세대주의 배우자 및 배우자와 동일한 세대를 이루고 있는 세대원 포함) 전원이 주택을 소유하고 있지 아니한 자

자투리땅에 대한 분양자격 요건(①~④ 모두 충족)은 대부분의 지자체가 동일한데 면적만 다르다. 서울, 인천 등은 30~90m² 미만이지만 부산, 광주는 20~60m² 미만으로 차이가 있다. 이에 대한 자세한 내용은 본서의 Q3에 사례와 함께 자세하게 기술되어 있다. 참고로 창원시의 경우에는 유일하게 토지면적과 관계없이 분양자격이 주어지고 있어 자투리땅 여부를 따질 필요조차 없다.

2

사업성 분석이 수익률을 결정한다

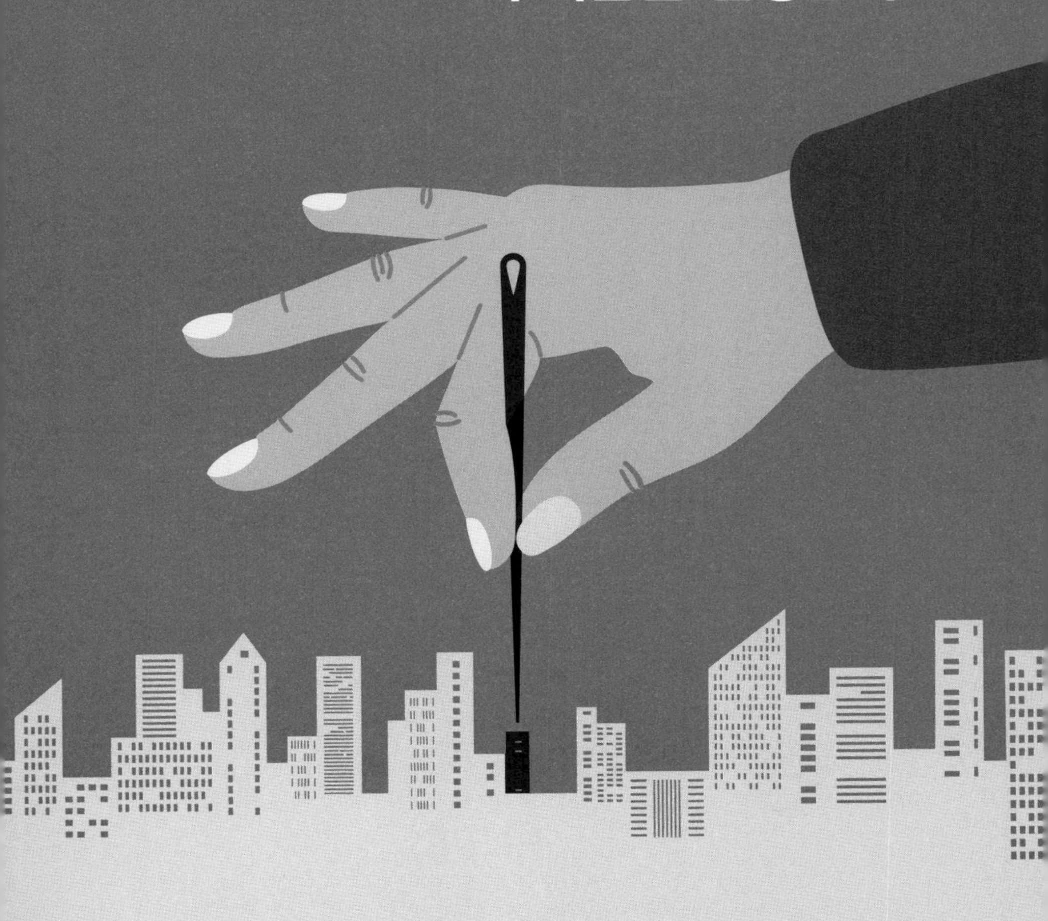

재개발구역 무허가주택의 취득세는 토지분으로 납부하는데 무허가주택이 철거되면 어떻게 되나요?

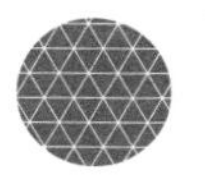

재개발구역 무허가주택은 철거되기 전까지는 4.6%의 토지분 취득세를 납부하지만, 철거 후부터 소유권이전등기 시까지는 취득세를 납부하지 않는다.

재개발구역 무허가주택을 보유하고 있던 조합원 A는 관리처분인가가 나고 주택이 철거된 상태에서 B에게 매도하였다. 입주권을 매수한 B의 취득세는 어떻게 되는 것일까?

결론부터 말하면 B는 취득세를 납부하지 않아도 된다. 부과할 수 있는 근거가 사라졌기 때문이다. 현장에서 재개발구역 뚜껑 관련 취득세에 대해서도 질문을 많이 받는다. 일반적으로 주택은 관리처분인가가 나서 입주권으로 바뀌어도 철거 전까지는 주택으로 보아 주택분 취득세를 납부하지만, 주택이 철거되면 토지로 보아 4.6%를 낸다. 그러나 무허가주택의 경우에는 철거되기 전에도 4.6%의 취득세를 납부해야 하지만 철거되면 취득세 자체가 없어진다. 과세할 근거가 사라졌기 때문이다. 따라서 아파트가 완공되어 소유권이전등기 시까지 취득세를 납부하지 않는 것이다.

간혹 무허가건축물이 철거됐는데도 어떤 지자체에서는 4.6%의 취득세를 납부하라고 하는 경우가 있지만, 이는 분쟁의 소지가 있다. 과세 근거가 없는데 어떻게 세금을 부과할 수 있겠는가? 취득세를 납부하라고 하는 지자체의 논리는 하나다. 주택은 철거되었지만, 종전자산평가액이 있고 입주권 상태이기 때문에 취득세를 납부하라는 것이다. 무허가주택은 철거되면 취득세를 부과할 근거가 사라지게 되므로 취득세 납부의무가 없다.

재개발사업에서 비례율은 사업성을 평가하는 지표인데 비례율이 높게 나올 구역은 어떻게 알 수 있나요?

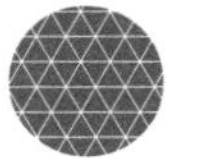

비례율은 조합설립 무렵부터 추정치가 나오기 시작하는데 비례율이 높아지는 요인은 많지만, 대표적인 것이 조합원분양 대비 일반분양 물량이다.

비례율은 재개발사업의 사업성을 판단할 중요한 지표인데 100% 언저리로 맞추는 조합이 늘어나고 있다. 재개발사업 방식은 여러 가지이지만, 조합방식이 대세다. 그렇다면 조합이란 도대체 뭔가? 조합원들을 대표하는 법인이다. 법인은 사업을 하면 이익이 나야 한다. 이익이 나지 않으면 그 법인은 존재가치가 없다. 그런데 재개발조합에서 비례율을 높이면 조합의 이익도 커지기 때문에 100% 초과 부분에 대해서 별도로 법인세를 내야 한다. 비례율이 높아질수록 법인세도 올라간다.

그래서 요즘 재개발 현장에서는 "비례율이 100%를 넘는 구역의 조합장은 무능하다"라는 이야기가 회자되고 있다. 조합에서 비례율을 높이는 대신 사업비를 늘려 가급적 비례율을 100% 수준이 되도록 하는 것이다.

비례율 대신 사업비를 늘리는 방법은 조합원들에게 제공하는 무상지급 품목, 예를 들면 TV, 냉장고, 홈오토메이션, 에어컨 등과 같은 가전제품을 지급하거나 커뮤니티 시설을 고급스럽게 꾸미거나 조경을 아름답게 하는 등이다. 법인세를 줄이는 대신 조합원에게 더 많은 혜택을 주는 것이다. 간혹 비례율이 100% 이하로 나오는 사업장이 있는데 이런 경우에는 굳이 사업비를 늘릴 이유가 없다.

비례율은 재개발에 관심이 있는 사람이라면 익숙한 용어다. 한 마디로 재개발사업의 사업성을 나타내는 지표라 할 수 있다. 조합원이 기존에 가지고 있던 자산(종전자산평가액)과 재개발 이후에 획득하게 되는 자산(종후자산평가액)의 비율을 말한다. 개발이익률이라고도 하는데 사업이 완료된 후 조합이 벌어들일 총수입인 분양이익에서 사업비를 제외한 금액을 구역 내 토지 및 건물 감정평가액으로 나눈 금액이다.

$$\text{비례율} = \frac{\text{총수입} - \text{총지출}}{\text{조합원 종전자산평가 총액}} \times 100$$

* 총수입(종후자산평가액) : 아파트 및 상가조합원분양분 매출액 + 일반분양분 매출액

* 총지출(총사업비) : 건축비, 이주비, 조합 운영비, 국공유지매입비, 각종 인허가비용, 기타 용역비, 현금청산금 등

* 조합원 종전자산평가 총액 : 청산자를 제외한 조합원별 토지 + 건축물 평가총액

먼저 조합원 권리가액을 산정하려면 비례율이 필요하다. 권리가액이 높으면 분담금은 줄어든다. 그런데 정확한 비례율은 사업 진행이 가시화되는 관리처분인가 후에 알 수 있기 때문에 그전까지는 추정치에 불과하다.

참고로 분담금은 조합원분양가에서 권리가액을 뺀 금액이고, 권리가액은 종전자산평가액에 비례율을 곱한 금액이다. 사업시행인가 후 평형 배정 시 통지하는 비례율 역시 추정치이므로 높은 수치에 현혹되지 않아야 한다.

비례율은 변동이 가능하기에 간혹 수익성이 좋은 사업이라는 인식을 주기 위해서 의도적으로 수치를 높이는 경우도 있다. 또한 분양가상한제 대상이거나 미분양 우려로 분양가를 올리는 데 무리가 있을 경우 주로 종전 토지 및 건축물의 평가액을 낮추는 방법으로 활용되기도 한다. 종전자산평가액이 1억일 경우 비례율이 100%라면 1억, 110%라면 1억1,000만 원이 권리가액이 된다. 자세히 보면, 비례율과 종전자산평가액은 상호 연동되어 있어 일방적으로 비례율을 높일 수 있는 해결책은 없다. 비례율을 높이면 종전자산평가액을 낮추고 조합원에게 제공하는 각종 혜택을 줄여야 하고, 비례율이 낮으면 종전자산평가액을 높여주거나 조합원에게 제공하는 각종 혜택을 늘린다. 사업의 수익성에 대한 손익분기점은 이미 정해져 있기 때문이다.

앞서 언급했듯이 비례율은 의도적으로 정해진다는 합리적 의심이 가능하다. 산식대로라면 세 가지 항목의 금액이 확정되고 비례율이 산출되어야 하지만 재개발 현장에서는 미리 정해둔 비례율에 맞춰 감정평가액을 끼워 맞추는 식으로 한다. 혹자는 재개발구역 원주민들의 정착률이 너무 낮아 이들에게 더 높은 비례율을 적용해야 한다고 주장한다. 가장 이상적인 재개발사업은 원주민 정착률이 100%가 되는 것이지만 분담금이라는 폭탄 때문에 떠나는 사람들이 있다. 이들에게 비례율을 높이면 원주민 정착률 제고에는 분명 도움이 된다. 하지만 어떤 경우이든 비례율이 100% 이하라면 사업성이 나쁘다고 봐야 한다.

한편 분담금과 추가분담금은 구분할 필요가 있다. 분담금이란 새로 지은 아파트의 조합원분양가에서 권리가액을 뺀 금액을 납부하는 것, 즉 관리처분계획상에 나타나 있는 금액을 말한다. 반면 추가분담금은 글자 그대로 분담금 외에 추가로 납부해야 하는 금액이다. 애초에는 없었지만, 사업 진행이 늦어지면서 발생하는 사업비 증가나 물가상승으로 인한 건축비 증가, 금융비용 상승 등의 사유로 사업비가 늘어나면서 추가로 부담해야 할 금액이다. 비례율이 높아지는 경우는 여러 가지가 있지만 가장 핵심은 조합원 수가 적고 일반분양이 많을 때다.

비례율이 나오기 전 재개발 예정지의 사업성 분석은 어떻게 할 수 있나요?

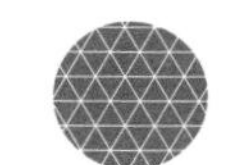

재개발 예정지나 초기 선진입 투자자들의 경우 비례율이 나오지 않아 해당 구역에 대한 사업성 분석이 쉽지 않지만 세대수증가율로 사업성을 추정해 볼 수 있다.

재개발은 정부와 지자체가 법과 조례로 일정 부분 개입하는 공공사업 성격이 강하다. 개입은 곧 규제고 규제는 곧 강제성이 있다는 의미다. 준선진국인 국민들이 비가 새고 도로도 제대로 없는 열악한 환경에서 살게 해서는 안 된다는 목적 때문이다. 공공성과 강제성을 강조하지만 막상 정부나 지자체에서 지원해주는 것은 아무것도 없다. 오롯이 조합원들의 호주머니를 털고 일반분양 수입으로 사업성이 있어야 가능한 사업이다. 따라서 재개발사업은 결국 비즈니스 논리로 사업의 성패가 갈린다.

재개발 사업성을 판단하는 대표적인 지표는 비례율이다. 따라서 추정비례율이 나오기 전 예정지에 선투자할 경우에는 비례율을 추정하기 어렵지만 비례율이 나오기 전에 미리 사업성을 판단해 볼 수 있는 지표가 세대수증가율이다. 사업성은 지역, 입지 등 복합적인 요인에 의해 결정되므로 딱 한 가지로 단정할 수는 없지만, 예정지인 경우 '세대수증가율'로 분석해 보는 것이 유용한 방법이다. 예를 들어, 부산의 어느 예정지를 기준으로 사업성을 분석해 보자.

- **구역 면적** : 254,547㎡(77,000평)
- **구역 내 건축물** : 669동
- **노후도** : 68.5%(전체 동수의 2/3 이상)
- **연면적** : 57.1%(5년 후 79.4%)
- **과소필지** : 9.32%(90㎡)
- **접도율** : 78.32%
- **호수밀도** : 54호(50호/ha(구역 내 호수 1,238호), 부산시 2022.3월부터 폐지됨
- **조합원 수** : 4,049명

부산시 조례상 제2종일반주거지역의 용적률은 250%이다. 구역 면적에 2.5를 곱하면 636,367m²(192,500평)가 된다. 해당 구역의 아파트를 평균 30평형으로 짓는다고 가정해 보자. 용적률이 반영된 대지면적 192,500평을 새로 지어지는 아파트 30평으로 나누면, 예상

세대수는 6,416세대(192,500평/30평=6,416세대) 가 된다. 따라서 조합원이 4,049명이었는데, 지어지는 예상 세대수는 6,416세대(기부채납 비고려)가 되어 재개발 전에 비해 158%가 증가한다는 의미다. 지역에 따라 차이는 있겠지만, 세대수증가율에 따른 사업성 분석 시 통상 120~130%를 손익분기점으로 보기 때문에, 해당 사업장은 158%이니까 사업성이 양호하다고 볼 수 있다.

재개발사업에서는 대체로 감정평가액이 낮게 나오는데 그 이유가 뭔가요?

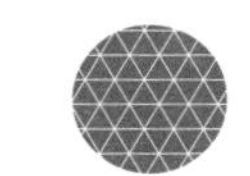

재개발구역 감정평가는 사업시행인가일을 기준으로 2개 이상의 감정평가기관에서 미래가치를 미반영(재건축은 미래가치 반영)하여 평가한 금액을 산술평균하는데, 대전제는 보상평가 기준이 아닌 조합원 상호 간의 형평성과 균형을 맞추는 데 있어 일반적으로 시세보다는 낮게 평가된다.

재건축의 경우 감정평가(종전자산평가)를 두고 별다른 이견이나 논쟁이 없는 편이지만, 재개발은 다르다. 왜 그럴까? 감정평가는 사업시행인가일을 기준으로 2개 이상의 평가기관에서 평가한 금액을 산술평균한다. 따라서 소유자의 주관적인 판단이나 시세와는 거리가 있다. 그래서 감정평가는 늘 논란의 중심에 선 뜨거운 감자다.

그도 그럴 것이 감정평가는 조합원 입장에서는 이익과 직결되고, 조합으로서는 정비사업 전체의 사업성을 결정하는 핵심이다. 구역마다 감정평가로 인한 분쟁이 끊이지 않는 이유는 공공기관에서 수행하는 보상평가와의 갭 때문이다. 재개발에서 감정평가의 대전제는 조합원 간 형평성과 균형을 맞추는 데 있다. 즉 분양대상 조합원 대 현금청산 조합원, 일반주택 대 공동주택 간 상호 대립되는 이해관계의 형평성과 균형을 맞추는 데 초점을 두는 것이다.

재개발구역 감정평가는 통상 다섯 가지 원칙으로 평가한다.

첫째, 객관적 기준에 의한 평가로서 주관적 가치, 특별용도 사용 전제 가치 등을 고려하지 않는다. 둘째, 일시적 이용 상태는 고려하지 않으며, 공부상 지목에 관계없이 실제 이용 상태를 기준으로 현황 평가한다. 지목이 대지인데 현황이 도로라면 도로로 평가하고, 지목은 도로지만 대지로 이용된다면 대지로 평가하는 것이다. 셋째, 건부감가나 건부증가 요인을 배제하는 나지 상정 평가를 한다. 넷째, 개발이익을 배제하여 평가한다. 조합원들이 잘 인지하지 못하는 것 중 하나가 개발이익을 배제하여 평가하기 때문에 시세와는 상당한 괴리가 있다는 점이다. 마지막으로, 재개발사업은 공공개발 성격이 강하기 때문에 보상법을 준용하여 평가한다.

따라서 구역 내 다른 조합원에 비해 상대적으로 감정평가액이 낮게 나올 경우 이의신청이 많아지고 분쟁이 잦아진다. 그러나 감정평가액이 전체적으로 낮게 나왔다면 권리가액 자체에는 큰 차이가 없어 형평성에 큰 문제가 없다고 봐야 한다.

감정평가액이 전체적으로 낮다는 말은 비례율이 높아질 것이란 의미다. 재개발사업의 구조상 감정평가액과 비례율은 상호 연동되어 있기 때문에 감정평가액이 높게 나왔다고 긍정적인 것만은 아니다. 감정평가액이 높게 나오면 비례율이 낮아질 것이고, 감정평가액이 낮게 나왔다면 비례율이 높아지게 된다.

따라서 단순히 감정평가액이 낮게 혹은 높게 나왔다고 일희일비할 필요가 없다. 같은 평수의 빌라에 사는데 옆집과 내 집의 감정평가액 차이가 많이 난다면 그것은 머리띠를 매어야겠지만 빌라 전체 가구가 비슷하게 나왔다면 그것은 형평성과 균형의 평가원칙에 부합하기 때문에 이의신청을 하지 않는 것이 바람직하고, 설령 이의신청을 해서 재평가를 받더라도 금액적으로는 별 차이가 나지 않는 것이 현실이다.

입지가 괜찮은 어느 재개발구역에 투자하려고 갔는데 아직 사업시행인가 전이라 감정평가가 나오지 않은 상태였다. 부동산에서는 급매물이라면서 추천한 빌라의 매매가가 3억이었다. 이럴 경우 3억을 주고 사는 것이 적정한지 따져봐야 한다. 따라서 프리미엄은 적정 수준인지, 나중에 감정평가는 얼마나 나올 건지 등을 물어볼 것이다. 그런데 '아직 감정평가 전이고 감정평가는 공인중개사가 아니고 감정평가사가 하기 때문에 감정평가나 얼마나 나올지는 현재로서는 알 수 없다'라고 한다면, 그 부동산과는 거래하지 않는 게 상책이다.

물론 그 부동산의 말이 틀리지는 않았지만, 이는 투자자가 아닌 공인중개사의 시각에서 접근하는 태도다. 이때 필요한 것이 미리 감정가를 예상해 보는 '추정감정평가 산출방식'이다. 대부분 부동산에서는 이미 이를 활용하는 데다가 투자에 진심인 투자자들도 안다.

<표>는 재개발구역 물건별 '추정감정평가액' 산출방식인데 이는 감정평가사가 아닌 재개발사업 현장에서 관행적으로 사용하는 탁상식 방식이다. 물론 구역마다 제반 여건이 다르기에 그 어떤 방법도 정확하게 산출할 수 있는 것은 아니지만, 추정감정평가액 산출방식은 여전히 유효하다.

〈표〉 재개발구역 물건별 추정감정평가액 산출방식

구분		대지지분	건물면적
연립·다세대주택		대지지분×개별공시지가×1.3	전용면적×150만 원(3.3㎡당)
아파트		공동주택가격(국토교통부장관이 매년 조사하여 산정한 금액)	
단독·다가구주택		토지 면적×개별공시지가×1.3	연면적×100만 원(3.3㎡당)
토지		면적×개별공시지가×1.3	-
무허가건축물		-	연면적×80만 원(3.3㎡당)
상가		토지 면적×개별공시지가×1.3	연면적×150만 원(3.3㎡당)
상가주택	상가	상가에 준함	
	주택	단독주택에 준함	

실제 2년 전 부산시 남구 어느 재개발구역에서 물건별 조합원 25명을 무작위로 추출하여 토지, 연립·다세대주택 그리고 단독·다가구주택에 대한 실제 감정평가금액과 추정감정평가액을 비교해 본 결과 정확하게 일치하지는 않았지만, 추이가 유사하게 나타났다.

간단하게 정리하면, 토지의 경우 전체적으로 추정감정평가액보다 감정평가액이 더 높게 나왔다. 토지의 경우 실제 감정평가액이 공시지가의 160~170% 수준으로 평가되었다. 추정감정평가액에 비해 30~40% 정도 높게 나온 것이다. 물론 지역에 따라 차이가 있겠지만, 토지는 공시지가의 150~170% 수준으로 추정하면 될 것으로 보인다.

그리고 연립·다세대주택은 토지와는 정반대의 흐름을 보였다. 전체적으로 추정감정평가액보다 감정평가액이 3.3m²당 300~400만 원 정도 더 낮게 평가되었다. 문제는 그 차이가 제법 크게 난다는 점이다. 여러 가지 요인이 있겠지만 상대적으로 도로 여건이나 입지 등이 양호하지 않은 결과로 보인다. 게다가 재개발구역 전체 조합원에서 차지하는 비율이 상대적으로 적은 편이다. 감정평가는 물건마다 개별요인들을 모두 적용하여 평가하기보다는 형평성과 균형이라는 대명제에 입각하여 평가한다고 이미 밝힌 바 있다.

토지와 연립·다세대주택의 경우 반대의 흐름을 보이면서 추정감정평가액과 감정평가액 간 다소 차이는 있지만, 전체적인 추이는 일관성이 있다. 마지막으로, 단독·다가구주택에 대한 실제 감정평가액과 추정감정평가액을 비교해봤다. 토지, 연립·다세대주택, 단독·다가구주택의 세 가지 유형의 물건 중 단독·다가구주택이 추정감정평가액과 감정평가액이 가장 유사하게 나타났다. 토지와 마찬가지로 추정감정평가액이 감정평가액보다 높게 나타났다.

토지와 단독주택의 면적당 가격은 흡사했고 전체적인 가격이 토지보다 높게 나타났는데 단독주택의 경우 지상 건축물이 포함되었기 때문으로 판단된다. 이에 대한 자세한 내용은 필자의 책 《하루에 끝내는 재개발·재건축》 242~245쪽을 참조하면 된다.

사례를 통해 추정감정평가액과 프리미엄을 산출해 보자.

조합설립인가가 난 어느 재개발구역 조합원 A가 소유한 토지와 상가주택이 매물로 나왔다. 매매가는 2억7,500만 원, 면적은 도로가 67m²이고 상가주택의 대지는 50m²이다. 건물은 2층인데 1층은 상가와 창고로 사용 중이고 이중 상가 면적은 49m², 창고는 13m²이다. 2층 주택은 37m²인데 무허가건축물 17m²가 별도로 있다. 공시지가(m²당)는 도로가 46만 원, 상가주택의 대지는 103만 원이다.

먼저 위의 산출방식에 의거 조합원 A의 추정감정평가액을 산출해 보자. 조금 복잡할 수도 있지만, 공식대로 적용하면 간단하다.

1. 도로 : 면적 67㎡ × 공시지가 460,000원 × 1.3 = 40,066,000원

2. 상가주택(무허가건축물 포함)

(1) **대지** : 50㎡ × 103만 원 × 1.3 = 66,950,000원

(2) **건물** : 1층 상가 - 14.8평 × 1,500,000원 = 22,200,000원

1층 창고 - 3.9평 × 800,000원 = 3,120,000원

2층 주택 - 11.2평 × 1,000,000 = 11,192,500원

2층 무허가건축물 - 5.14평 × 800,000 = 4,112,000원

따라서 추정감정평가액은 147,640,500원이 된다. 프리미엄은 매매가 275,000,000원에서 추정감정평가액을 빼면 127,359,500원이다.

거듭 말하지만 이 방식이 만능은 아니다. 공시지가가 저평가된 지역은 가중치를 조정해 주어야 하고 건물도 구조와 연식에 따라 가감할 필요가 있다.

이상에서 본 바와 같이 재개발 현장이나 공인중개사들이 즐겨 사용하는 '추정감정평가액'과 실제 감정평가사들이 평가한 '감정평가액' 간 다소 차이는 있지만, 이격도(離隔度, estrangement ratio)가 유사하게 나타났기 때문에 추정감정평가액 산출방식은 여전히 유효하다. 중요한 것은 정확한 금액보다는 전체적인 추이다.

17

재개발구역 주택이나 토지를 살 경우에도 주택자금조달계획서와 토지자금조달계획서를 제출해야 하나요?

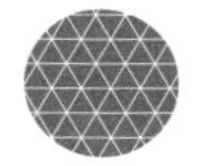

일정 금액 이상의 주택이나 토지를 살 때 제출하는 자금 및 토지자금조달계획서는 무슨 돈으로 주택을 샀는지, 그 자금내역을 확인하는 것이기 때문에 재개발 여부와는 관계가 없다.

2019년 '12·16 대책'에 포함된 '주택자금출처 관리방안'이 강화되면서 2020년 3월 13일부터 9억 원이 넘는 주택을 구입할 때 주택자금조달계획서를 제출해야 한다. 물론 증빙서류도 함께 제출해야 한다. 주택자금조달계획서 관련 당시 주요 개정(2019.12.16.) 내용을 보자.

먼저 자금조달계획서 제출 대상이 확대되었다. 종전까지는 투기과열지구 내 3억 원 이상 주택을 거래한 경우에만 제출했지만, 시행령 개정으로 조정지역은 3억 이상, 비규제지역은 6억 이상의 주택을 취득할 때 제출해야 한다. 부산은 현재 규제가 하나도 없는 청정 지역이기 때문에 6억 이상인 경우 제출 대상이 된다.

그리고 제출 기한이 단축되었다. 종전에는 투기과열지구 내 3억 이상 주택(분양권과 조합원입주권 포함)을 취득하는 경우 계약일로부터 60일 이내에 실거래신고와 함께 자금조달계획서를 제출했지만, 2020년 2월 21일 이후 계약은 계약체결일로부터 30일 이내에 실거래신고와 함께 제출해야 한다.

개정 내용의 적용기준일은 2020년 3월 13일 계약분부터다. 부칙 규정에 따라 2020년 3월 13일 계약분부터 적용되므로 2020년 3월 13일 이전에 계약한 주택에 대해서는 적용되지 않는다. 즉 2020년 3월 12일 매매계약을 체결한 조정지역(투기과열지구가 아닌 지역)의 3억 이상인 주택 및 비규제지역(투기과열지구 및 조정지역이 아닌 지역)의 6억 이상 주택은 제출 대상이 아니다.

게다가 투기과열지구 내 9억 초과 주택의 증빙자료 제출이 의무화되었다. 종전까지는 자금조달계획서에 주택 등 취득자금을 어떻게 조달할 것인지만 기재해서 내고 증빙자료를 무조건 제출해야 하는 것은 아니었다. 따라서 제출한 자금조달계획서를 국토부나 지자체에서 별도로 소명을 요구하는 경우에만 증빙자료를 제출했다. 그러나 개정된 시행령에 따르면 투기과열지구 내 9억을 초과하는 주택을 취득할 경우 자금조달계획서를 제출할 때 주택 취득 재원에 대한 증빙자료까지 함께 제출해야 한다.

증빙자료의 구체적인 항목을 보면 자기자금, 차입금 등 그리고 조달자금 지급방식으로 이루어져 있는데 항목별로 구분하여 작성해야 한다.

먼저 자기자금은 내가 가지고 있는 돈을 말한다. 주식, 현금, 예·적금, 채권 매각금액, 증여 및 상속받은 금액, 기존 부동산 매각자금 등이다. 그리고 차입금 등은 남의 돈, 빌린 돈을 말한다. 은행 대출, 임대보증금, 주택 취득을 위한 담보대출, 신용대출, 기타 대출 등으로 빌린 돈이다. 마지막으로, 조달자금 지급방식란이 신설되었는데 여기서 중요한 것은 자기자금과 차입금 등을 합산한 금액과 동일해야 하며, 금액이 다르게 나온다면 자금조달 부분에서 오류나 착오가 생긴 것이다. 따라서 부동산을 처분하여 자금을 조달할 경우 부동산 매매계약서, 전세보증금을 승계하면서 취득하는 경우에는 부동산 임대차계약서, 은행에서 대출을 받는 경우라면 금융거래확인서를 제출하면 된다.

그러나 매매계약 체결 당시 기존 보유 중인 주택의 매도 계약을 체결하지 못했거나 기존 주택이 공실인 경우, 또는 은행에 아직 대출 신청을 하지 않은 경우에는 증빙서류를 낼 수가 없는 일이 발생한다. 이때는 제출 시점에 자금조달을 어떻게 할 것인지 계획 중인 내용으로 작성해서 제출하면 된다. 물론 이 경우에는 해당 증빙자료를 제출할 수 없기 때문에 제출하지 않아도 된다. 추후 국토부나 지자체에서 거래 완료 후 증빙자료를 요청할 경우 그때 제출하면 되니까 걱정할 필요가 없다.

이뿐만이 아니다. 신고항목도 구체화되었다. 증여 및 상속의 경우 자금 제공자와의 관계를 기술해야 하며, 금융기관 대출액도 주택담보대출 및 신용대출, 그 밖의 대출로 항목을 세분화하여 작성하도록 하고 있다.

신고항목 중 편법 증여나 대출 규제 위반 등 위법행위 발생 가능성이 큰 항목에 대해서는 자금 제공자와의 관계 등 구체적인 사항과 조달자금의 지급수단 등을 명시하도록 서식이 바뀌었기 때문에 유의할 필요가 있다. 그리고 차입금 등도 차입금 제공자와의 관계를 상세하게 기재하도록 하였다. 특수관계인으로부터의 차입금이 증여성 자금은 아닌지, 출처가 불분명한 자금은 아닌지 등을 점검하기 위해서다.

마지막으로, 부동산 매매업 법인에 대한 점검이 강화된다. 그동안 법인의 주택 취득과 관련하여 정부의 규제를 빗겨나 있었던 탓에 법인의 주택 매수 비중이 급증했다. 다주택자 양도소득세 중과, 종합부동산세, 1세대 4주택자 취득세 중과를 피하기 위해 법인으로 주택을 구입하는 비중이 늘어났다. 이와 관련하여 국토부와 국세청에서 부동산 매매업 법인에 대한 불법, 탈법행위를 중점 점검한다. 특히 다른 법인의 자금을 끌어와 매매업 법인으로 주택을 구입하는 행위, 차명으로 취득한 주택의 매도대금을 법인으로 가져와 법인 명의로 주택을 구입하는 행위를 중점 점검할 예정이므로 역시 주의할 필요가 있다. 법인으로 주택을 구입하여 매도할 경우 과세표준에 따른 세 부담(과표 2억 이하 10%, 2억 초과 20%) 외에 양도차익의 10%를 추가 과세로 납부해야 하며, 건물분 부가가치세(85㎡ 이상인 경우), 법인세 등을 납부한 후의 소득을 개인이 가져오려면 근로소득세나 배당소득세를 추가로 부담해야 하는데도 법인은 다양한 장점이 있어서 빈틈을 활용하면 절세에 큰 도움이 되기도 한다.

그리고 주택뿐만 아니라 토지를 취득하면 토지자금조달계획서도 제출해야 한다. 여전히 주택자금조달계획서를 제출하는 것은 알고 있지만 토지자금조달계획서는 뭐냐고 묻는 사람들이 많다. 그도 그럴 것이 토지자금조달계획서는 2022년 3월에 시행되었기 때문이다. 토지자금조달계획서 관련하여 <부동산거래신고법> 시행규칙 제9조에서는 수도권, 광역시, 세종시와 그 밖의 지역으로 구분하고 있다. 수도권, 광역시, 세종시의 경우에는 1억 이상 토지거래 및 지분거래도 포함되고, 그 밖의 지역의 경우에는 6억 이상 토지거래가 해당한다.

토지자금조달계획서는 <부동산거래신고법> 시행규칙 개정되면서 2022년 3월 1일 계약분부터 적용된다. 시군구청에 직접 방문하거나 인터넷으로 신고하면 된다.

부동산 매매 시 실거래신고는 언제까지 해야 하며 신고는 공인중개사가 하는 것 아닌가요?

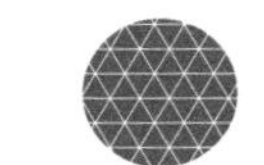

부동산을 사고팔면 국토부에 실거래신고를 하게 되는데 계약체결일(계약금 일부를 받은 경우 계약금 일부를 받은 날)**로부터 30일 이내에 해야 하며, 개인 간 거래 시에는 당사자가, 부동산에서 중개한 경우 공인중개사가 각각 신고한다.**

요즘 실거래신고와 관련하여 과태료 처분이 내려지는 일이 빈번하게 발생하고 있다. 계약금 일부(가계약금)를 받고 30일 이내에 실거래신고를 하지 않아 벌어진 일이다. '가계약금'은 정식 용어가 아닌 부동산시장의 관습어이고 정식 용어는 '계약금 일부'라고 하는 것이 옳다. 본 계약으로 이어지면 '계약금 일부'가 계약금이 되기 때문이다. 따라서 계약금 일부는 부동산 매매나 임대차계약 시 계약서 작성 전에 매도인이나 임대인에게 먼저 입금하는 금액이다.

그럼 정식계약서를 작성하면 되지 계약서 작성 전에 계약금 일부를 미리 입금하는 이유가 뭘까? 매수인이나 임차인이 해당 물건이 마음에 들지만 당장 계약서를 작성할 수 없는 사정이 있거나, 다른 사람보다 먼저 계약을 하고 싶어서 미리 물건을 잡아두려고 하기 때문이다. 실제 부동산 거래 현장에서는 대부분 계약서 작성 전에 계약금 일부를 입금한 후 본 계약서를 작성하는 방식으로 거래가 이루어지고 있다. 따라서 매도인과 매수인 합의로 계약금 일부를 먼저 입금하는 것은 문제가 없다.

부동산 실거래신고는 2020년 2월 21일을 기준으로 그 이전까지는 계약체결일로부터 60일 이내, 2020년 2월 21일부터는 계약체결일로부터 30일 이내로 신고하도록 개정되었다. 신고기한이 60일에서 30일로 단축되었다. 그런데 여기서 계약체결일을 두고 혼선이 빚어지고 있다. 실거래신고 관련 <부동산거래신고 등에 관한 법률> 제3조를 보면 '거래당사자(중개거래인 경우 개업공인중개사)는 부동산 등을 매매하는 경우 그 실제 거래가격 등을 계약체결일부터 30일 이내에 해당 부동산 소재지를 관할하는 시군구청(신고관청)에 신고하여야 하며, 이를 이행하지 않거나 거짓으로 신고한 경우 신고한 자는 제28조에 따른 과태료 부과 대상에 해당한다.'고 규정하고 있다.

그러나 이와 관련한 대법원 판례(2017다20371)에서는 '통상 매매계약은 매도인이 재산권을 이전하는 것과 매수인이 대금을 지급하는 것에 관하여 쌍방 당사자가 합의함으로써 성립한다'고 판결한 바 있다. 또 다른 대법원 판례(2005다39594)에서는 '매매계약은 특별한 방식을 요하지 아니하며, 계약서는 성립 사실을 증명하는 하나의 방법에 불과하므로 부동산 매매계약의 체결일은 매도인이 부동산을 매수인에게 이전할 것을 약정하고, 매수인이 그 대가로서 금원을 지급하는 것에 관하여 쌍방 당사자의 합의가 이루어진 날'로 보는 것이 타당하다고 판결한 바 있다.

또한 '가계약금 지급 이후 계약서 작성 시 실거래신고 기준일'에 대한 국토부 질의(2022.5.23.)에서도 국토부에서는 '계약체결 여부 등은 가계약, 본계약, 정식계약 등 용어 및 계약서 작성 여부를 기준으로 구분하는 것이 아니고, 관련 대법원 판례 등에서 말하는 해당 요건을 충족한 경우 매매계약이 성립된 것으로 보아 매매계약이 성립한 날을 기준으로 신고기한 이내에 실거래신고를 해야 한다'고 회신한 바 있다.

대법원 판례와 국토부 질의회신을 종합하면, 계약서 작성 여부와 관계없이 계약금 일부를 받은 날로부터 30일 이내에 실거래신고를 해야 한다.

재개발·재건축은 도시정비법에 정해진 절차대로 진행되는데 단계별 투자전략은 어떻게 되는지요?

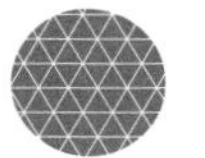

재개발사업 여러 절차 중 중요한 단계는 '조-사-관'이다. 이 단계를 매수, 매도 타이밍으로 잡는 경우가 많고 프리미엄 상승 폭도 큰 편이다.

사업 절차를 알아야 매수 타이밍을 잡을 수 있고, 사업내용을 알아야 매도 타이밍을 잡을 수 있다. 재개발·재건축은 <도시정비법>에 정하는 절차에 따라 진행된다. 절차는 사업의 각 단계를 순서대로 지켜야 한다는 의미다. 어떤 절차를 뛰어넘거나 생략할 수 없는 것이다.

일반적인 절차는 크게 사업준비, 사업시행, 관리처분 그리고 사업완료의 4단계로 구분하는데, 먼저 사업준비 단계는 정비기본계획 수립 및 정비예정 구역 지정, 안전진단(재건축), 정비계획수립 및 정비구역 지정까지의 과정을 말한다. 단, 부산시의 경우 재개발사업은 정비구역 지정 전에 사전타당성심의 절차를 거쳐야 한다. 사업시행 단계는 추진위원회설립부터 조합설립인가, 시공사 선정, 사업시행인가까지의 과정을 포함한다. 그리고 관리처분단계는 조합원 분양신청부터 관리처분인가까지를 말한다.

마지막으로 사업완료 단계는 이주 및 철거에서부터 착공, 일반분양계약, 준공 및 입주와 소유권이전고시 및 조합청산까지를 말한다.

먼저 재개발사업 절차는 "정-추-조-사-관"(부산시, 사-추-조-사-관)이다. 정비구역 지정(부산시, 사전타당성 통과), 추진위원회, 조합설립인가, 사업시행인가 및 관리처분인가 단계의 머리글자를 딴 것이다.

반면 재건축사업은 "안-추-조-사-관"이다. 안전진단, 추진위원회, 조합설립인가, 사업시행인가 그리고 관리처분인가다. 이 중에서도 재개발·재건축에서 공히 가장 중요하고 핵심적인 단계는 "조-사-관", 즉 조합설립인가, 사업시행인가, 관리처분인가 단계다. 재개발사업 절차에서 부산시는 다른 지자체와 달리 2020년 9월 14일 이후부터는 정비구역 지정 전에 사전타당성심의 절차를 거쳐야 한다. 절차 중 재개발과 재건축이 다른 부분은 재건축의 경우 정비구역 지정 전에 안전진단을 실시한다는 것이다. 물론 단독주택 재건축의 경우에는 안전진단 절차가 필요 없다. 안전진단이 통과되지 않으면 사업출발 자체가 되지 않는다. 안전진단에 대한 자세한 내용은 본서 Q43을 참조하면 된다.

재개발은 여러 절차에 따라 진행되는 장기사업이다. 따라서 단계별로 투자전략을 달리할 필요가 있다.

과거에는 여러 절차 중 '조-사-관' 무렵에 사고파는 것이 일반적이었다. 그러나 2년 전 불장 시절부터 선진입 투자가 유행이 되었다. 즉 단계를 세분화하여 단계마다 사고파는 단타 시장이 형성된 것이다. <표>는 재개발구역 사업추진 단계별 단타매매 타이밍을 나타낸 것이다.

〈표〉 재개발 단타매매 타이밍

연번	사업추진단계	특징 및 매수 물건	체크리스트
1	**예정지** (부산, 사전타당성 심의 통과 전)	- 고위험-고수익(High Risk-High Return) - 선진입 및 공격적투자자 시장 - 임대 가능성 확인 - 연립, 빌라 등 다세대주택, 지분쪼개기	- 전통적 입지 분석 및 재개발사업 가능성 파악(노후도 등) - 사업성분석(세대수증가율) - 구역 가장자리 물건 배제
2	**구역 지정**	- 가격상승 폭이 높은 시기 - 토지등소유자의 사업추진 열의 - 빌라, 아파트 등 입주권 나오는 정상 물건(임대 가능성이 높아 실투자금이 적게 드는), 지분쪼개기한 지분 물건	- 재개발사업 출발점 - 사전타당성 신청 주민동의율 확인(부산)
3	**조합설립인가**	- 중위험-중수익(Middle Risk-Middle Return) - 업무에 탄력이 붙고 사업추진 동력 확보 - 조합설립인가 전 다주택자 물건, 단독주택, 뚜껑	- 조합설립동의율 및 사업추진 의지 확인 - 사업성 분석(추정비례율 확인)
4	**시공사 선정**	- 아파트 브랜드 가치 상승 시기	- 브랜드가 가격결정의 열쇠

5	사업시행인가 전후	- 사업의 구체적인 내용이 확정되는 시기 - 비례율, 총세대수 및 조합원 대 일반분양분 비율 - 토지, 단독주택	- 사업시행인가 전 : 매도 타이밍 - 비대위와 쟁점 사항 확인 - 사업 무산 리스크 사라짐
6	감정평가 후	- 실망 매물이 나오는 시기 - 뚜껑, 과소토지, 도로	- 매수 타이밍
7	관리처분인가 무렵	- 저위험-저수익(Low Risk-Low Return) - 사업성과 수익구조 및 분담금이 정해지는 시기 - 실소유자 시장형성	- 평형 타입(84타입 이상) 및 동·층 확인 - 이주비 대출 확인

1의 시기는 대부분 고위험-고수익(High Risk-High Return)을 추구하는 투자자들이 진입하는 시기이다. 재개발사업이 출발도 하지 않은 예정지에 투자하는 것이다.

재수 없으면 사업이 무산될 수도 있어 노후도나 주민들의 사업 추진 의지 등을 확인하고 매수할 필요가 있다. 다주택자가 아니라면 토지나 도로가 유리할 수 있고 나아가 지분쪼개기도 가능한 시기다. 그러나 비례율이 나오기 전이므로 별도의 사업성 분석을 할 수 있는 것이 마땅치 않다. 본서 Q15에 기술되어 있는 세대수증가율로 사업성을 예측해볼 수 있다.

2의 시기는 정비구역이 지정되어 사업이 시작되는 출발점이어서 상대적으로 프리미엄이 높게 형성된다. 전세가 들어있는 빌라나 아파트가 실투자금이 적게 들어가므로 유리한 동시에 상대적으로 프리미엄은 높게 형성된다. 그러나 사업 지연에 대한 리스크 헷지 차원에서 출구전략을 쉽게 세울 수 있다. 지분쪼개기 한 물건 역시 실투자금이 적게 들지만, 사업 지연이나 사업이 무산될 경우 빠져나오기가 어렵다.

조합설립인가가 난 3의 시기는 중위험-중수익(Middle Risk-Middle Return)을 추구하는 실속파 투자자들이 진입하는 시기다. 조합설립인가는 전체 사업 절차 중 조합원동의율이 가장 높은 단계다. 따라서 조합설립인가가 나면 조합의 업무체계도 잡히고 사업 진행에 대한 기대감으로 활기가 돈는다.

예정지나 구역 지정 무렵에 진입한 투자자들이 1차적으로 단타로 빠져나오는 시기이기도 하다. 재개발 투자를 처음 하는 부린이라면 욕심내지 말고 적어도 조합설립인가 난 지역에 투자하는 것이 좋다. 첫 투자는 수익성보다 안전성이 중요하다. 주택이나 빌라 등 입주권이 나오는 물건에 프리미엄을 고려하여 진입할 수 있고, 뚜껑매물이 본격적으로 등장하는 시기인데 뚜껑은 감정평가가 낮게 나오지만 프리미엄은 상대적으로 높다. 임장을 통해 조합원들의 사업추진 의지를 확인하고 비례율을 통해 사업성도 분석해 볼 필요가 있다. 비례율이 높아지는 가장 중요한 요인은 조합원 대비 일반분양이 많은 경우다.

조합설립이 되면 통상 번갯불에 콩 구워 먹듯이 곧장 4의 시공사 선정에 들어간다. 여러 단계 중 조합설립에서 시공사 선정까지의 기간이 가장 짧은 편이다. 1군 건설사라면 사업성이 양호한 수준이라고 봐도 무방하고, 1군 건설사의 아파트브랜드 가치에 대한 평가가 반영되는 시기다.

5의 시기는 사업시행인가 무렵을 말하는데 사업시행인가는 전체 절차 중 가장 중요한 단계여서 현수막과 플래카드가 가장 많이 붙는다. 그리고 사업시행인가를 받으면 사업이 무산되지 않고 끝까지 간다고 확신할 수 있을 정도로 사업무산율이 낮다. 감정평가기준일이 될 뿐만 아니라 조합원분양신청으로 이어지는 가교 역할을 한다.

또 사업의 세부 내용이 확정되는 시기여서 조감도로 동 배치 등을 직접 확인할 수 있고 조망에 대한 프리미엄이 형성된다. 사업시행인가가 나고 감정평가 결과가 나오기 전까지가 사업에 대한 리스크도 어느 정도 해소되어 매도매수가 가장 활발하게 이루어지는 시점이다.

비대위는 단계와 관계없이 등장하기도 하지만 사업시행인가 무렵이면 비대위에서 주장하는 핵심 내용도 어느 정도 파악할 수 있어 앞으로의 사업추진 속도도 예상해 볼 수 있다.

감정평가가 나오는 6의 시기에는 원조합원들의 실망매물이 나오는 시기여서 투자자라면 예의주시할 필요가 있다. 감정평가액이 낮게 나와 감정평가가 나오기 전 매매시세보다 턱없이 낮아 이에 실망한 조합원들이 매물로 던지는 일시적인 현상이다.

중요한 것은 일시적인 현상이어서 얼마 지나지 않아 다시 가격이 회복된다는 데 있다. 과소토지, 뚜껑 등의 인기가 높아지는 시기이다. 따라서 고위험을 싫어하는 투자자라면 이 시기에 진입하는 것이 유리하다. 초기진입보다 수익은 낮아도 리스크가 적다.

재개발사업의 하이라이트이자 투자의 마지막 타이밍은 관리처분인가 시점인 7의 시기다. 저위험-저수익(Low Risk-Low Return)을 추구하는 보수적, 안정적 투자자들이 진입하는 시기다.

이주하고 철거한 뒤 아파트를 지으면 되기 때문에 리스크가 대부분 사라졌다고 보는 것이다. 과거에는 이 시기가 실수요자 시장이었지만, 죽도록 리스크를 싫어하는 투자자들이 진입하기도 한다. 특히, 입지가 좋지 않거나 비대위 활동이 활발한 사업장일수록 리스크 헷지를 위해 높은 프리미엄을 주더라도 이 타이밍에 진입한다.

이제 단타는 주식시장의 전유물이 아니다. 부동산에도 단타가 자리를 잡아가고 있다. 특히 재개발의 경우 사업 기간이 길고 리스크도 높아 매수매도 타이밍이 그 어느 때보다 중요하다.

초창기에 사서 사업이 완료될 때까지 무작정 기다리면 수익률은 높지만, 올바른 투자라 할 수 없고 자금도 오래 묶여 다른 투자 기회를 놓치게 된다. 많은 투자자가 매수 타이밍은 잘 잡는 데 반해 매도 타이밍은 등한시하곤 한다. 언제 사느냐보다 중요한 것은 언제 파느

냐이다.

아파트 천국인 나라에서 재개발만큼 좋은 투자가 있겠는가. 새 아파트에 대한 선호도가 높은 대한민국이다. 거의 병적이자 집착 수준이다. 하지만 어쩌겠는가. 현실이 그런걸. 현실을 인정하자. 지금 새 아파트를 사면 10년 뒤엔 헌 아파트가 되지만 지금 헌 아파트를 사면 10년 뒤 새 아파트 되고 돈도 번다. 헌 집 주고 새집 받는 재개발은 최고의 투자처이자 내 집 마련의 기회다.

조합원이 조합에 정보공개청구 할 때 그 범위는 어디까지인가요?

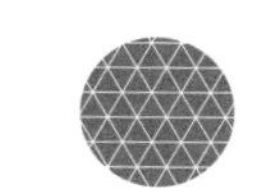

정보공개청구는 조합의 투명성을 높이는 일등 공신이다. 과거와 달리 갈수록 조합의 투명성이 강화되고 있다. 주요 지자체들은 별도로 정비사업 홈페이지를 만들어 관리한다. 서울시는 정비사업정보몽땅, 경기도는 추정분담금시스템, 대전시는 정비사업관리시스템, 그리고 부산시는 정비사업통합홈페이지를 통해 지역의 정비사업 관련 다양한 정보를 제공하고 있다. 특히 부산시는 2023년부터 'e-조합시스템'을 구축하여 조합원들의 업무 편의와 조합의 투명성을 높이고 있다. 정보공개청구의 범위는 점점 확대되어 지금은 조합과 관련된 업무 전부가 가능하다고 보면 된다.

3년 전, 전혀 모르는 창원시 마산합포구 어느 재개발구역 조합원이 서류 하나를 들고 무작정 사무실로 찾아왔다. 다른 사람의 소개로 부산까지 온 것이다. 서류를 보니 정보공개청구서였다. 접수 일자, 청구인 인적 사항, 사용 목적 등을 기재하여 조합에 제출하는 양식이었다.

정보공개청구를 하려는 이유는 조합장이 총회에서는 분명 무보수로 일한다고 했는데, 자신이 알아본 바로는 매월 급여를 500만 원씩 받아 간다는 것이다. 이에 조합장과 조합 직원들의 급여지출 내역을 파악하기 위해 정보공개청구를 했더니 조합에서는 보안 사항이어서 정보공개청구 대상이 아니라면서 접수 자체를 받아주지 않는다는 것이다.

재개발·재건축사업에서 정보공개청구는 조합원만 할 수 있다. 가끔은 정보공개청구를 두고 법적 다툼이 일어나기도 하지만 갈수록 그 중요성은 높아지고 정보의 공개 범위도 확대되고 있다. 앞서 조합원이 정보공개청구를 하려는 조합장의 급여 내역은 정보공개청구 대상이 될까? 당연히 된다. 그래서 찾아온 조합원에게 다음의 대법원 판결문을 복사해 주면서 다시 조합에 정보공개청구를 하라고 했다.

조합원은 정보공개청구를 할 수 있었고 조합장이 뒤로 급여를 받았다는 사실이 조합원들에게 알려지면서 결국 그 조합장은 교체되었다. 이처럼 정보공개청구는 조합의 투명성을 확보하고 비리를 사전에 차단할 수 있는 중요한 역할을 한다. 정보공개청구 대상은 <도시정비법> 제124조에 규정되어 있는데, 총회의사록이나 회계감사보고서 등 조합업무 전반에 대해 정보공개청구가 가능하다고 볼 수 있다.

일반적으로 재개발·재건축은 조합을 결성해서 진행하는 경우가 대부분이어서 중요한 결정을 할 때는 총회를 개최한다. 총회에서 어떤 안건을 통과시키려면 조합원 과반수 출석에 또 출석 조합원 과반수의 찬성이 필요한데, 멀리 살거나 생업에 종사하다 보니 시간을 내기 어려운 등 저마다 사정으로 직접 참석하지 못하는 조합원들은 서면결의서를 조합에 보내 총회 안건의 찬반을 표시하는 경우가 대부분이다. 그런데 이 서면결의서가 정보공개 대상이냐 아니냐를 두고 한동안 논란이 끊이지 않았다.

이와 관련해 대법원판결(2012.2.23. 2010도8981)은 조합이 어떻게 의사결정을 했는지 알기 위해서는 서면결의서를 확인할 필요가 있어 정보공개 대상에 해당한다고 보았고, 당시 <도시정비법> 시행령에는 사업성이 있어야 가능하고 워낙 막대한 돈이 드는 사업이다 보니 비리가 발생할 위험성이 높고, 비리가 터지면 조합원 및 사회적 피해도 큰 탓에 정보공개의무를 강하게 부과해 사업의 투명성을 확보하고, 조합원의 알 권리를 보장하려는 취지가 반영된 것이다.

그런데 최근 대법원은 이전과는 다른 판결을 내렸다. 조합이 설립되기 전인 추진위원회 단계에서 재개발·재건축 구역의 토지등소유자들이 추진위원회를 상대로 주민총회 속기록과 자금수지 보고서를 정보공개청구를 했는데, 조합이 불응하자 법적 다툼으로 이어진 것이다.

결론은 조합도 아닌 추진위원회에 이런저런 자료를 요청하는 건 정보공개청구의 범위를 벗어난 것으로 봤다. 토지등소유자 입장에서는 조합이 설립되기 전 추진위원회 단계에서부터 운영의 투명성이 담보되어야 하는데 판결 내용이 쉽게 이해되지는 않는다.

추진위원회는 조합이 설립되면 없어지는 페이퍼컴퍼니에 불과할 뿐만 아니라 조합은 추진위원회의 권리와 의무, 채권과 채무를 그대로 승계받아야 하기 때문에 추진위원회의 투명성도 중요하다. 이에 대해서는 계속 논란거리가 될 것으로 보인다.

그렇다면 조합원 전화번호와 분양신청이 종료된 조합원별 동·호수 추첨 결과도 정보공개청구 대상이 될 수 있을까? 이에 대한 대법원판결(2021.2.10. 2019도18700)을 보면, 정보공개청구 대상에 해당한다.

이 중 조합원이면서 조합의 감사인 사람도 정보공개청구를 할 수 있느냐는 문제에서는 조합 임원도 정보공개청구를 할 수 있다는 것이다.

정보공개청구는 토지등소유자나 조합원만 가능하고 열람 및 복사 요청은 사용 목적을 기재하여 반드시 서면으로 해야 한다. 따라서 사용 목적을 기재하지 않거나 구두로 요청할 경우 조합은 이에 응하지 않아도 되는 것이다.

접수한 조합은 15일 이내에 그 요청에 응해야 하고 만약 정보공개 요청에 불응할 경우 조합 임원은 형사처벌을 받게 된다. 열람이나 복사를 거부할 경우 1년 이하의 징역이나 1천만 원 이하의 징역, 만약 허위사실이 포함된 자료를 제공할 경우에는 2년 이하의 징역 또는 2천만 원 이하의 벌금형에 처한다.

자료를 제공하는 방법은 현장 교부 외에도 우편, 팩스, 정보통신망(인터넷) 중 어느 하나를 이용할 수 있다. 정보공개청구는 조합원에게 주어진 특권이다. 실제 정보공개청구가 활발한 사업장일수록 조합의 비리가 감소한다. 대법원에서도 조합 업무의 투명성을 높이는 차원에서 정보공개대상의 범위를 점점 확대해 나가는 추세다. 따라서 조합원은 방관자처럼 뒤에서 욕만 할 것이 아니라 적극적으로 조합의 업무 처리에 관심을 가져야 한다.

재개발 투자에서 좋은 입지를 찾는 묘안이 있을까요?

전통적인 물리적 입지에 더해 심리적 입지도 고려할 필요가 있다. 재개발은 사업의 특성상 입지가 그다지 좋지는 않지만 입지가 좋은 곳은 투자금이 많이 들기 때문에 자금여력에 맞는 입지를 찾는 것이 중요하다.

부동산업계에는 오랫동안 누구도 감히 태클을 걸거나 이의를 제기할 수 없는 괴물이 살고 있다. 이 괴물은 부동산업계에서는 거의 신적 존재로 추앙받는다. 바로 입지(Location)다.

미국 하버드 대학에 진학한 우리나라 학생에게 교수가 물었다. '부동산에서 가장 중요한 것 세 가지가 무엇인가?', 학생이 머뭇거리자 교수가 말했다. "… first location, second location, and third location(첫째도 입지, 둘째도 입지, 그리고 셋째도 입지)" 이라고 말했다는 일화는 유명하다.

그간 우리는 입지를 지나치게 부동산의 물리적 특성, 즉 고정성에만 초점을 두었다. 교통(역세권), 상권, 교육환경, 편의시설, 혐오시설 여부 등이다.

강남의 부동산가격이 비싼 이유는 물리적 특성 외에도 한강에 접한 조망권의 가치와 심리적 요인 때문이다. 그러나 강남에 진입할 수 있는 사람은 극소수다. 서울 강남, 부산 해운대라는 최상급지만 보다가는 평생 그림의 떡이 된다. 입지보다 현재 본인의 자금 여력이나 시장 상황을 보라. 물리적·고정성 측면에서 입지는 '언제(When)'가 아니라 '어디(Where)'에 초점을 두는 것인데, 실거주나 똘똘한 한 채에는 유용하게 적용될 수 있다.

늘 논쟁거리였지만, 타이밍이 더 중요하다고 생각한다. 물리적 입지는 상승장에서는 위력을 발휘하지만, 하락장에서는 별수 없이 동반 하락하기 때문이다.

필자는 이제 입지도 '물리적 입지'와 '심리적 입지'로 구분할 필요가 있다고 강변한다. 지나치게 부동산의 고정성에 초점을 둔 물리적 입지를 전통적 개념이라고 한다면 심리적 입지는 개인의 다양한 가치와 만족감을 반영하는 현대적 개념의 입지라고 볼 수 있다.

물리적 입지 (physical location)	전통적 입지	고정적	측정 가능	편의성	객관적	집단적 가치	교통, 환경, 편의시설 등 중시
심리적 입지 (psychological location)	현대적 입지	유동적	측정 불가	희소성	주관적	개별적 가치	pride 중시

이외에도 물리적 입지는 교통, 환경, 편의시설 등 개별 요소들을 선정하여 어느 정도의 객관화가 가능한 동시에 개인보다는 집단적 가치를 중시한다.

반면, 심리적 입지는 개별성과 프라이드를 중시하기 때문에 객관적으로 측정하기가 어렵고, 집단적 가치를 중시하는 물리적 입지에 비해 개별적, 주관적 특성이 강하다.

부산의 특급아파트를 대표하는 해운대 중동 엘씨티, 남구 용호동 W, 수영구 남천동 남천삼익비치의 공통점은 바다 뷰가 좋지만, 지하철이 없고 교통이 불편하다. 이는 서울이라고 별반 다르지 않다. 특급아파트는 그 아파트에 산다는 그 자체의 자부심과 희소성에 따른 심리적 만족감을 더 중요시하기 때문에 개별성이 강해 객관화가 어려운 측면이 있다.

전통적 입지가 저가 아파트의 입지분석에는 유용하겠지만, 고가 아파트일수록 효용성은 떨어진다. 전통적 입지에서 보면 서울은 걸어서 5~10분이면 지하철역에 닿을 수 있어 전역이 역세권으로 봐야 할 정도다.

따라서 재개발 투자에서는 전통적 입지에 너무 집착해서는 안 된다. 입지가 좋은 곳은 선호도가 높아 투자금이 많이 든다. 상담하다 보면 자금 여력이 안 되는 사람일수록 서울 강남과 부산 해운대와 같은 최상급지를 선호한다. 그림의 떡인데도 그곳들만 돌아다닌다. 신발만 닳는다.

재개발 투자에서 먼저 고려해야 할 것은 자금 여력이지 입지가 아니다. 자신의 자금으로 진입이 가능한 지역을 고르는 일이 출발선이다. 재개발은 태생적으로 입지가 좋지 않다. 도로도 엉망이고 지하철도 다니지 않는 곳이 많다. 그러니까 재개발하는 것이다. 도로 여건이 좋고 평지에 멀쩡한 동네라면 재개발이 될 리도 없고 할 필요도 없다.

그리고 그 동네의 노후도를 봐야 한다. 노후도를 보여주는 여러 가지 앱이 있지만 'LH가로주택정비사업 사업성 분석 서비스'라는 사이트가 비교적 상세하게 알려준다. 가로주택정비사업(소규모정비사업에는 가로주택정비사업, 소규모재건축, 소규모재개발, 자율주택정비사업이 있음)의 노후도 등을 평가하여 사업추진의 가능성 여부를 알려주는데, 재개발 노후도를 판단하는 데도 유용하다. 단, 익스플로러나 모바일에서는 접속이 불가능하고 반드시 PC의 크롬이나 엣지를 통해 이용 가능하다.

마지막으로 사업추진에 대한 주민들 열의다. 부산에는 몇 년 전 부동산 불장 때부터 재개발사업을 추진하기 위해 곳곳에서 주거환경개선지구 해제가 이어지고 있다. 주택의 노후도와 무허가주택이 전국 최고 수준인 부산의 산동네는 그동안 대부분 주거환경개선지구로 묶여 개발되지 못해 가격도 오르지 않은 데다 주민들 삶의 질도 낮았다. 그래서 재개발사업을 추진하기 위해 주거환경개선지구 해제가 붐을 이루는 것이다.

이런 흐름에 편승하여 부산시는 10년 단위로 수립하는 '2030부산도시정비기본계획'에 의거 부산시에서 일방적으로 정하던 하향식(Top-down) 방식을 개선하여 2020년 9월부터 상향식(Bottom-up)을 처음 도입했다.

그간 부산시에서 예정지로 지정을 해줘도 주민들의 사업추진에 대한 의지가 낮아 정비구역 지정으로 이어지지 못해 사업이 지지부진했기 때문이다. 이를 보완하기 위해 사업추진을 원하는 지역은 주민동의를 받아 부산시에 심의를 요청하는 상향식방식을 도입한 것이다. 예정지 투자를 고려한다면 주민들의 사업추진에 대한 의지도 중요하다는 뜻이다.

현재 재개발사업을 위한 사전타당성 심의를 위해서는 주민동의율이 60%를 넘어야 하고 기타 노후도 등을 함께 고려해서 결정된다. 따라서 주민동의율이 높은 지역이 사업추진 의지가 높아 사업이 빨리 진행될 가능성이 크고 지역이 비슷하다면 주민동의율이 높은 지역에 진입하는 것이 유리하다.

게다가 부산시는 사업 기간 단축을 위한 조치로 2022년 말 '사전타당성 검토 가이드라인'을 제시한 바 있다. 재개발사업도 그 구역 단독이 아닌 지구별 광역개발을 하겠다는 것이다. 이에 지난 4월 사직2구역이 단지 아닌 지구별 재개발 첫 사례로 적용되어 다른 재개발구역에도 영향을 미칠 것으로 보인다.

서울시 역시 정비사업 활성화를 위해 다양한 제도를 도입하고 있는데 대표적인 것이 모아주택과 신속통합기획(신통기획) 및 공공재개발이다.

모아주택은 저층 주거지에 정비사업을 통해 중층아파트로 개발하는 사업인데 이를 여러 개 묶은 것이 모아타운이다. 2022년부터 본격적으로 시행하여 2023년에는 '모아주택 2.0'을 통해 공모기준이나 주민제안 요건 등을 개선하여 10년 이상 걸리는 재개발사업에 비해 4~5년 내외로 사업 기간을 대폭 단축시키는 것이 핵심이다.

민간주도 개발에 서울시가 정비계획수립 등 가이드라인을 제시하고, 정비구역 지정까지 이어지도록 지원하는 일종의 패스트트랙 제도로 보면 된다. 재개발·재건축의 고질적인 문제였던 느린 사업 진행(~정비구역 지정까지 평균 5년)을 개선해 사업추진을 신속(~정비구역 지정까지 평균 2~3년)하게 하겠다는 것이다.

신통기획은 서울시 입장에서는 빠르게 신규아파트를 공급하여 주택시장의 안정을 도모하겠다는 것이고, 조합원 입장에서는 규제 및 층수 제한 완화로 얻을 수 있는 일반분양 수입 증대에 따른 분담금이 감소한다는 장점이 있지만, 소형아파트 증가로 조합원들의 반발이 심해 오히려 빠른 사업 진행에 역행하는 경우도 있어 양날의 검이 되기도 하지만 틈새 투자처로 각광받고 있다.

마지막으로 공공재개발은 국토부와 서울시가 10년 이상 정비사업이 정체된 사업지를 선정하여 진행하는 정비사업의 형태 중 하나다. LH, SH 등에서 정비사업에 직접 참여하여 낙후지의 주거환경을 개선하고 도심 내 주택공급을 촉진하는 사업이다. 다시 말해, 공적 지원을 받아 정체되어 있는 정비사업을 정상화하고 규제완화를 통해 사업 속도를 높여 도심 내 주택공급을 확대하는 것이다. 주민이 공공 시행자 지정이나 임대아파트 공급 확대 등에 동의하면 공공이 해당 사업에 규제 완화, 분양가상한제 제외 등 특례를 부여하여 조합원분 양분을 제외한 나머지의 50%를 임대아파트로 공급하게 된다.

또, 도시계획위원회 심의로 120%까지 용적률을 완화해주고 증가한 용적률의 20~50%를 기부채납하는 방식을 취하기도 한다. 2차 후보지까지 선정됐는데 1차 후보지로는 신문로2-12, 양평13재개발구역을 포함하여 총 24곳이며, 2차 후보지로는 마포구 아현699, 영등포구 도림동 26-21, 종로구 영건동 305 및 중랑구 면목동 527을 포함하여 모두 8곳이 후보지로 선정되었다. 이처럼 재개발·재건축의 사업 기간이 길어지자 여러 지자체에서는 사업 기간을 단축할 수 있는 묘안들을 내놓고 있는데 결국은 주민들의 사업추진에 대한 의지가 성패를 좌우한다.

3

이 정도는 알아야 도랑 치고 가재 잡는다

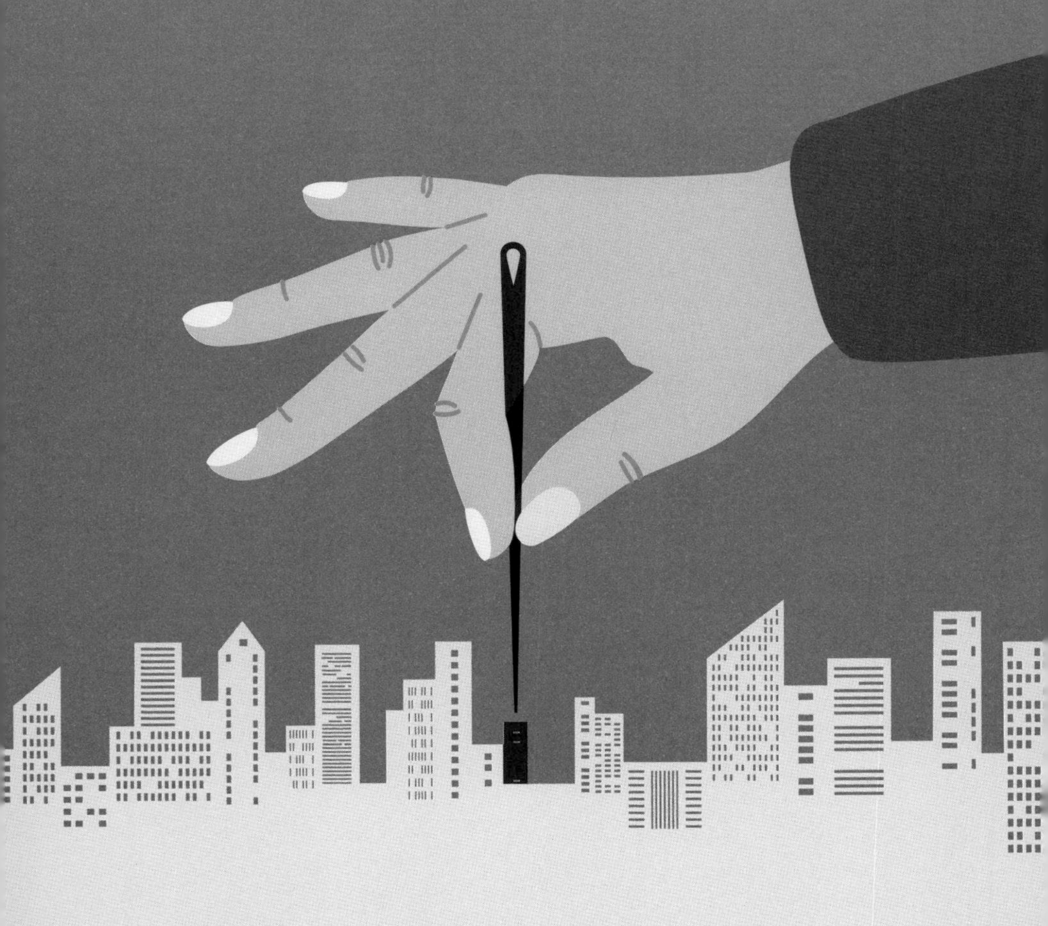

재정비촉진지구 내 빌라를 사면 입주권을 받을 수 있다는데 사실인가요?

재정비촉진지구는 광역개발의 성격을 가지고 있어 지구 내에는 여러 구역이 혼재해 있다. 촉진지구 내 촉진구역이나 존치정비구역은 재개발이 가능하지만, 존치관리구역은 재개발 요건이 되지 않아 그대로 존치시켜 관리한다는 구역이므로 해당 빌라가 존치관리구역에 있다면 매수하지 않는 것이 좋다.

재개발 투자 관련하여 가끔 통화하던 서울의 한 투자자로부터 전화가 왔다. 자기가 잘 아는 소장이 서울 합정재정비촉진지구에 아주 싼 매물이 나왔다면서 매수를 권한다는 것이다. 부동산에 가서 알아보니 촉진지구 내 존치관리구역에 있는 빌라인데 싸게 나왔고 당장은 아니어도 시간이 좀 지나면 재개발이 될 거라고 하면서 말이다.

전화를 끊고 공부자료를 확인해 보니 합정재정비촉진지구 내에 있는 빌라는 맞는데 하필이면 이 빌라가 존치관리구역에 있었다. 재정비촉진지구 내 존치관리구역에 있는 빌라를 사면 입주권을 못 받는다고 봐야 한다. 재개발 심의를 통과한 합정재정비촉진지구는 다른 촉진지구와 마찬가지로 재정비촉진구역, 존치정비구역, 존치관리구역이 혼재해 있다. 즉 촉진지구 전체를 개발하는 것이 아니고 개발할 지역과 개발가능성이 있는 지역, 개발 여건이 미비하여 개발하지 않고 존치시킬 지역이 섞여 있다는 말이다.

존치관리구역을 설명하려면 <도시정비촉진에 관한 특별법>상 재정비촉진지구의 의미부터 파악할 필요가 있다. 재정비촉진지구는 낙후된 지역에 대한 주거환경개선과 기반시설의 확충 및 도시기능 회복을 위해 광역적으로 개발하고 효율적으로 추진하기 위한 지구를 말한다. '뉴타운'으로 이해하면 된다. 재정비촉진지구 중 노후도나 밀집도 등이 양호한 경우 즉, 재개발을 위한 법정 요건이 미비하여 존치시킬 필요가 있다고 판단되면 존치구역으로 별도 지정을 한다.

존치구역은 다시 사업의 필요성에 따라 존치정비구역과 존치관리구역으로 구분되는데 서로 하늘과 땅 차이이다. 존치정비구역은 존치지역 중 개발가능성이 있는 구역 즉, 당장은 촉진구역 지정요건을 충족하지 못하지만, 시간이 지나면 노후도, 호수밀도, 접도율, 과소필지 등과 같은 요건을 다시 판단하여 재개발사업을 추진할 수 있도록 남겨둔 구역이다. 즉 사업의 필요성이 강하게 요구되는 구역으로 촉진지구 지정요건이 충족되면 3년 이내에 재개발을 추진할 수 있는 구역, 재개발을 잠시 보류해 둔 지역이라 할 수 있다.

반면 존치관리구역은 재정비촉진사업 요건이 충족되지 않거나 기존의 시가지로 유지, 관리할 필요가 있는 구역으로 재개발은 거의 물 건너갔다고 보면 된다. 물론 그대로 존치하는 지역이므로 신축이나 리모델링 등 단독개발행위는 가능하다. 그리고 존치정비구역은 재개발을 위해 개발행위가 제한되지만, 존치관리구역은 재개발이 안 되기 때문에 개발행위를 하는 데 제한이 없다는 차이점이 있다.

촉진지구는 크게 3가지 형으로 구분된다. 첫째는 주거지형으로 노후 불량주택과 건축물이 밀집된 지역의 주거환경개선과 기반시설 등이 필요한 지구이다. 둘째는 중심지형으로 상·공업지역 등에서 토지의 효율적 이용과 도심 또는 부도심 등의 도시기능 회복이 필요한 지구를, 마지막으로 고밀복합형인데 이는 역세권, 간선도로 교차지 등의 양호한 기반시설을 갖추고 대중교통 이용이 편리한 곳으로 소형주택 공급 확대, 토지의 고도 이용과 건축물의 복합 개발이 필요한 지구로 구분된다.

촉진지구로 지정된 곳은 상대적으로 주거지형 비중이 중심지형보다는 높다. 서울의 재정비촉진지구 지정 현황(2022.10. 기준, 서울시)을 보면, 재정비촉진지구로 지정된 곳은 31곳으로, 이 중 주거지형 21곳, 중심지형 10곳이다.

반면 부산의 재정비촉진지구(2022.10. 기준, 부산시)는 시민공원주변촉진지구, 영도제1촉진지구, 서금사촉진지구 해서 모두 3곳이다. 이 중 시민공원주변촉진지구는 총 5개의 구역인데 3, 4구역은 주거지형이고 1, 2-1, 2-2구역은 중심지형으로 주거지형과 중심지형이 혼재되어 있는 반면 영도제1지구와 서금사지구는 주거지형으로만 사업이 진행되고 있다.

부산에서도 서울과 비슷한 일이 있었다. 금정구 서금사4구역에 아주 싼 뚜껑 매물을 추천받아 사고 싶은데 재개발이 되면 입주권을 받을 수 있는지 검토해 달라는 것이다. 결론은 앞서 언급했던 서울 사례처럼 분양자격이 없다. 물론 가격도 싸고 재개발이 되면 입주권이 나오는 뚜껑 매물이기는 했지만, 재개발 가능성이 없는 존치관리구역 내 매물이었다.

서금사4구역은 서금사촉진지구에서 재개발 요건이 충족되지 않아 존치관리구역으로 지정된 곳이다. '존치'라는 말 자체가 개발하지 않고 그대로 보존하겠다는 의미다. 재개발 가능성이 거의 없으니 매수하지 않는 것이 바람직하다.

하지만 지금도 부동산 블로그 등에서는 '서금사4구역 아주 싼 매물', '서금사4구역 재개발되면 엄청난 시세 차익 가능' 등과 같은 글들이 버젓이 올라와 있다. 재개발이 진행되는 곳도 리스크가 있는데 재개발이 불가능해 존치하겠다는 존치관리구역이 재개발할 거라는 건 뜬구름 잡는 소리다.

따라서 재정비촉진지구의 촉진구역이라 하더라도 존치정비구역인지, 존치관리구역인지를 먼저 봐야 한다. 존치정비구역은 재개발 가능성이 큰 지역이라 매수해도 무방하겠지만, 재개발 추진 요건이 되지 않아 재개발 대신 존치시키겠다는 존치관리구역 내 물건이라면 아무리 저렴한 매물이라도 매수하지 않는 게 상책이다.

재개발 조합원이 아파트가 아닌 상가를 신청하면 이주비를 지급하지 않는 경우도 있나요?

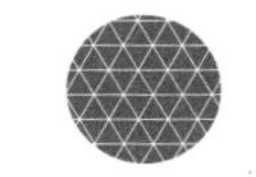

간혹 총회결의로 상가 신청한 조합원에게 이주비를 지급하지 않는 조합이 있다. 단, 분양신청 전에 미리 조합원들에게 고지해야 한다.

몇 달 전이었다. 평소 알고 지내던 부산 남구 A구역 조합원으로부터 상담을 요청받았다. 종전자산평가액이 7억7,000만 원 나온 3층 상가주택을 보유한 조합원이다. 분양신청 당시 상가로 분양신청을 했고, 현재는 이주가 시작된 사업장이다.

그런데 얼마 전, 조합으로부터 문자를 받았는데 상가 신청한 조합원에게는 이주비를 지급하지 않는다는 것이다. 순간 '상가 신청한 거랑 이주비랑 무슨 관계가 있지!'라는 생각이 들었다. 퍼뜩 이해가 안 됐지만 일단 알아보겠다고 하고 전화를 끊었다.

조합에 문의했더니 '이주비로 책정한 금액이 부족해서 그렇다',

'이주비 대출을 실행하는 은행에서 주택에 대한 대출은 있어도 상가 대출이라는 건 없다', 마지막에는 'HUG에서 승인을 해주지 않는다'와 같은 이유를 댔다.

아니, 이주비는 조합에서 조합원들에게 베푸는 은혜가 아니라 조합원들의 당연한 권리다. 이주비는 흥정의 대상이 아니다. 이주비 대출받는 데 내 재산도 포함되어 있는 마당에 상가 신청했다고 이주비를 지급하지 않는다고?

이주비는 조합원에게 지급되는데 이사비나 주거이전비와는 달리 상환해야 하는 대출이다. 건물을 부수고 새로 짓는 동안 조합원들이 이주할 수 있도록 조합원들의 재산을 담보로 시공사의 주선으로 금융권에서 조합원에게 비용을 공짜로 주는 것이 아니라 빌려주는 것이다. 조합원들은 이주비를 받아 철거할 주택에 살던 세입자에게 전월세 보증금을 내어주거나 본인의 임시 거처를 마련하는 용도로 사용하게 된다.

사실 이주비는 정비법, 조례, 정관에 '반드시 지급해야 한다'와 같은 명시적 규정은 없다. 부산시 재개발정비사업 표준정관(2020.12.9. 부산시보 제1958호) 제34조 제1항을 보면, 이주 시 조합원은 이주비 없이 자기 부담으로 이주하라고 되어 있으나, 제2항에서는 조합은 조합원이 자기 담보를 제공하고 이주비를 원하는 조합원에게 금융기관 및 시공사와의 약정을 통해 이주비 대출을 알선할 수 있다고 규정하고 있다.

따라서 재개발 현장에서는 십중팔구 이주비는 지급하고 있다.

서울 한남2구역 시공사 입찰 시 대우건설이 '이주비 최저 10억 보장'이라는 파격적인 제안을 하여 모두를 놀라게 했었다. 이처럼 이주비는 법을 떠나 조합원에게 반드시 지급하는 것이 일반적이다. 이주비 없이 이주할 조합원은 없을 것이기 때문이다.

이주는 재개발사업의 클라이막스다. 이주가 되지 않으면 결국 사업은 표류하게 되고 사업비는 눈덩이처럼 불어나게 된다. 그래서 최근 재개발 현장에서는 심지어 분양신청 종료 후에도 다시 분양신청을 받는 조합들도 늘어나고 있다. 분양신청을 기간 내 하지 않으면 조합원 자격은 박탈되고 현금청산되는 것이 원칙이다. 그러나 현금청산자들이 이주에 협조하지 않아 사업 지연에 따른 사업비가 눈덩이처럼 불어나자 조합들이 궁여지책으로 현금청산자에게 다시 분양신청을 받아주는 것이다. 이주를 원활하게 하여 사업을 조기에 완성하기 위해서다.

사실 <도시정비법>이 만들어진 초창기에는 주택을 소유한 조합원에게만 이주비를 지급하는 것이 관행이었다. 그도 그럴 것이 이주비는 주택을 소유한 조합원들이 아파트가 완공될 때까지 구역 밖으로 이주하여 임시 거처를 마련하는 데 쓰는 돈이기 때문이다. 토지나 도로 등을 소유한 조합원은 거주하지 않으니 이주할 게 없다.

그러나 지금은 이주비는 전 조합원들에게 지급된다. 조합원이 소유한 부동산 유형과 관계없이 말이다. 종전에는 지급하지 않았던 도로, 토지, 상가 등도 모두 이주비를 지급하고 있다. 구태여 이주할

게 없는 도로, 토지 등을 소유한 조합원에게도 이주비를 지급하게 된 이유는 무엇 때문일까? 이주비 대출의 기본 구조 때문이다. 이주비는 구역 내 전 조합원의 종전자산평가액을 금융기관에 담보로 제공하고 시공사와 조합이 보증하여 조합원에게 한도만큼 대출이 되는 구조다. 이주비 대출을 위해서 금융기관에 도로, 토지 등을 소유한 조합원들의 부동산도 담보로 제공되었으니 조합원의 부동산 유형과 관계없이 원하는 모든 조합원에게 이주비를 지급하는 것이다.

다시 A구역으로 돌아가 보자. 조합은 주택, 상가, 토지, 도로 등을 소유한 모든 조합원들에게 이주비를 지급하고 있다. 그런데 분양신청을 상가로 했다는 이유로 이주비를 지급하지 않는다는 것은 상식적이지 않다. 만약 주택만 소유한 조합원에게만 이주비를 지급한다면 조금은 이해가 된다. 과거에는 그랬으니 말이다.

그런데 A구역은 주택뿐만 아니라 도로, 토지, 상가 등을 소유한 조합원에게도 이주비가 지급되는데, 단지 상가로 분양신청 한 조합원에게만 아파트가 아닌 상가를 신청했다는 이유만으로 이주비를 지급하지 않는다는 것이다. 주지하다시피 이주비는 철거를 위한 조기 이주를 위해 지급하는 것이지 분양신청을 '아파트로 했냐, 상가로 했냐'와는 상관이 없다.

백번 양보해서 상가신청자에게 이주비를 지급하지 않으려면, 최소한 분양신청 전에 조합원들에게 '상가로 분양신청 할 경우 이주비 지급 대상이 아니다'라고 미리 고지하거나, 조합총회에서 이에 대한 별도의 안건 결의가 있어야 말이 된다.

HUG 심사 운운하고, 사업비 미책정 운운하고, 이자율 상승 운운하고, 금융기관 탓하는 등을 이유로 삼기에는 부족하다. 사업비를 책정하지 않았다면 그 역시 조합의 무능으로 봐야 한다. 상가 신청한 조합원만 이주비를 지급하지 않는다면 이에 대한 합리적 기준과 근거를 제시하는 것이 바람직하다. 갈수록 많은 조합이 이주비를 더 많이 지급하여 조기 이주를 장려하고 있는 것이 대세인데 말이다.

그러던 차에 얼마 전, A구역 상가주택을 소유한 그 조합원으로부터 전화가 왔다. 조합에서 이주비를 지급한다는 것이다. 이런 된장이다. 거듭 말하지만, 이주비는 조합에서 베푸는 아량이 아니라 조합원의 당연한 권리다. 분양신청을 상가로 했든 아파트로 했든 이주비와는 하등 상관이 없다.

물론 서울 일부 재개발 조합에서 상가를 신청한 조합원에게 이주비를 지급하지 않은 사례가 있기는 하다. 하지만 이 조합은 분양신청을 하기 전에 미리 조합원들에게 '상가 신청 시 이주비 지급 대상이 아니다'라고 공지한 상태였다.

조합의 사정에 따라 달라지겠지만 이주를 독려하기 위해 이주비를 더 많이 지급하고 있는 추세인데, 이주비 갖고 장난치면 곤란하다. 안 그래도 감정평가가 낮게 나와 이주비도 쥐꼬리만큼인데 말이다.

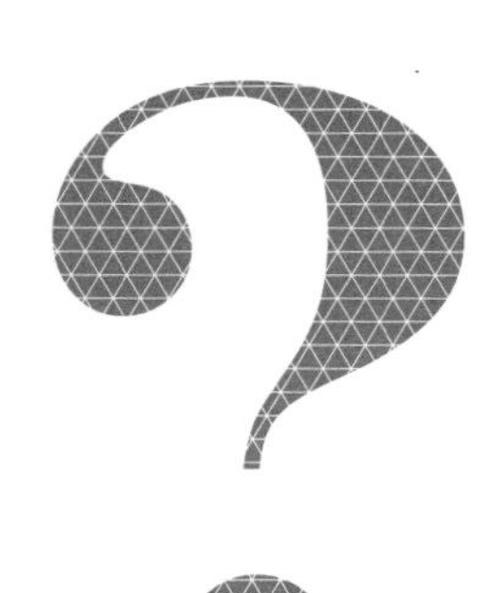

이주비는 대부분 무이자로 지급되는데 국세청에서 무이자이주비에 대해 배당소득세를 부과하겠다고 하는데, 어떻게 되는 건가요?

무이자이주비에 대해 세금을 매기겠다는 국세청의 의지는 확고해 보이지만, 현장에 나와보지도 않고 책상머리에 앉아 골머리를 싸매 본들 크게 실익은 없어 보인다. 조합들은 이미 국세청의 놀음에 고분고분 넘어갈 리가 없어 보인다. 이에 대한 대책을 준비하고 있기 때문이다.

그동안 가만있더니 국세청에서 갑자기 무이자 이주비 대출에 대해 배당소득세를 부과하겠다고 한다. 사업이 진행되어 관리처분인가가 나면 이주가 시작되면서 조합원들은 새 아파트가 지어질 때까지 다른 곳으로 이사를 해야 한다. 이때 조합원들에게 일정 부분 지원해주는 것이 이주비 대출이다.

하지만 이주비는 이사비와는 달리 대출이므로 추후 조합원들이 상환해야 할 돈이다. 통상 이주비 대출에 대한 이자는 조기 이주를 촉진하기 위해 조합에서 대납하게 된다. 그런데 이주비 대출을 무이자로 지원받을 경우 조합원에게 세금을 부과하겠다는 것이다. 현장에서는 여전히 이주비 대출 이자에 대한 과세를 두고 국세청과 조합원 간 의견이 팽팽하다.

국세청 주장	조합원 주장
조합이 이자를 대신 납부해 주는 것은 조합원이 추후 일반분양을 통해 얻을 수 있는 이익을 미리 '배당'받는 것과 같다.	이주비 자체가 사업의 원활한 진행을 위한 사업비용이지 이를 미래의 소득으로 보아 과세하는 것은 부당하다.

국세청은 무이자 이주비에 대해 조합원이 미래에 발생하는 사업소득을 배당받은 것으로 보아 배당소득세로 과세하겠다는 것이다. 반면 조합원들은 사업 진행을 위한 비용으로 봐야 한다면서 팽팽하게 맞서는 형국이다. 국세청보다는 조합원들의 주장이 더 일리가 있어 보인다. 사실 무이자로 이주비를 지원하는 것은 사업 촉진을 위한 비용으로 보는 것이 타당하지 이를 미래에 발생할 소득으로 보아 과세한다는 것은 쉽게 이해하기 어렵다.

만약 무이자 이주비에 대한 세금을 내야 한다면 어떻게 계산하고, 얼마를 내야 하느냐가 문제다. 국세청이 말하는 '장차 일반분양을 통해 얻을 수 있는 이익을 미리 조합원이 배당받는 것'이라고 보기 때문에 배당소득세를 납부해야 한다. 배당소득세의 기본세율은 15.4%이다. 간단하게 계산하면, 이주비 대출 이자가 200만 원일 경우 이를 조합이 대신 납부했다면 308,000원의 세금을 내야 한다.

하지만 이렇게 단순하게 계산하는 것은 아니다. 이주비 이자 전액을 계산하는 것은 아니고 여기에다 조합원분양분은 빼고 일반분양 비율만 곱하게 된다. 조합원분양분은 종전 주택에 대한 대가로 받는 것이어서 사업소득으로 보지 않는다는 것이다. 무슨 말인지 조금 헷갈리지만, 예를 들어보자.

A조합의 일반분양 비율이 30%이고, 조합원 홍길동이 4억 원을 이주비로 대출받으면서 연 4% 즉, 1,600만 원의 이자를 조합이 대신 납부했다고 가정하자. 이 경우 홍길동의 배당소득세는 얼마가 될까?

홍길동이 무이자로 받은 '1,600만 원×15.4%=2,464,000원'이지만 이 금액을 납부하는 것은 아니다. 1,600만 원 중 조합원분양 비율을 제외한 1,600만 원의 30%인 480만 원에 대해 15.4%를 곱하면 된다. 즉 일반분양 비율 30%인 '480만 원×15.4%=739,200원'이 된다. 하지만 이는 연간 세금이고 공사 기간이 4년이면 곱하기 4, 2,956,800원을 납부해야 하는 것이다. 공사 기간이 길어질수록 많이 납부하는 구조다.

A조합(일반분양 비율 30%)	**조합원 홍길동**(이주비 대출 4억 원)
공사 기간 4년	연 4% 이자를 조합에서 대납

- 홍길동이 납부할 연간 배당소득세 : 480만 원×배당소득세율 15.4%=739,200원
- 연간 배당소득세 : 1,600만 원×일반분양 비율 30%=480만 원

* 홍길동이 납부할 배당소득세 총액 : 739,200원×4년=2,956,800원

국세청에서 세금 부과하겠다고 잔머리를 굴리자 조합들도 전략을 바꾸고 있다. 배당소득세를 내지 않는 방법을 찾은 것이다. 이주비 대출 이자를 조합원이 직접 내도록 하는 것이다. 즉 이주비 대출을 '배당'받은 것이 아니라 '빌린' 것, 즉 조합원이 이주비 대출 이자를 조합으로부터 빌린 것으로 만드는 것이다.

빌린 것으로 만드는 방법은 두 가지다. 먼저 조합원이 매월 이자를 직접 내는 것이고, 다른 하나는 조합이 사업비에서 이주비 대출 이자비용을 먼저 지불하고 이주 기간에 조합원에게 대여한 것으로 처리한 다음 입주 시 추가분담금에 포함해 되돌려주는 방식이다.

이 경우 조합원은 조합에서 빌린 것이지 사업소득에 대해 배당을 받은 것이 아니기 때문에 배당소득세를 낼 근거가 없어지게 된다.

부동산에서는 임장이 중요한데 재개발구역 임장 시에는 주로 어떤 내용을 확인해야 하나요?

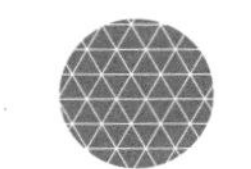

부동산의 시작과 끝은 임장이다. 재개발도 마찬가지다. 물론 관리처분인가가 나서 이주 및 철거를 앞둔 사업장이라면 현장답사가 필요 없을 수 있지만 그렇지 않다면 현장을 가봐야 한다. 현장을 등한시하면 매매 당시에는 문제가 없지만 몇 년 후에 일이 터진다.

임장(臨場)의 사전적 의미는 '현장에 임한다', '현장에 나온다'라는 뜻이다. 부동산의 물리적 고정성 때문이다. 대부분 부동산시장에서 사용하는 데 "임장한다"라고 하면 부동산을 중개하기 위해서 또는 부동산을 매수하기 위해 직접 해당 지역에 가서 조사하고 탐방하는 일체의 행위를 말한다. "발품 판다"라고도 한다.

임장은 관심 있는 지역의 주변 시세나 인프라, 교통, 편의시설, 학군, 입지 등 여러 궁금했던 점과 필요한 정보를 직접 현장에 가서 알아보는 것이다. 요즘은 부동산 사이트나 인터넷으로 관련 정보를 대부분 파악할 수 있지만, 거액이 오가는 부동산 거래에서 떠돌아다니는 부정확한 정보나 손품으로만 거래할 수는 없는 노릇이다. 따라서 부동산 거래 시 사전 임장은 필수라고 봐야 한다.

혹자는 아파트를 매수할 때는 임장이 필요 없다고 한다. 매수하려는 아파트가 그 지역을 대표하는 대장아파트라면 일리가 있지만, 그렇지 않은 아파트라면 현장 조사는 필요하다. 많은 사람이 임장을 외치지만 정답이 없다는 게 문제다. 따라서 시행착오를 겪을 수밖에 없다. 발품은 머리나 책으로 해결되지 않는다. 완벽한 지식도 현장에서는 큰 힘을 발휘하지 못하는 경우가 많다. 임장은 책상머리 공부가 아니라 현장 공부다.

오랫동안 재개발 현장 발품을 팔아온 필자 역시 임장은 늘 어렵다. 몇 년 전, 사업시행인가가 난 부산 남구 재개발구역 현장을 확인하고 빈 주택을 중개한 적이 있었다. 매수자는 서울에 거주하고 있어 현장답사 없이 사진만 보고 매수했다.

집을 사고 나서 3년쯤 되자 이주 명령이 떨어져 공가 처리를 위해 해당 주택을 방문했다. 매수 후 처음 주택을 방문한 것이다. 현장을 본 매수자는 깜짝 놀라 부동산 사무실로 왔다. 함께 현장에 가봤더니 빈집에 쓰레기가 산더미처럼 쌓여 있었다. 냉장고는 물론 온갖 잡동사니 쓰레기들이 쌓여 있었다. 공가 처리를 해야 이주비 신청이 가능하기에 쓰레기를 모두 치워야 했다.

현장을 본 업체에서 쓰레기 치우는 비용으로 450만 원 견적이 나왔다. 매수자는 현장을 보지 않고 매수했기 때문에 중개한 부동산도 책임이 있는 것 아니냐고 해서 매수 당시 문자로 보냈던 사진을 다시 보여주었다. 매수 당시에는 쓰레기가 없었다.

흔히 재개발구역 부동산 매수 시 임장을 등한시하는 경향이 있는데 재개발사업은 단계별 소요 기간이 정해져 있지 않아 여러 리스크가 상존한다. 사업 진행 단계, 비대위 활동 여부, 조합원 수, 시공사, 브랜드, 혐오시설 등과 같은 정보도 필요하지만 인근 지역의 신축아파트, 상가, 도로 여건, 개발 호재 등도 아울러 조사해야 한다. 특히 예정지나 사업 초기라면 임대 가능 여부를 파악하여 투자금을 줄이거나, 아니면 직접 이사해서 몸테크를 할 수도 있기 때문에 현장 조사는 필수다.

그리고 재개발 임장이 필요한 진짜 이유는 부동산에 들러 해당 구역에 대한 브리핑을 듣는 것은 물론 부동산에서 인터넷에 공개하지 않은 우량 매물을 다수 확보하고 있기 때문에 좋은 매물을 구할 수 있어서다. 진짜 좋은 매물은 네이버에 없다고 봐야 한다. 끝으로 재개발구역 임장 시 체크해야 할 사항을 정리했다. 사업 진행 단계에 따라 확인할 수 있는 항목만 체크하면 된다.

재개발구역 임장 체크리스트

연번	확인 사항	체크리스트
1	임장 전 지도로 학교, 편의시설, 입지 등 손품 팔기	
2	정비구역 지정일(권리산정기준일)	
3	사업 진행 단계 확인(서울-정비사업정보몽땅, 부산-정비사업통합홈페이지)	
4	사업 진행 속도, 조합원 결속력(추진위원회, 조합)	
5	토지등소유자(조합원 수)	
6	지분쪼개기로 증가한 조합원 수	
7	매입 시 지분쪼개기 여부 확인	
8	다물권자 여부 확인(1인, 1세대)	
9	물건별 조합원 수(단독주택, 공동주택, 상가, 기타)	
10	종상향 가능 여부	
11	용적률/건폐율	
12	시공사(평당 공사비), 아파트 브랜드, 시공방식(지분제, 도급제)	
13	존치건축물(종교시설 등) 파악 및 존치·조합과의 협의 여부	
14	총 세대수(타입, 동수, 층수), 일반분양 및 임대아파트세대수	
15	추정 비례율(사업성 파악)	
16	종전자산평가액, 프리미엄 가격	
17	종전자산평가 시 매입가=권리가액+P	
18	종전자산평가 전 매입가=대지지분×평당가	
19	조합원 및 일반분양가(예상)	
20	주변 시세 파악(신축아파트 2곳)	
21	교육청과의 협의 여부(학교)	
22	비대위 활동 여부 및 주요 쟁점	
23	매입 시 구역경계선 물건인지 확인(구역변경 가능성)	
24	주택매입 시 내부 상태 확인	
25	현장 공인중개사사무실 방문(현장 브리핑, 매물 확인)	
26	매입 시점의 안전마진 산정	

재개발구역에서 관리처분인가가 나서 이주를 해야 하는데 세입자가 별도의 이사비를 요구할 경우 어떻게 대처해야 하나요?

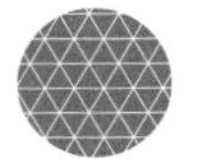

원칙적으로는 이사비를 지급할 이유가 없지만, 계약서 특약에 명확하게 해 놓지 않은 경우 분쟁의 소지는 있다.

일요일 아침인데 전화벨이 계속 울렸다. 지금으로부터 3년 전쯤 부산 남구 어느 재개발구역 내 2층 주택을 매수한 투자자 A로부터 걸려온 전화였다.

이야기인즉슨 관리처분인가가 나서 공가 처리를 하고 이주비를 받아야 하는데 1층 세입자가 "추운 겨울에 갑자기 이사를 할 수는 없다"면서 이사비로 1,000만 원을 요구한다는 것이다. 조합에 이런 사실을 알렸지만, 조합은 가타부타 말은 하지 않고 앵무새처럼 "이주기간에 이주하지 않으면 이주비 혜택도 못 준다"라고만 반복한다는 것이다. 거기다 명도소송이나 손해배상청구 소송을 할 수도 있으니 잘 협의해서 세입자를 내보내라는 것이다.

재개발 투자에서 초기 투자금을 줄이는 것은 수익률에 큰 영향을 미친다. A 역시 3년 전 매수할 때 1층 세입자 전세보증금 6천만 원을 승계하면서 임대차계약서도 다시 작성했다는 것이다. 잘한 일이다. 그런데 이주 시점이 되자 세입자가 무리한 이사비를 요구해 어떻게 해야 할지를 몰라 문의한 것이다. 재개발구역에서 이런 일은 비일비재하다.

해결책은 한 가지다. 매수 당시에 작성했던 임대차계약서 특약을 보면 된다. 임대차계약을 할 때는 반드시 특약으로 넣어야 할 것이 있다. 핵심은 "임차인은 임대차기간 종료 전이라도 재개발사업이 진행되어 이주 시점이 되면 임대인에게 별도의 이사비 등을 요구하지 않고 명도하기로 한다"라는 내용이다. A로부터 당시 임대계약서를 받아 특약을 확인해 보니 아주 자세히 기재되어 있었다.

1. 임차인은 재개발사업으로 인해 이주를 해야 할 경우에는 본 계약기간이 만료되기 전이라도 이주하고 위 주택을 임대인에게 명도하기로 한다.
2. 임차인은 이주 시에 이사비 등 일체의 비용을 임대인에게 요구하지 않기로 한다.
3. 임차인이 위2에 따라 이주 및 명도 의무를 이행하지 않을 경우에는 1일 금 100만 원의 위약금을 임대인에게 지급하여야 한다.

이 경우에는 특약이 비교적 자세히 기재되어 있어 임차인이 이사비를 요구할 수도 없고, 집을 비워주는 방법밖에 없다. 이주를 하지 않으면 임차인이 1일에 100만 원씩의 위약금을 임대인에게 지급해야 할 판이다. 그러나 막상 이주 시점이 되면 이런저런 이유를 들어 이사를 제때 하지 않거나 이사비를 요구하는 세입자가 많다.

A의 경우에는 이사비를 지급할 하등의 이유가 없었지만 세입자에게 200만 원의 이사비를 주고 명도를 시켰다고 한다. 착한 임대인이었다. 상가 세입자도 마찬가지다. 상가는 주택과는 차원이 다르다. 이주 시점이 되면 내부 인테리어비용 등을 이유로 거액의 이사비를 요구할 때도 있기 때문이다.

재개발구역 임대차 관련한 사항은 <도시정비법> 제70조에 규정되어 있다. 1항에서 정비사업 시행으로 지상권, 전세권, 임차권의 목적을 달성할 수 없을 경우 권리자는 계약을 해지할 수 있다고 명시되어 있다.

그리고 제76조 5항에서는 관리처분계획의 인가를 받은 경우 지상권·전세권설정계약 또는 임대차계약의 계약기간은 <민법>,<주택임대차보호법>, <상가건물임대차보호법>을 적용하지 아니한다고 규정되어 있다. 반대로 세입자가 이주하려는데 임대인이 전세금을 지급하지 않는 경우도 있다. 이때는 사업시행자인 조합에 전세금 반환청구를 할 수 있다. 단, 상가의 권리금은 조합에 청구할 수 없다.

재개발·재건축사업은 대부분 조합방식으로 진행되는데 조합방식 외에 어떤 방식이 있는지요?

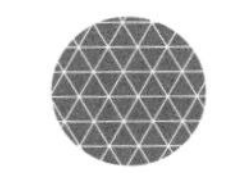

재개발·재건축 사업 방식으로는 크게 조합방식, 신탁방식(사업시행자 방식, 사업대행자 방식) 및 토지등소유자 방식이 있는데, 대부분 조합방식으로 사업을 진행한다.

조합방식을 중심으로 신탁방식과 토지등소유자 방식을 살펴보고자 한다. 먼저 조합방식은 조합이 사업의 주도권을 가지고 총괄하는 방식으로 조합원이 주체가 되어 자신들의 재산권에 대해 자유롭게 의사결정을 할 수 있어 조합총회결의에 따라서는 품질 대비 공사비가 낮은 품질 좋은 아파트를 짓거나 고급마감재에 주차장도 충분하게 하는 등 고급아파트를 지을 수 있다.

반면, 신탁방식은 풍부한 자금력을 바탕으로 신속한 사업추진을 목적으로 사업시행을 총괄하기 때문에 조합원으로서는 별도의 자금조달에 신경을 쓰지 않아도 되고 직접 사업비 조달을 하지 않기 때문에 공사비를 절감할 수 있다.

2016년 3월 도입된 신탁방식은 그동안 존재감이 거의 없었다. 그러나 시장침체기에 접어들자 사업을 안정적으로 진행할 수 있어 조합방식의 대안으로 급부상하고 있다. 둔촌주공 공사중단 사태를 보면서 신탁방식으로 눈을 돌리게 하는 촉매제가 되고 있다.

조합방식은 조합원이 사업 주체가 되어 원하는 방식으로 사업추진이 가능하지만, 지나친 자율성 탓에 잦은 의견 대립과 충돌이 발생할 수 있고 집행부의 비리 가능성이 크다고 할 수 있다. 반면, 신탁방식은 자금력이 풍부하여 신탁사에서 초기 사업비를 감당하기 때문에 사업의 투명성이 높아지고 사업 진행도 빠른 대신에 전체사업비의 4%에 이르는 수수료가 부담이다.

신탁방식은 그 역할에 따라 신탁사가 직접 사업을 시행하는 사업시행자방식, 신탁사는 업무대항 역할만 하고 조합이 시행사가 되는 사업대행자방식의 두 가지로 구분하는데 대부분 사업시행자방식을 취한다.

절대다수인 조합방식의 경우 정비구역으로 지정된 후에도 첨예한 이해관계와 잡음으로 조합설립이 늦어지거나 때로는 조합설립 자체가 무산되는 등 배가 산으로 가는 사업장이 허다하다.

서울에서 2022년도까지만 해도 신탁방식을 도입한 단지는 6곳에 불과했지만, 최근에는 신탁방식에 관심을 보이는 구역이 계속 늘고 있다. 북가좌6구역, 신림 미성아파트, 노원 상계주공5단지, 양천 신정수정, 봉천1-1구역, 경기 남양주 퇴계원 2구역 등이다.

대전 용운주공 역시 2016년 7월 한국토지신탁을 재건축사업시행자로 선정하면서 업무의 효율성과 투명성이 확보되자 지지부진했던 사업에 속도가 붙어 일사천리로 일반분양까지 마칠 수 있었다.

부산도 예외가 아니다. 과거 동래구 사직1-5구역 재건축도 10년간 사업이 지지부진하자 한국자산신탁과 업무협약을 맺었고, 동대신1구역, 명륜2구역, 연산5구역 등도 신탁사를 시행자로 선정하여 신탁방식으로 재건축을 진행하고 있다.

재개발·재건축 외에 자금조달에 어려움을 겪는 소규모정비사업지에서도 신탁방식이 증가하고 있다. 부산 명장동 29-27에서 진행되는 가로주택정비사업은 하나자산신탁을 사업시행자로 지정하여 사업을 진행하고 있다.

재개발·재건축 및 소규모정비사업은 자율성 원칙에 따라 여전히 조합방식이 대세지만, 최근 부동산시장 침체기와 맞물려 자금조달에 어려움을 겪는 사업장들이 자금력이 풍부하고 사업추진이 빠른 신탁방식을 도입하는 곳이 빠르게 증가하는 추세다.

다음은 토지등소유자 방식이다. <도시정비법> 제25조에는 "재개발 재개발·재건축사업의 시행자"에 대한 시행방식을 규정하고 있다.

토지등소유자 방식은 제25조 제1항 2호에서 정하고 있는데, 토지등소유자가 20인 미만인 경우에 가능한 사업 방식이다. 따라서 토지등소유자 방식으로 사업을 진행하는 곳은 많지 않다.

토지등소유자 방식은 조합방식과는 달리 추진위원회 설립 의무가 없어 정비구역이 지정되고 일정 동의율만 확보되면 바로 사업시행인가가 가능하기 때문에 조합방식보다는 절차도 간소하고 사업 속도가 빠르다.

그런데 이 대목에서 의문점을 가질 수 있다. 토지등소유자 수 20인 미만이라는 제한은 있지만, 이렇게 절차도 간단하고 사업이 빨리 진행되는 장점이 있음에도 불구하고 왜 요건이 되는데도 토지등소유자 방식으로 사업을 진행하지 않을까? 기본적으로 토지등소유자 방식은 사업을 시행하는 시행사에서 이익을 싹쓸이해가는 방식이기 때문이다.

물론 토지등소유자 수가 20인 이상인 곳에서 시행하는 경우도 있는데, 이는 법 개정 전 단서조항에 의거 사업이 가능했던 곳이다. 토지등소유자 방식은 많은 토지를 소유한 소수 지주들이 모여서 직접 신속한 사업을 진행하자는 것인데, 건설사와 같은 엉뚱한 제3자들이 개입해 토지 일부만 사들인 후 조합원 동의율만 채워서 사업을 진행하려는 형태로 변질되고 있어 본래의 취지를 무색하게 하고 있다.

또한 토지등소유자 방식은 추진위나 조합설립 절차가 없이 곧장 사업시행인가부터 시작되기 때문에 정관도 필요가 없고, 조합방식과 달리 관리처분 시 조합방식에서 사용하는 비례율 대신 지분율을 사용한다는 점이 특징이다.

아무튼 현행 제도하에서는 사업 방식과 무관하게 재개발구역 내 토지를 많이 소유하고 있으면 불리한 것은 분명해 보인다. 종전자산 평가금액이 시세보다 낮게 나오는 탓에 헐값에 수용당하고 개미 떼들이 코끼리를 쫓아내는 구조이기 때문이다.

주택은 면적이 크면 +1이라도 받을 수 있지만, 토지는 10,000m²를 가지고 있어도 면적이 크다고 +1을 주지 않는다. 감정평가액이라도 높게 나와야 하는데 재개발은 감정평가 시 미래가치를 반영하지 않기 때문에 시세보다는 턱없이 낮게 평가되어 이것도 여의치 않다.

사실 재개발구역에서 토지를 많이 소유한 조합원은 조합에서 VIP로 모셔야 한다. 300m²의 토지 위에 빌라를 지어 8세대에게 분양하면 입주권은 8개다. 쉽게 말해 토지 300m²에 입주권이 8개 나오는 격인데, 토지 10,000m²를 가져도 입주권 1개 준다. 이게 말이 되는가. 사업 특성상 기부채납이 많은 재개발은 결국 토지로 사업성이 좌우된다. 건물은 철거비만 들지 사업성 측면에서 아무런 도움이 되지 않는다. 아파트는 결국 땅 위에 지어야 하기 때문이다. 따라서 토지도 감정평가금액에 상관없이 일정 면적을 넘으면 +1을 주는 것이 바람직해 보인다. 땅 많이 가진 게 죄는 아니지 않는가.

재건축과는 달리 재개발의 경우 의무적으로 소형임대주택을 건설해야 하는데 임대주택을 중대형으로 짓는 것도 가능한가요?

재개발구역에서는 지자체 조례에서 정한 비율만큼 의무적으로 소형임대주택을 지어야 하는데, 현재까지는 임대주택을 소형이 아닌 중대형으로 공급할 수 있는 지자체는 서울뿐이다.

서울의 한 투자자로부터 <도시정비법>상 재개발사업에서는 의무적으로 임대주택을 지을 때 소형으로 공급하는 것으로 알고 있는데 서울은 중대형으로 짓는 것도 가능하냐는 질문을 받았다.

사실이다. 질문처럼 재개발사업을 하는 곳에서는 조합원과 일반분양 물량 외에도 의무적으로 일정 부분 임대아파트를 지어야 한다. 임대아파트 비율은 지자체마다 조례로 정해지기 때문에 조금씩 다를 수 있다. 현재 임대아파트를 중대형으로 공급할 수 있는 지자체는 서울시뿐이다.

〈표〉 재개발 임대주택건설 의무비율

구분	현행(%)	개선(%)
서울	10~15	10~20
경기·인천	5~15	5~20
지방	5~12	현행유지

* 자료 : 국토교통부, 2019.5.13. '2019년 주거종합계획'

서울시는 2022년 12월 13일 '재개발 사업의 임대주택과 주택규모별 건설비율'을 고시하여 시행에 들어갔다. 재개발구역 임대주택 의무건립비율 산정 시 기존 세대수뿐만 아니라 전체 연면적을 기준으로 공급할 수 있도록 한 것이 핵심이다.

앞으로 서울에서 추진되는 재개발사업에서 '임대주택 의무건립비율'을 산정할 때 기존 세대수뿐만 아니라, '전체 연면적'을 기준으로 변경함에 따라 기존 소형 위주에서 중·대형 등 다양한 평형의 임대주택 공급이 가능해졌다.

이번 서울시 고시 이전에는 <도시정비법>에서 임대주택 의무건설비율을 세대수나 연면적의 30% 이하에서 시행령으로 정할 수 있도록 했지만, 시행령에서는 세대수로만 정하도록 규정돼 있었던 탓에 사업시행자는 같은 부지에 더 많은 주택을 짓기 위해 주로 전용 40㎡ 이하의 소형 평형의 임대주택을 공급할 수밖에 없었다.

시행령 개정으로 전체 연면적 기준을 도입함에 따라 이제는 다양한 평형의 임대주택 공급이 가능해졌다. 연면적은 대지에 건축된 건축물의 바닥 면적을 모두 합한 개념이기 때문에 세대 수를 조금 줄이고 보다 넓은 평형의 주택을 공급해도 임대주택의무건설비율을 맞출 수 있게 된 것이다.

전용 84m² 이상 중대형 임대주택 공급이 늘어나면 다자녀, 대가족 등 다양한 주거 수요를 맞출 것으로 기대된다. 중형 이상의 임대주택 공급으로 완전한 소셜믹스와 품질 혁신도 기대할 수 있다. 서울시는 원활한 재개발사업과 효율적인 소셜믹스를 유도하기 위해 국토부가 정한 비율(주거지역 등 10~20%, 상업지역 5~20%) 중에 최저기준인 주거지역 10%, 상업지역은 5%로 정했다.

그동안 꿔다놓은 보릿자루처럼 단지 귀퉁이에 임대주택만 별동으로 지었던 사례도 점차 줄어들 것으로 보인다. 지금까지는 임대주택이 소형 위주로만 설계돼 분양주택과 한 동에 혼합하기 어려웠지만, 중대형 공급이 가능해지면 이 같은 문제도 해결될 것으로 보인다. 획기적인 발상이다. 게다가 이미 사업시행계획인가를 받은 구역도 세대수 기준에서 연면적 기준으로 변경하여 추진할 수 있도록 했다.

그런데 부산시는 서울시와 정반대의 길을 가고 있다. 오히려 재개발사업 임대주택건설비율을 전체 세대수의 10%로 올려 2020년 9월 24일부터 시행에 들어갔다. 시행 이후 사업시행인가를 신청하는 재개발사업장부터 적용된다. 종전에는 8.5%였다가 10%로 상향됐는데 이는 2005년 제도 도입 이후 가장 높은 수치다. 여기다 지자체장이 마음만 먹으면 임대주택건설비율을 최대 22%까지 올리는 것도 가능하다.

임대주택건립비율이 높아질수록 사업성이 떨어지기 때문에 조합원으로서는 답답한 노릇이다. 부산시가 재개발 임대주택 비율을 높인 것은 '공공지원 민간임대 연계형 정비사업(뉴스테이)'을 통한 공급이 급격히 줄어든 이유도 있다. 애초 감만1·감천2·우암1·우암2의 4곳의 뉴스테이 연계형 재개발사업에서 1만2,389세대의 임대주택이 공급될 예정이었으나 그 후 부동산시장 변화와 조합장 교체 등으로 감만1을 제외한 감천2·우암1·우암2의 3곳이 뉴스테이를 포기하고 일반 재개발사업으로 전환한 탓에 졸지에 임대주택 6,041세대가 사라지게 된 것이다. 이에 당황한 부산시는 그 부족분을 보충하기 위해 임대주택 건설 비율을 8.5%에서 10%로 상향 조정한 것이다.

29

재개발구역 뚜껑빌라도 입주권 받을 수 있나요?

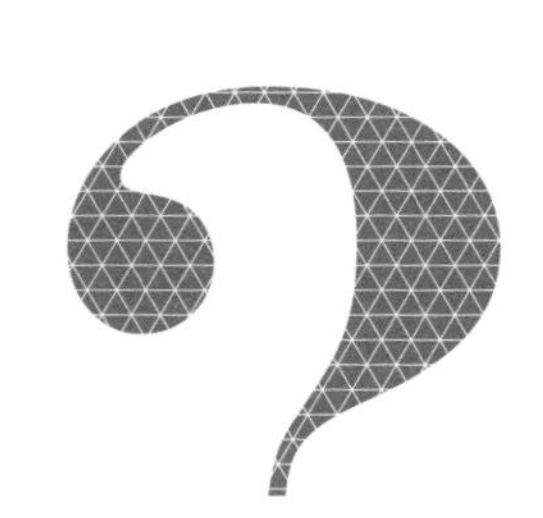

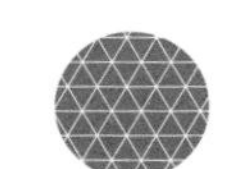

대지지분이 없는 뚜껑빌라는 입주권이 나오지 않는 것이 원칙이지만 빌라의 상황이나 조합정관에 따라 입주권이 나오는 경우도 있어 직접 확인 후 매수 여부를 결정해야 한다.

'뚜껑빌라'하면 대부분 처음 듣는다고 한다. 뚜껑은 들어봤는데 뚜껑빌라는 금시초문이라는 것이다. 그도 그럴 것이 필자가 처음 사용한 용어이기 때문이다. 대지지분 없이 건물만 소유한 빌라를 말한다.

3년 전 초가을이었다. '재개발지식창고'밴드 회원이면서 평소 왕래가 잦았던 인근 P소장이 서류를 한 뭉치 들고 손님 한 분과 함께 사무실로 찾아왔다. 재개발구역에 있는 32년 된 4층 빌라였는데 각 층에 2세대씩 8세대였다. 특이한 것은 8세대 전부 뚜껑빌라를 소유하고 있었고, 대지소유자는 따로 있었다.

P소장이 말하기를'사장님이 개인 사정이 생겨 빌라를 팔려고 하시는데 제가 팔기는 어려울 것 같아서 왔다'는 것이다. 전용 82.6m²

(25평)에 방 3개에 거실도 비교적 넓은 편이라 거주하는 데 불편함은 없다고 했다. 당시 그 구역은 정비구역 지정만 되었고 8년 가까이 조합설립이 안 되다 보니 사실상 사업이 중단된 상태였다. 조합원들도 지쳐 실망매물이 나오던 때였다. 재개발 기대감으로 평당 600만 원까지 했던 빌라가 450만 원 정도에 거래되고 있었지만, 해당 뚜껑빌라는 300만 원에 팔겠다는 것이다.

재개발 투자에서 중요한 것은 입주권인데 입주권이 불투명한 뚜껑빌라는 가격을 떠나 투자자들에게 권하기가 쉽지 않다. 그러나 대지지분이 없어도 30년 넘게 거주하는 데 문제가 없었고 전세 4,000만 원은 가능했다. 사업이 진행되면 예상 세대수는 2,000세대, 조합원 950여 명으로 일반분양도 많아 사업성도 양호해 보였다. 역세권은 아니었지만, 도보로 10분 정도면 지하철역에 접근할 수 있어 미분양 우려가 없는 입지인데다 구역 주변으로 트램이 들어선다는 호재까지 있어 갈수록 주변 생활 인프라는 좋아질 수 있는 곳이었다.

P소장이 다녀간 지 열흘쯤 지났을까, 다시 그 손님과 함께 사무실로 왔다. 평당 250만 원에 급매로 팔겠다는 것이다. 밴드에 공지해도 선뜻 사겠다는 회원이 없었고 투자자와 수강생들에게 급매 문자도 보내봤지만 몇 분의 관심 외에는 매수로까지 이어지지는 못했다.

현장을 두 번 가보고 고민 끝에 애초 매매가 6,250만 원(평당 250만 원)보다 낮은 5,500만 원에 필자가 직접 매수했다. 당장 잔금이 없어 계약금 1,000만 원을 지급하고 전세세입자가 구해진 후 잔금을 치르기 위해 잔금일을 3개월 후로 여유 있게 잡았다.

한 달 보름 만에 세입자가 나타났다. 도배, 장판, 그리고 보일러를 교체해주는 조건으로 전세 3,700만 원에 계약하여 잔금도 예정보다 앞당겨 치를 수 있었다. 전세금이 예상했던 4,000만 원보다 300만 원 낮은 금액으로 계약하여 실투자금은 1,800만 원이었다.

빌라를 산 이유는 해당 빌라가 지어질 당시부터 무려 30년 넘게 거주하고 있기 때문에 입주권을 받을 수도 있지 않을까 하는 기대감 때문이었고 최악의 경우에는 현금청산 받자고 생각했다.

입주권을 받을 방법이 없을까 해서 꾼들에게 상담도 받았지만, 딱 떨어지는 답은 없는 상태다. 대지지분이 없는 빌라도 입주권을 받는 경우가 있지만, 이 역시 조합 총회를 거쳐야 해서 장담할 수는 없다.

꾼들에게 뚜껑빌라는 틈새 투자처다. 오래전에 지어진 주상복합 형태의 빌라들은 대지지분이 없는 경우가 종종 있다. 그러나 뚜껑빌라의 태생적 상황에 따라 달라질 수 있고 조합마다 다르게 적용될 수 있으니 매수 전에 반드시 직접 확인해야 한다.

입주권을 받지 못한다면 현금청산인데, 현금청산은 얼마나 받을 수 있을까? 일단 감정평가액과 비례율이 높아야 한다. 본서 Q16에서 필자가 제시했던'추정감정평가액 산출방식'에 의거 산출해 보면, 뚜껑빌라이므로 건물만 평가하면 전용 25평에 150만 원을 곱한 3,750만 원이 되는데 이는 매수금액 대비 1,750만 원 마이너스다. 그리고 사업시행인가까지의 시차 및 물가상승률 등(20% 할증)을 고려한 평가액은 4,500만 원(3,750만 원x20% 할증) 정도다. 마지막으로 관리처분인가 후 재감정을 하여 통상 20% 증액된 금액으로 청산받기 때문에 최종적으로 5,400만 원(4,500만 원x20% 할증, 비례율 미반영) 수준이다. 이는 매수가와 비슷하지만 취득세, 재산세, 중개보수, 세입자 도배 및 장판 교체 비용 및 기회비용을 고려하면 손해다.

뚜껑빌라를 매수한 지 3년이 넘었다. 끝내 입주권을 받지 못한다면 결국 실패라고 봐야 한다. 투자란 '리스크가 있는 법이지'라며 스스로 위안해보지만 술을 마신 것도 아닌데 속이 쓰리다.

재개발·재건축구역에서 부동산 매매 시에는 일반부동산 매매와는 달리 특약이 중요하다고 하는데 중요한 특약은 어떤 것이 있는지요?

재개발구역 매매계약서는 곧 특약계약서다. 그만큼 특약이 중요하며 사업단계별로 꼭 챙겨야 할 특약이 다르기 때문에 매수 시 주의가 필요하다.

재개발·재건축은 <도시정비법>에서 정한 여러 단계를 순서대로 거쳐야 하는 사업이다. 구역마다 다소 차이는 있겠지만, 10~15년 정도 소요되는 장기적인 사업이다. 따라서 매매계약서 작성 시에는 일반부동산과는 달리 단계별로 챙겨야 할 특약이 많다.

매매계약서는 법적으로 정해진 표준 서식이 없다. 필수요소만 포함된다면 어떤 형태의 양식이든 가능하다. 특약도 정해진 서식은 없다. 매매계약서에 재개발구역의 특수한 사항을 특약에 포함하는 방식을 취한다.

매수인의 경우 '기본 특약'과 '단계별 특약'을 확인해야 한다. 그중에서도 매도인의 조합원 권리·의무가 매수인에게 포괄적으로 승계되어 매수인에게 단독으로 분양자격이 나오느냐가 핵심이다. 따라서 매수하고자 하는 물건의 조합원 자격 여부를 공인중개사나 조합에 거듭 확인해야 한다. 간혹 무등록중개업자의 말만 믿고 조합원 자격이 없는 물건, 즉 물딱지를 사서 낭패를 보는 경우가 종종 발생하기 때문이다.

부동산 사무실을 통해 계약할 경우 공인중개사 역시 입주권 승계 여부를 확인할 필요가 있다. 이와 관련한 서울고등법원 판결(2009.8.20.2008나85750)을 보면, "재개발구역 물건을 매수할 경우 아파트를 분양받을 수 있는지에 대해 정확히 파악하여야 한다. 특히 공인중개사는 재개발·재건축 지역의 부동산 매매에서 분양대상 여부가 계약의 주요 내용이라면 중개인도 분양 대상 해당 여부에 대해 조사·검토 의무가 있으므로, 이를 소홀히 하여 손해가 난 경우 손해배상 책임이 있다"는 것이다. 즉 물딱지를 산 매수인 책임이 크지만, 공인중개사도 분양자격이 나오는지 아닌지를 확인하지 않으면 책임이 있다는 판결이다.

먼저 '기본특약'은 재개발·재건축구역 부동산 매매계약 체결 시 단계와 관계없이 공통으로 포함되는 내용이다. 대부분 조합원 자격이나 입주권 승계 및 매수자에게 단독으로 입주권이 나오는지 등과 같은 기본적이고 중요한 내용이므로 잘 체크해야 한다.

① 본 계약은 00재개발(재건축) 구역의 조합원 물건으로서 매수인은 매도인의 조합원 권리 의무를 포괄승계하기로 하며, 향후 조합 청산 시 발생하는 청산금의 지급 및 수령은 매수인이 하기로 한다.

② 매도인은 00재개발 정비구역 내 본 건 외 다른 부동산이 없음을 확인하고, 이에 대한 미고지 및 허위고지에 대한 책임은 매도인이 지기로 한다.

③ 매도인의 사유로 매수인에게 조합원입주권이 승계되지 않을 경우 상호위약금 없이(또는 매도인의 책임으로 하고) 본 계약은 무효로 한다.

④ 매수인은 현 시설상태에서 인수하기로 하고, 본 건 재개발(재건축)구역 안 노후·불량화 건축물이므로 이를 매매가에 반영하여 매도인의 하자담보책임은 면제해 주기로 한다.

⑤ 매수인은 향후 사업 지연, 정관변경 등에 대해서는 매도인에게 이의를 제기하지 않기로 한다.

그리고 진행 단계별 특약은 매수하는 단계에서 체크해야 할 특약이다.

구분	특약사항
임차인 존재 시	매수인은 기존 임대차계약 조건을 포괄승계하기로 하고, 임차인의 주거이전비 수령에 적극적으로 협조하기로 한다.
무허가건물의 경우	① 매도인은 무허가건물에 대한 입증자료로 과세대장(구 무허가건축물확인원), 항공사진, 재산세 납부증명서 등을 제출하기로 한다 ② 매도인은 과세대장 명의 변경에 협조하기로 하고, 명의 변경이 되지 않을 경우 본 계약은 무효로 한다. ③ 잔금일까지 발생하는 국공유지 점유에 따른 대부사용료, 변상금 등은 매도인이 부담하기로 하고, 잔금일 이후에는 매수인이 부담하기로 한다. ④ 계약 면적은 변상금(또는 재산세) 부과면적을 기준으로 하며, 추후 불하 시 실측면적과 차이가 있더라도 매도인과 매수인 양 당사자는 이의를 제기하지 않는다.

토지의 경우	① 매수인은 조합원 자격에 대한 조건이나 면적, 취득세 4.6% 등을 확인하였다. ② 매수인은 재개발구역 나대지는 관리처분인가와 동시에 주택으로 간주되어 주택 수에 포함된다는 내용을 확인하였다.
신규 임차인의 경우	① 임차인은 00재개발 정비사업구역 안에 있는 목적물임을 확인하고 계약을 체결하며, 관련법에 의거 주택 및 상가 임대차보호법 보호를 받지 못한다는 것을 확인하였다. ② 임차인은 정비사업 진행에 적극적으로 협조하기로 하고, 이주 시기가 되면 별도의 이사비 요구 없이 즉시 명도하기로 한다.
무주택자 토지의 경우	매수인은 무주택자로서 토지(20㎡ 이상, 또는 30㎡ 이상, 지목과 현황이 도로가 아닐 것)를 매수함과 동시에 조합원 자격을 취득하고, 사업시행인가일로부터 공사완료고시일까지 소유자 및 전 세대원이 무주택 자격을 유지해야 함을 인지하였다.
사업시행 인가 후	① 잔금일 전에 분양신청이 종료될 경우 매도인은 평형 배정 신청 시 매수인이 지정한 평형으로 신청해 주기로 한다. ② 종전자산평가액은 00원이며, 매도인의 분양신청내용은 84A(1순위), 2순위(79A), 3순위(59B)임을 확인하였다.
관리처분 인가 후	① 이주비 대출은 승계하기로 하고, 이사비는 매도인(매수인)이 수령하기로 한다. ② 본 매매부동산의 종전 토지 지번은 000-00이며, 사업시행인가일은 년 월 일이다. ③ 매도인은 공가 처리(단전, 단수 등)를 하지 않기로 하며, 만약 이를 위반하여 발생하는 취득세는 매도인이 부담하기로 한다.
분양 후	① 매수인은 분양계약서 원본 및 동·호수, 분담금 내역, 기 납입된 계약금, 중도금 납부 조건, 잔금 내역 등을 확인하고 계약을 체결한다. ② 조합원에게 제공되는 특별혜택이나 옵션 품목은 매수인이 인수하기로 한다.
철거 시	본 계약은 00재개발(재건축) 구역 매매계약으로서 현재 진행 단계는 이주 및 철거 단계이며, 철거 예정 시기는 조합에 문의한 결과 미정이라고 한다
입주 시	시공사와 조합에서 무상으로 제공하는 옵션 품목은 매수인 소유로 한다.

진행 단계별 특약은 매수 시점의 재개발 진행 정도에 따라 필요한 내용과 신규임차인 관련 사항 등이 포함되어 있다. 재개발은 특수성이 강하기 때문에 계약서 못지않게 특약이 중요하다. 매수자는 단계별로 투자전략을 수립해야 함은 물론 매수 시점의 진행 상황과 특약을 꼼꼼하게 확인해야 한다.

예를 들어 사업시행인가 후 매매계약을 체결하고 분양신청종료일 후 잔금을 치르는 경우, 매수인은 계약만 한 상태에서 잔금일은 분양신청종료일 이후이기 때문에 본인이 원하는 평형을 신청할 수 없는 상황이 된다. 이때 "매도인은 평형 신청 시 매수인이 지정한 평형으로 신청해 주기로 한다."와 같은 별도의 특약을 추가하여 계약서를 작성하면 매수인이 원하는 평형을 신청할 수 있다.

재개발구역 내 물건을 수인이 공유로 매수할 경우에는 반드시 대표조합원을 선정하여야 한다. <도시정비법> 제19조 제1항 제3호에서 "조합설립인가 후 1인의 토지등소유자로부터 토지 또는 건축물의 소유권이나 지상권을 양수하여 수인이 소유하게 된 때에는 그 수인을 대표하는 1인을 조합원으로 본다."라고 규정하고 있다. 즉, 조합설립 후 매도인이 부동산을 2채 이상 가지고 있을 경우, 이 사람으로부터 부동산을 매수하는 사람은 매도인과 매수인 간에 특약이 없으면 공유자와 같이 수인을 대표하는 1인을 조합원으로 보는 것이다. 부연하자면, 매도인과 매수인이 아파트 1채를 공유하는 것이 된다. 그나마 이것은 매도인과 매수인이 공동대표자를 선정하여 분양신청을 한 경우에나 가능하고, 대표자를 선정하지 못하여 분양신청을 하지 못하면 매도인이나 매수인 모두 현금청산 된다.

이와 관련하여 헌법재판소는 <도시정비법> 제19조 제1항 제3호의 위헌 여부에 대해 "이 사건 조합원 자격 규정이 대표조합원 외의 자를 분양대상에서 제외하는 의미라고 보기는 어렵고, 조합원 자격 규정을 수인의 소유자 중 대표조합원 1인 이외의 나머지 소유자를 재개발조합과의 사단적 법률관계에서 완전히 탈퇴시켜 비조합원으로 취급하여 분양대상에서 제외하겠다는 취지로 해석할 수는 없고, 수인의 소유자 전원을 1인의 조합원으로 보되, 수인의 소유자 전원을 대리할 대표조합원 1인을 선출하여 조합 운영의 절차적 편의를 도모함과 아울러, 수인의 소유자 전원을 1인의 조합원으로 취급하여 그에 따른 권리분배 등의 범위를 정한다는 의미로 보아야 한다고 대법원에서 판결(2009.2.12. 2006다53245)한 바 있다. 따라서 동일 재개발구역 내에 주택을 2채 소유하고 있다면 조합설립인가 전에 1채를 처분해야 각각 입주권이 주어진다."고 덧붙였다.

특약이란 '계약서에 특별한 조건을 붙인 약속'을 말한다. 특약도 계약서 일부이며 특히 재개발구역에서의 매매계약 시에는 특약이 중요하다. 조합원 자격, 분양권·입주권 승계, 정비구역 확인·설명, 이주비 대출, 공가 처리, 하자담보책임 등과 같은 중요한 사항들은 대부분 특약으로 이루어지기 때문이다. 참고로 관리처분인가를 앞둔 재개발구역 주택을 매매할 때 필요한 특약을 제시해 보고자 한다.

① 재개발구역 내 주택으로서 현 시설상태에서 등기사항증명서 및 개인별 조합원분담금내역서(조합)를 확인하고 계약을 체결한다.

② 잔금 시까지의 각종 공과금 및 변상금(입주권이 뚜껑 물건인 경우)은 매도자부담으로 한다.

③ 매도인(조합원 이름, 조합원 번호)의 입주권을 매수인에게 포괄승계하는 계약이며, 만약 매도인의 사정(정관변경, 사업 지연 등 제외)으로 매수인에게 입주권 승계가 되지 않을 경우 본 계약은 상호위약금 없이(또는 손해를 배상하고) 무효로 한다.

④ 계약 면적은 공부상 면적으로 하고 추후 면적 증감에 대해 쌍방은 이의를 제기하지 않는다.

⑤ 매도인(배우자 및 가족관계로 등재되어 있는 자 포함)은 재개발구역 내 본 건 외 입주권에 영향을 주는 다른 부동산은 없다는 것을 확약하며, 이에 대한 미고지 및 허위 고지에 대한 책임은 매도인이 지기로 한다(또는 매도인이 지기로 하고 그 손해를 배상한다. 이 경우 손해를 구체적으로 특정해야 함).

⑥ 매매금액에는 감정평가액, 비례율 및 프리미엄이 반영된 금액이다.

⑦ 재개발구역의 현재 진행 상황은 조합원분양신청이 종료되어 관리처분인가를 앞두고 있으며, 현재 84타입 분양신청한 상태이고 동·호수는 확정되지 않았다.

⑧ 재개발 진행 상황 및 특성을 고려하여 매도인의 하자담보책임은 면제해 주기로 한다.

⑨ 현재 공가 상태이며, 임차인이나 이해관계자가 나타날 경우 매도인이 책임지기로 한다.

여기서 몇 가지 살펴볼 게 있다. 먼저 ②항의 변상금은 기존 무허가건축물 중 입주권이 나오는 무허가주택, 즉 뚜껑을 말한다. 변상금이란 소유자와 캠코 간 대부사용계약(매년 캠코에 납부하는 토지사용료)을 미체결할 경우 연간 토지사용료의 120%를 부과하는 징벌적 금액을 말한다. 매도인의 변상금 완납 여부를 반드시 체크해야 하고, 미납분이 있을 경우 잔금 전에 납부하도록 한다.

③항에서 '상호위약금 없이(또는 손해를 배상하고)' 부분에서 만약 추후 입주권에 문제가 생겼을 경우 그냥 '손해를 배상한다'는 것은 내용이 추상적이고 모호하기 때문에 또 다른 분쟁의 소지가 있다. 따라서 매도인과 매수인 쌍방에게 '상호위약금 없이 원천 무효로 한다'고 특약을 작성하는 것이 간단하고 명확하다.

⑤항 괄호 안 내용의 경우에는 재개발구역 내 1인 또는 1세대가 다주택자일 경우 입주권이 1개만 주어지기 때문에 중요한 특약이다. 또 미고지하거나 허위 고지하여 추후 입주권에 문제가 생겼을 경우 '매도인이 책임진다'는 부분 역시 막상 문제가 터졌을 경우 '책임을 진다'는 부분이 모호하여 배상금액을 두고 분쟁의 소지가 있으므로 가급적 손해액을 특정(총 매매가의 2% 등)하는 것이 문제를 없애는 방법이다.

재개발 예정지라고 해서 주택을 샀는데 나중에 정비구역에서 빠진 경우 어떻게 해야 하나요?

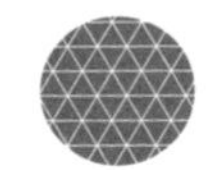

그냥 내 탓이요 할 수밖에. 중개한 부동산사무실에 드러눕는다고 해결될 일이 아니다. 구역의 범위와 경계는 조합원들이 마음만 먹으면 얼마든지 바꿀 수 있기 때문이다.

나중에 재개발될 예정지라는 부동산 말을 믿고 어느 산동네 주택을 샀는데 내가 산 집이 정비구역에서 아예 빠져버렸다면 어떻게 해야 할까? 별수 없다. 내 탓이요 해야지. 부동산 사무실로 달려가 드러눕고 행패 부릴 일이 아니다. 사업이 진행되어 조합설립인가가 난 구역도 총회를 통해 구역 범위나 경계가 바뀌는 사례는 수도 없이 많다.

몇 년 전, 하늘 모르고 부동산가격이 치솟던 '불장' 시절 재개발 투자의 트렌드는 선진입이었다. 즉 정비구역으로 지정되기 전에 예정 구역에 진입하는 투자 방식이 대세였다.

며칠 전이었다. 오래전 '부동산아카데미'에서 강의를 들었다면서 사전 약속도 없이 불쑥 사무실로 찾아와 부동산 소장 명함을 내밀었다. 곰곰이 생각해 보니 기억이 났다. 조금 놀랐다. 수강 당시에는 주부였는데 그새 공인중개사 자격증을 따서 현재는 개업하여 부동산 소장으로 일하고 있던 것. 찾아온 스토리를 정리해 본다.

2021년 3월경, A라는 투자자가 사무실로 찾아와서 상담하던 중 부산 수영구 어느 재개발 예정지의 2층 주택을 2억5천만 원에 A에게 중개했다. 2층 전세보증금 8천만 원을 인수하여 실투자금(취득세, 중개수수료 등 별도)은 1억7천만 원이 들었다.

A가 매수할 당시 그 지역은 주거환경개선지구 해제 동의를 받아 재개발을 추진하려고 사전타당성 동의서를 받고 있었다. A는 주택을 매수한 후 사전타당성 동의서에 동의를 해줬다. 얼마 후 구청에 사전타당성 심의 신청을 하기에 이르렀다.

그런데 추진위원회에서 A가 매입한 주택과 인근 일부 지역이 사전타당성 심의 신청 시 예정 구역에서 빠진 채 심의를 신청한 것이다. 매수하기 전에 추진위원회에도 문의했고 사전타당성 동의서에 사인도 했는데 느닷없이 A가 산 주택이 예정 구역에서 빠져버린 것이다. 노후도 등과 같은 사유가 있을 경우 종종 발생하는 일이기는 하다.

A는 추진위원회 사무실로 달려가 이유를 묻고 따졌지만, 명확한 답을 듣지 못하자 예고도 없이 중개한 부동산에 들이닥친 것이다. A는 부동산에서 책임지라면서 자꾸 사무실로 찾아와 괴롭힌다는 것

이다. 안 봐도 비디오다. A가 부동산에 와서 무슨 말을 했을지는 눈에 선하다.

하물며 같은 구역에서, 찾아온 소장과 같은 이유로 여러 건의 상담이 이어졌다. 모두 사전타당성 심의 신청 시 예정지에서 제외되었기 때문이다. 이런 일은 예정지의 경계나 귀퉁이에 있는 물건을 매수할 때 발생한다.

따라서 구역이 지정되지 않은 예정지를 선투자할 때는 가능하면 구역 경계에 있는 물건, 특히 도로는 매수하지 않는 것이 상책이다. 물론 앞의 사례는 사전타당성 심의 과정에서 빠졌던 부분이 다시 편입될 수도 있다. 이처럼 구역 지정된 후 사업이 진행되다가도 구역이 변경되는 경우는 허다하다.

4

투자는 디테일에서 판가름난다

부부가 재개발구역 빌라를 매수했는데 조합에서는 대표조합원에게 분양신청 하라는데 대표조합원에게만 아파트를 주는 건가요?

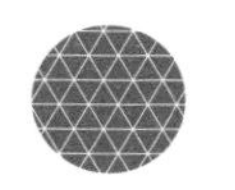

소유자가 2인 이상일 경우 대표조합원을 선임해야 하고 대표조합원은 공유자를 대표하여 총회에도 참석하고 분양신청도 하지만, 공유자 간 별도 약정이 없다면 대표조합원에게만 아파트를 주는 것은 아니다.

재개발·재건축구역에서 분양신청 할 때가 되면 종종 대표조합원 관련 문의가 온다. 대표조합원은 조합원이 공유이거나 여러 명일 경우 조합원 중 1명을 대표로 선임하여 총회 참석이나 분양신청을 하는 등 아주 중요한 역할을 한다.

이와 관련한 <도시정비법> 제39조를 먼저 살펴보자.

〈도시정비법〉 제39조

① 제25조에 따른 정비사업의 조합원(사업시행자가 신탁업자인 경우에는 위탁자를 말한다. 이하 이 조에서 같다)은 토지등소유자(재건축사업의 경우에는 재건축사업에 동의한 자만 해당한다)로 하되, 다음 각호의 어느 하나에 해당하는 때에는 그 여러 명을 대표하는 1명을 조합원으로 본다. 다만, 「국가균형발전 특별법」 제18조에 따른 공공기관지방이전 및 혁신도시 활성화를 위한 시책 등에 따라 이전하는 공공기관이 소유한 토지 또는 건축물을 양수한 경우 양수한 자(공유의 경우 대표자 1명을 말한다)를 조합원으로 본다. 〈개정 2017.8.9., 2018.3.20.〉

1. 토지 또는 건축물의 소유권과 지상권이 여러 명의 공유에 속하는 때
2. 여러 명의 토지등소유자가 1세대에 속하는 때. 이 경우 동일한 세대별 주민등록표 상에 등재되어 있지 아니한 배우자 및 미혼인 19세 미만의 직계비속은 1세대로 보며, 1세대로 구성된 여러 명의 토지등소유자가 조합설립인가 후 세대를 분리하여 동일한 세대에 속하지 아니하는 때에도 이혼 및 19세 이상 자녀의 분가(세대별 주민등록을 달리하고, 실거주지를 분가한 경우로 한정한다)를 제외하고는 1세대로 본다.
3. 조합설립인가(조합설립인가 전에 제27조 제1항 제3호에 따라 신탁업자를 사업시행자로 지정한 경우에는 사업시행자의 지정을 말한다. 이하 이 조에서 같다) 후 1명의 토지등소유자로부터 토지 또는 건축물의 소유권이나 지상권을 양수하여 여러 명이 소유하게 된 때

"토지 또는 건축물의 소유권과 지상권이 여러 명의 공유에 속하

는 때에는 여러 명을 대표하는 1명을 조합원으로 본다"라고 정한 제39조는 언뜻 보면 '대표조합원만 조합원이고 다른 조합원은 조합원이 아니다'라는 것으로 해석하는 경우가 많다. 게다가 '대표조합원 1명만 조합원이 되고 나머지 공유자는 조합원 지위도 상실하고 현금청산자가 된다'는 식으로 해석하는 경우도 있다.

또한 제76조 제1항 6호는 "같은 세대에 속하지 아니하는 2명 이상이 1주택 또는 1토지를 공유한 경우에는 1주택만 공급한다"고 규정하고 있을 뿐, 위와 같은 경우 어떠한 방법으로 위 각 수인에게 어떻게 주택을 분양해야 하는지는 명시적으로 규정하고 있지 않아 혼란을 부추긴다.

그래서 이와 관련한 대법원 판례를 통해 살펴보고자 한다. 판례에서 나타난 대표조합원의 의미는 수인의 공유자 중 대표조합원만 조합원으로 보고 나머지 공유자들을 비조합원으로 본다는 의미가 아니라 다음과 같이 네 가지로 해석하고 있다.

먼저 대표조합원 선임은 조합의 업무 편의, 행정 편의를 위해서다. 공유자 전원을 1인의 조합원으로 보되 공유자 전원을 대리할 대표조합원 1명을 선출하여 그 1명으로 하여금 조합 운영에 참여하게 하여 조합 운영의 절차적 편의를 도모하기 위해서다.

만약 조합원입주권 매매계약서상 매수인이 남편과 아내라면 본 입주권에 대한 소유자는 2명의 공유가 되고 이 중 1명을 대표로 선임해야 한다. 대표조합원을 선임하는 일차적인 이유는 조합의 업무 편의와 행정력 낭비를 막기 위함이다. 그렇지 않으면 공유자 전원에게 조합소집 통지서를 보내야 하는 등 업무 낭비가 심하기 때문에 총회 소집 통지, 총회의 출석, 의결권과 임원의 선임권 등을 대표조합원에게만 부여하겠다는 것이다.

학교에서 반장을 뽑는 것과 비슷하다고 보면 된다. 선생님이 학급 관련 전달사항을 전체 학생들에게 개별적으로 전달하려면 시간과 업무 낭비가 심해진다. 그래서 대표인 반장을 불러 지시사항을 전달하는 것이다. 반장은 같은 반 다른 학생들을 대신해서 대표로 학교 업무나 학급 일을 선생님이나 행정실과 하는 것에 불과하다.

대표조합원 외의 공유자도 조합원과 같은 존재다. 수인의 공유자 중 대표조합원 1명을 조합원으로 보아 총회 참석, 분양신청 자격, 의결권을 행사할 자격 등을 주지만 이때 조합규약 등에서 별도로 정한 게 없다면 대표조합원과 공유자 간 형평은 유지되어야 한다. 따라서 대표조합원과 공유자 간 별도의 약정이 없다면 공유자도 조합원과 같은 지위를 가진다. 반장만 학생이고 같은 반 다른 학생들은 학생이 아닌 것이 아니라 다 같은 학생이다.

또한 대표조합원 선임과 공유 관계에 따른 내부적 정산은 별개다. 재개발구역 입주권을 매수할 때, 매수자가 3명인 경우 이중 대표조합원은 1명이지만 그것은 외부적 관계 다시 말해서 조합총회 참석, 의결권 행사 등과 같은 일을 공유자를 대표해서 한다는 것이지 내부적 관계에 대한 정산은 별도로 해야 한다는 것이다.

다시 말해, 공유자 간 내부적 소유관계는 별다른 약정이 없는 한

3명의 지분비율로 공유해야 한다는 것이다. 아파트가 지어져 보존등기를 할 때 3명의 지분비율로 등기한다는 의미다.

따라서 3명이 공동으로 투자한 경우 나머지 2명이 대표조합원에게 모든 권리와 의무를 넘겨주겠다는 특별한 당사자 간 약정 등이 없다면 투자금액만큼 비율대로 나중에 소유권을 공유하게 된다.

마지막으로, 개발이익을 대표조합원에게만 분배하는 것은 '무효'다. 공유자 전원의 합의에 의거 개발이익 등을 공유자 중 대표조합원 1인만 분배받기로 하여 그러한 의사를 조합에 표시하였거나 조합규약 등에서 그 분배에 관하여 달리 정하고 있다는 등의 특별한 약정이 없는 한, 대표조합원과 공유자는 일반조합원에 대한 관계에서뿐만 아니라 공유자 상호 간에도 형평성이 유지되어야 하며 공유자도 개발이익 등을 분배받을 권리가 있다.

따라서 공유자 간 별도의 권리분배나 개발이익에 대한 약정이 없는 한 대표조합원과 마찬가지로 공유자도 각종 이익을 균등하게 배분받아야 한다. 공유자 간 별도의 내부 약정이 없는 한 공유자를 배제하고 대표조합원에게만 개발이익 등을 제공하는 것은 무효다.

간혹 공유자 간 이해관계 대립이나 분쟁 등으로 대표조합원을 선임하지 않는 경우가 발생하기도 하고, 심지어 부부끼리 다투는 경우도 비일비재하다. 조합에서 정한 기한까지 대표조합원을 선임하지 않으면 현금청산 된다.

2명이 공유인 경우, 대표조합원을 선임하지 않으면 2명에게 1개의 입주권을 주는 것이 아니라 2명 모두 현금청산자가 된다. 따라서 공유라면 반드시 대표조합원을 선임하여 조합에 알려야 한다.

실무적으로는 소유자가 2명 이상인 경우 소유권이전등기가 완료되면 등기부등본 등 관련 서류를 지참하여 반드시 조합에 들러 명의 변경 절차를 거쳐야 한다. 이때 조합에서 대표조합원 선임 관련 사항을 안내해 주기도 한다.

따라서 입주권 매매계약을 하고 시행사인 조합에 가서 명의 변경 절차를 거치지 않으면 조합에서는 소유권 변동에 따른 조합원이 변경된 사실을 알 수가 없어 전 소유주인 조합원에게 계속 연락하게 된다.

정비구역 매매계약은 일반부동산처럼 매매계약을 체결하고 등기를 한다고 끝나는 것이 아니다. 등기 후 반드시 조합에 들러 명의 변경 절차와 공유자인 경우 대표조합원 선임까지 해야 일이 마무리 된다.

토지거래허가구역에 있는 재건축아파트를 살 때 주의할 점은 무엇인가요?

재건축 관련하여 토지거래허가구역으로 지정된 곳은 서울 일부 지역만 해당한다. 매수 시 갭투자가 안 되고 전세 놓는 것도 안 되기 때문에 반드시 실거주를 해야 한다는 것이 핵심이다.

재개발사업에 투자한 속칭 전문투자자 T로부터 전화가 왔다. 하락장이라 약간 손해를 보는 상태이긴 하지만 오히려 지금이 투자하기에는 안성맞춤이라고 했다. 딱히 대출을 받아야 하는 것도 아니고 좋은 물건을 고를 수 있는 시장 상황이라 투자에 유리한 환경이긴 하다.

그가 말하기를 "얼마 전 국토부에서 안전진단 요건을 완화했다고 하는데, 그간 안전진단에 발목이 잡혀 사업이 잘 안됐던 서울 목동신시가지아파트 한 채 사두면 어떻겠냐!"는 것이다. T의 말처럼 목동신시가지아파트는 금번 안전진단 완화의 최대 수혜지로 꼽히는 곳이기는 하다.

"목동 아파트 사면 실거주를 해야 하는데 가능하시냐!"고 물었다. 무슨 말이냐고 반문했다. "목동신시가지아파트는 토지거래허가구역으로 지정되어 있어 아파트를 사면 실거주를 해야 하고 전세 놓는 것도 안 됩니다." 물론 갭투자도 안 되지만 T의 경우 현금 동원력이 있어 갭투자를 할 상황은 아니었다. 매수는 가능한데 실거주에서 발목이 잡힌 셈이다.

소위 투자 좀 한다는 분들도 토지거래허가구역에 대해서 잘 모르거나, 토지거래허가구역과 재건축이 무슨 관계가 있는지 의아해하기도 한다.

토지거래허가구역은 일정 규모 이상 토지를 거래할 때 적용되는 것으로 알고 재건축아파트와는 별 관련이 없다고 생각하는 것이다. 하지만 토지거래허가구역과 재건축은 밀접한 관련이 있다. 토지거래허가구역은 재건축 활성화 측면에서 가장 큰 장애물이기 때문이다.

토지거래허가구역에 있는 재건축아파트를 사면 실거주 의무가 있어 투자하기가 쉽지 않다. 그래서 시장에서는 이번 안전진단 완화 조치에도 토지거래허가구역과 초과이익환수제 때문에 재건축단지 활성화에 별다른 영향이 없을 것이라고 보는 시각도 많다.

1976년 처음 도입된 토지거래허가구역은 <부동산거래신고 등에 관한 법률> 제10조에 따라 시도지사가 토지의 투기적 거래가 성행하거나, 지가가 급등하는 지역 또는 그러한 우려가 있는 지역에 대해 도시계획위원회 심의를 거쳐 5년 이내 기간 내로 지정한다.

토지거래허가구역으로 지정되면 주거지역은 18m²(아파트 6m²), 상업지역은 20m²(상가 15m²)를 초과, 공업지역 66m² 초과, 녹지지역 10m² 용도지역 지정이 없는 구역 9m² 초과하는 토지를 거래할 때 허가를 받게끔 하였다.

이렇게 지정된 지역을 보면 아파트 대지지분도 대부분 6m²를 초과하게 되어 토지거래허가를 받아야 하는 것이다. 면적 제한뿐만 아니라 허가구역으로 지정되면 본래의 용도대로 이용해야 하며, 이를 어길 경우 이행강제금이 부과되고 불이행하면 토지취득가액의 10% 범위에서 매년 강제금을 부과할 수 있고 형사처분도 가능하다. 그래서 아파트의 경우 2년 동안 실거주를 해야 하므로 전세를 끼고 매매하는 갭투자가 불가능해진 것이다.

물론 예외도 있다. 압류 재산이나 세금 체납 등으로 인한 부동산은 투기적 거래로 보지 않기 때문에 허가를 받지 않아도 된다. 2020년 6월과 2021년 4월 토지거래허가구역으로 지정된 내용을 보면 2020년 6월은 동 단위로, 2021년 4월은 재건축아파트 단지 단위로 지정됐다는 차이점이 있다. 이들 단지는 투기 우려가 있어 아예 부동산을 사지 말라는 경고인 셈이다.

문재인 정부 5년 동안 규제 일변도의 대책들이 윤석열 정부 들어 하나둘씩 완화되거나 아예 폐지되고 있다. 금리 인상 등에 따른 부동산시장 침체가 이어지자 그에 따른 부득이한 조치로 보인다.

재개발·재건축 관련 규제들도 대부분 완화되고 있지만 서울 재건축의 경우 가장 큰 걸림돌은 토지거래허가구역 지정이 해제되지 않고 있다는 점이다. 새 정부 들어 그동안 시장에서는 허가구역이 해제되지 않을까 했지만, 2023년 4월 6일 '압·여·목·성', 즉 압구정아파트지구, 여의도아파트지구, 목동택지개발지구, 성수전략정비구역 1~4구역 등 4개 주요 재건축단지들이 토지거래허가구역으로 다시 지정되어 2024년 4월 26일까지 1년 더 연장되었다. 2021년 4월부터 3년간 허가구역으로 계속 묶이는 셈이다.

게다가 2023년 6월 22일 토지래허가구역 지정 만료를 앞두고 있던 '잠·삼·대·청(잠실·삼성·대치·청담)'도 형평성 차원에서 연장되었다. 실수요 진입 억제 등 시장 활성화를 무시한 처사라는 불만이 곳곳에서 터져 나온다. 재산권 침해, 형평성 문제를 제기하기도 하는데 고가 주택이 즐비한 반포, 한남 등 인근 지역에 대한 규제가 없다는 것이 형평성에도 어긋난다는 것이다.

그럼 토지거래허가구역은 언제 해제될지가 초미의 관심사다. 정부에서는 부동산시장이 내리막길을 걷고 있지만, 가격결정력이 있는 서울 주요 재건축단지들을 한꺼번에 해제할 경우 투기 우려가 있어서라고 재지정 이유를 대지만 과연 그럴까?

역대 정부의 부동산정책은 다분히 정치적이었다. 부동산시장이 경제 논리가 아닌 정치 논리에 휘둘리다 보니 어느 정권 할 것 없이 맨날 뜬구름 잡는 대책만 남발하는 것이다.

과거 정부에서 써먹었던 대충 10가지 정도의 대책들을 준비해 놓고는 시장 논리가 아닌 정치 논리에 따라 그때그때 돌려막는 수준이다. 말로는 새로운 대책이라고 하는데 뭐가 새로운 대책인지 알 수가 없다. 심지어 과거 정부에서 효과가 검증되지 않아 폐기처분 했던 대책들도 마구 끌어다 쓰고 있다. 돌려막기의 천재들이다.

현 정부도 마찬가지다. 이전 정부의 규제대책들을 정치 논리에 따라 하나둘씩 완화하고는 있지만 새로운 대책이 없기는 매한가지다. 여기에는 국토부 철밥통 탓도 있을 것이다. 10년 전이나 지금이나 그 사람이 그 사람이고 그 대책이 그 대책이다. 쓰레기통에서는 쓰레기만 나오는 법이다.

개인적으로 토지거래허가구역은 내년 총선 전에 해제될 거로 본다. 그리고 선거가 끝나면 언제 그랬냐는 듯 투기 운운하며 다시 지정할 가능성이 있다. 그다음은 정치 논리에 따라 필요할 때마다 계속 묶었다 풀었다만 반복할 것이다. 부디 이 예상이 틀렸으면 좋겠다.

투기과열지구에서는 일정 시점이 되면 조합원 지위 양도가 제한되는데 그 시점이 언제인가요?

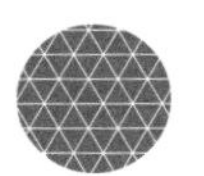

투기과열지구에서 재건축은 조합설립인가 후, 재개발은 관리처분인가 후부터 조합원 지위 양도가 금지된다. 물론 예외는 있다.

투기과열지구란 투기가 성행할 우려가 큰 지역으로 정부에서 투기 억제를 위해 관리하는 지구이다. 주택가격상승률이 물가상승률보다 현저히 높은 경우 국토부 장관이나 시도지사가 지정한다.

따라서 투기과열지구 내에 있는 재개발·재건축 및 소규모주택정비사업, 가로주택정비사업, 소규모재개발사업에서는 일정 시점을 정해 그 이후에 조합원 물건을 살 경우 분양자격을 주지 않고 현금청산되므로 유의해야 한다. 투기과열지구 지정 및 해제는 <주택법> 제63조 제1항에 규정되어 있다.

재개발·재건축 조합원 지위 양도 금지는 <도시정비법> 제39조 제2항에 규정되어 있다.

〈도시정비법〉 제39조

② 「주택법」 제63조 제1항에 따른 투기과열지구(이하 "투기과열지구"라 한다)로 지정된 지역에서 재건축사업을 시행하는 경우에는 조합설립인가 후, 재개발사업을 시행하는 경우에는 제74조에 따른 관리처분계획의 인가 후 해당 정비사업의 건축물 또는 토지를 양수(매매 · 증여, 그 밖의 권리의 변동을 수반하는 모든 행위를 포함하되, 상속 · 이혼으로 인한 양도 · 양수의 경우는 제외한다. 이하 이 조에서 같다)한 자는 제1항에도 불구하고 조합원이 될 수 없다.

2023년 1월 5일 기준 전국의 투기과열지구는 대부분 해제되었고 서울 4곳만 남았다. 강남 3구(서초, 강남, 송파)와 용산구이다. 이 지역에서 진행되는 재개발·재건축 사업장에서는 조합원 지위 양도가 제한(전매금지)된다.

재건축은 조합설립인가 후, 재개발은 관리처분인가 후 입주권을 매수할 경우 분양자격은 박탈되고 현금청산된다. 재개발 전매금지는 2018년 1월 24일 이후 사업시행인가를 신청한 조합부터, 재건축 전매금지는 2003년 12월 30일 이후 조합설립인가가 난 조합부터 각각 적용된다.

서울의 재개발구역 중 상당수는 2018년 1월 24일 이전 사업시행 인가를 신청한 곳이 많기 때문에 이런 구역들은 전매가 자유로워 해당 구역의 사업시행인가 신청 시점을 잘 살펴보면 투자할 곳도 많이 있다.

따라서 투기과열지구의 투자 적기는 재건축은 조합설립인가, 재개발은 관리처분계획인가가 임박한 시점이라 할 수 있다. 2023년 1월 5일 투기과열지구에서 해제된 둔촌주공의 경우 조합원 지위 양도 제한 규정이 적용되지 않으므로 매매, 증여 및 권리변동을 수반하는 모든 행위를 할 수 있게 된 것이다. 시장에서 2023년 1월 5일 투기과열지구 해제의 가장 큰 수혜자는 둔촌주공이라는 말이 나온 이유다.

조합원 지위 양도 제한 규정은 <도시정비법>상 재개발·재건축사업과 <빈집 및 소규모주택정비에 관한 특례법>상 소규모재건축사업, 가로주택정비사업, 소규모재개발사업으로 구분해서 살펴봐야 한다.

먼저 재개발·재건축사업에서 조합원 지위 양도 제한은 입주권 관련 투기 방지를 위해 2017년 '8·2부동산 대책'에서 처음 등장했다. 따라서 이는 투기과열지구에만 해당하고 조정지역은 관련 없다.

현 정부 들어서 부동산시장 침체가 이어지자 규제 완화 대책의 일환으로 투기과열지구는 대부분 해제되었다. 이에 대해서는 <도시정비법> 제39조 제2항에 규정되어 있다.

〈도시정비법〉 제39조

제②항 1항에 따른 투기과열지구(이하 "투기과열지구"라 한다)로 지정된 지역에서 재건축사업을 시행하는 경우에는 조합설립인가 후, 재개발사업을 시행하는 경우에는 제74조에 따른 관리처분계획의 인가 후 해당 정비사업의 건축물 또는 토지를 양수(매매·증여, 그 밖의 권리의 변동을 수반하는 일체의 행위를 포함하되, 상속·이혼으로 인한 양도·양수의 경우는 제외한다. 이하 이 조에서 같다)한 자는 제1항에도 불구하고 조합원이 될 수 없다.

여기서 조합원이 될 수 없다는 말은 곧 현금청산이라는 말이다. 단, 이 규정은 2017년 10월 24일 이후 최초로 사업시행인가를 신청하는 경우부터 적용된다. 사업시행인가가 아닌 신청일 기준이다. 즉 2017년 10월 24일 이전에 사업시행인가를 신청한 사업장은 조합원 지위 양도를 자유롭게 할 수 있다.

여기서 조합원 지위 양도 제한에 대한 시행 일자와 관련한 규정이 어디 있냐고 문의하는 경우가 종종 있는데, 이에 관한 내용은 <도시정비법> 부칙 제1조(시행일)를 보면 된다.

그런데 조합원 지위 양도 제한과 관련하여 국토부와 서울시는 그 시기를 더 앞당기겠다는 개선안을 협의 중이라고 발표했다. 만약 개선안대로 진행되면 재건축은 조합설립인가 후에서 '안전진단 통과일~조합설립인가 전 별도로 정한 날', '재개발은 관리처분인가 후에서 정비구역 지정일~사업시행인가일 중 별도로 정한 날'로 앞당겨지게 된다. 투기과열지구에서 조합원 지위 양도는 점점 더 어려워지게 되는 것이다.

하지만 여전히 변죽만 울리고 있어 국회 문턱을 넘지 못해 흐지부지될 가능성이 농후해 보인다. 현행대로 투기과열지구에서 재건축사업은 조합설립인가 후, 재개발사업은 관리처분인가 후 조합원 지위 양도가 제한된다. 이를 어기고 다른 사람에게 조합원 지위를 양도한 경우 매수자는 현금청산이다.

다음은 <빈집 및 소규모주택정비에 관한 특례법>상 소규모재건축사업, 가로주택정비사업, 소규모재개발사업 관련 조합원 지위 양도 제한 규정이다. 이와 관련한 내용은 동법 제24조 제2항에 규정되어 있다.

〈빈집 및 소규모주택정비사업〉 제24조

② 「주택법」 제63조 제1항에 따른 투기과열지구(이하 "투기과열지구"라 한다)로 지정된 지역에서 가로주택정비사업, 소규모재건축사업 또는 소규모재개발사업을 시행하는 경우 조합설립인가 후 해당 사업의 건축물 또는 토지를 양수(매매·증여 그 밖의 권리의 변동을 수반하는 모든 행위를 포함하되, 상속·이혼으로 인한 양도·양수의 경우는 제외한다. 이하 이 조에서 같다)한 자는 제1항에도 불구하고 조합원이 될 수 없다. 다만, 양도인이 다음 각 호의 어느 하나에 해당하는 경우 그 양도인으로부터 그 건축물 또는 토지를 양수한 자는 그러하지 아니하다.

투기과열지구 내 조합원 지위 양도 제한 관련 내용을 종합하면 이렇다. 재개발사업은 관리처분인가 후, 재건축사업 및 소규모재건축사업은 조합설립인가 후, 그리고 2022년 8월 4일 이후부터 가로주택정비사업과 소규모재개발사업은 조합설립인가 후 조합원 지위 양도가 제한된다.

투기과열지구 조합원 지위 양도 제한 관련 예외도 있다. <도시정비법> 제39조 제②항 단서 조항 1~7까지에 해당될 경우 조합원 지위 양도가 가능하다.

〈도시정비법〉 제39조

② (중략). 다만, 양도인이 다음 각 호의 어느 하나에 해당하는 경우 그 양도인으로부터 그 건축물 또는 토지를 양수한 자는 그러하지 아니하다. [개정 2017.10.24, 2020.6.9 제17453호(법률용어 정비를 위한 국토교통위원회 소관 78개 법률 일부개정을 위한 법률), 2021.4.13] [[시행일 2021.7.14]]

1. 세대원(세대주가 포함된 세대의 구성원을 말한다. 이하 이 조에서 같다)의 근무상 또는 생업상의 사정이나 질병치료(「의료법」 제3조에 따른 의료기관의 장이 1년 이상의 치료나 요양이 필요하다고 인정하는 경우로 한정한다) · 취학 · 결혼으로 세대원이 모두 해당 사업구역에 위치하지 아니한 특별시 · 광역시 · 특별자치시 · 특별자치도 · 시 또는 군으로 이전하는 경우
2. 상속으로 취득한 주택으로 세대원 모두 이전하는 경우
3. 세대원 모두 해외로 이주하거나 세대원 모두 2년 이상 해외에 체류하려

는 경우
4. 1세대(제1항 제2호에 따라 1세대에 속하는 때를 말한다) 1주택자로서 양도하는 주택에 대한 소유기간 및 거주기간이 대통령령으로 정하는 기간 이상인 경우
5. 제80조에 따른 지분형주택을 공급받기 위하여 건축물 또는 토지를 토지주택공사등과 공유하려는 경우
6. 공공임대주택, 「공공주택 특별법」에 따른 공공분양주택의 공급 및 대통령령으로 정하는 사업을 목적으로 건축물 또는 토지를 양수하려는 공공재개발사업 시행자에게 양도하려는 경우
7. 그 밖에 불가피한 사정으로 양도하는 경우로서 대통령령으로 정하는 경우

여기서 4의 경우, "1세대 1주택자로서 양도하는 주택의 소유 기간 및 거주기간이 대통령령으로 정한 기간 이상인 경우"라 함은 10년 보유, 5년 거주를 말한다. 투기과열지구에서 1세대 1주택자는 10년 보유하고 5년 이상 거주한 경우라면 언제든지 조합원 지위 양도가 가능하다.

그러나 업계에서는 조합원 지위 양도 제한을 받지 않기 위해서 10년 보유하고 5년 이상 거주한다는 것이 현실적이지 않을 뿐만 아니라 지나치게 사유재산을 침해하여 주택 매매를 어렵게 한다는 의견이 여전하다. 이에 국토부 규제혁신심의회에서 1세대 1주택자의 '10년 보유 5년 거주' 요건을 완화하여 '5년 보유 3년 거주'로 완화해

향후 투기과열지구 내 조합원 지위 양도가 종전보다는 한층 쉬워지게 되었다.

마지막으로 투기과열지구 조합원 지위 양도 제한 관련하여 한 가지 더 체크해야 할 사항이 있다. 만약 투기과열지구 지정 전에 매매계약을 체결했는데 잔금 전에 투기과열지구로 지정된 경우에는 조합원 지위 양도 제한을 받지 않는다. 그러나 재건축사업이 진행 중인 사업장에서 조합설립인가 전 매매계약을 체결했는데 잔금 전에 조합설립인가가 난 경우에는 조합원 지위 양도 제한에 해당한다.

재개발구역 주택을 샀는데 물딱지라서 아파트를 못 받는다는데요. 물딱지가 뭔가요?

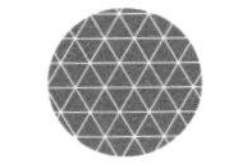

물딱지란 재개발구역에 있는 주택을 샀는데 입주권이 단독으로 나오지 않는 경우를 말한다.

개발 예정지 내에서 도시계획이나 택지개발사업 등으로 주택이 철거되는 철거민이나 원주민에 대해서는 보상책으로 입주권 일명 '딱지'를 준다. 하지만 주택이 철거된다고 해서 모두 입주권을 받는 것은 아니며 일부는 현금청산만 되고 강제수용되기도 하는데, 이런 주택을 가리켜 '물딱지'라고 한다.

재개발 현장에서도 물딱지라는 말을 자주 듣게 되는데, 매수한 사람에게 단독으로 입주권이 나오지 않는 경우를 통칭한다고 보면 된다. 물딱지는 분양자격과 관련이 깊기 때문에 분양자격을 알아야 물딱지를 피할 수 있다. 정비사업에서 단독 분양자격이 없는 물딱지의 유형은 크게 네 가지다.

첫째, 매도인이 동일 구역 내 다물권을 소유하다가 그중 하나를 조합설립인가 후 처분한 경우, 즉 1인이 다물권자인 경우다.

한바탕 소동이 있었지만 결국 다주택자 분양자격은 종전의 법제처 유권해석대로, 대법원판결대로 개별분양자격을 인정하지 않는 거로 결론이 났다.

대법원은 <도시정비법> 제39조 및 제76조 제1항 제6호에서는 일정한 경우 수인의 토지등소유자에게 1인의 조합원 지위만 부여함과 동시에 분양대상 자격도 제한함으로써 투기 세력 유입에 의한 정비사업의 사업성 저하를 방지하고 기존 조합원의 재산권을 보호하는 취지에 맞는다고 인정했다. 지난 2년여 간 정비업계 대혼란은 대법원판결로 다시 안정을 찾은 셈이다.

둘째, 구역 내 다물권을 소유한 1세대의 물건 중 조합설립인가 후 그중 한 세대원의 물건을 매수한 경우, 즉 1세대가 다물권자인 경우다. 이 역시 2023년 2월 23일 대법원판결(2020두36724)을 통해 살펴볼 수 있다.

구 <도시정비법>에서는 조합설립인가 후 1인의 토지등소유자로부터 토지 또는 건축물의 소유권이나 지상권을 양수해 수인이 소유하게 된 때 수인을 대표하는 1인을 조합원으로 본다고 규정하고 있다.

또 1세대 또는 1인이 하나 이상의 주택 또는 토지를 소유한 경우 1주택을 공급하고, 같은 세대에 속하지 않은 2인 이상이 1주택 또는 1토지를 공유한 경우에는 1주택만 공급한다고 규정돼 있다. 이러한 법 취지에 대한 대법원 판단의 핵심은 '조합원의 재산권 보호'에 있다.

종래에는 토지 또는 건축물의 소유권과 지상권이 수인의 공유에 속하는 때에만 조합원의 자격을 제한했다. 결국 조합설립인가 이후 세대 분리나 토지 또는 건축물 소유권 등의 양수로 조합원이 증가해 정비사업의 사업성이 저하되는 등 기존 조합원의 재산권 보호에 미흡한 측면이 있었다. 이에 대해서도 대법원은 "2009년 2월 6일 개정된 구 <도시정비법>에 따라 일정한 경우 수인의 토지등소유자에게만 1인의 조합원 지위만 부여함과 동시에 분양대상 자격도 제한함으로써 투기 세력 유입에 의한 정비사업의 사업성 저하를 방지하고 기존 조합원의 재산권을 보호하고 있다"고 설명했다.

셋째, 투기과열지구에서 재건축은 조합설립인가 후, 재개발은 관리처분계획인가 후 조합원 지위를 양수받은 경우이다. <도시정비법> 제39조 제2항에서는 <주택법>에 의해 투기과열지구로 지정된 지역에서 재건축사업을 시행하는 경우 조합설립인가 후, 재개발사업은 관리처분인가 후 해당 구역의 건축물 또는 토지를 양수한 자는 원칙적으로 조합원이 될 수 없다고 규정하고 있다. 물론 예외적인 경우도 있는데, 이에 대한 사항들은 동법 제39조 제2항 단서조항에 규정되어 있다.

마지막으로, 한 사람이 동일 재개발구역에 2개의 물건을 매수한 경우이다. 물론 말도 안 되는 일이라고 거품을 물겠지만 말이 된다. 실제 그런 경우가 있었다.

투자자 A는 부산 영도구 어느 재개발구역에 빌라 한 채를 '갑'부동산 중개로 매수했다. 그로부터 1년이 지나서 A는 동일 구역에 있는 주택 한 채를 '을'부동산을 통해 매수했다. 결과적으로 A는 같은 구역에 빌라와 주택을 매수한 것이다.

아침 일찍 '을'부동산 소장으로부터 전화가 왔다. 입주권이 한 개만 나온다는 사실을 안 A가 지난주부터 부동산 사무실에 와서 자꾸 협박을 하고 소란을 피운다는 것이다. A는 '왜 같은 구역에 두 개를 사게 만들었냐!', '소장님 때문에 입주권이 1개 나오게 됐으니 부동산에서 책임지라'고 한다는 것이다. 그러면서 '오늘까지 해결책을 주지 않으면 변호사 선임해서 소송을 하겠다'고 했다는 것이다.

부동산 소장에게 말했다. "A에게 하고 싶은 대로 법적 조치를 하시고, 그 결과에 따라 부동산에서 책임질 일이 있으면 책임을 지겠으니 더는 이 건으로 사무실에 오지 마시라."라고. 상담 끝.

먼저 A가 '을'부동산에서 빌라와 주택 두 개를 매수한 것이 아니다. A는 각각 다른 부동산을 통해 빌라와 주택을 매수했기에 '갑'부동산이나 '을'부동산은 1개만 중개했다.

A가 말하지 않는 이상 A가 같은 구역에 있는 물건 2개를 매수하는지 부동산에서는 알 수가 없다. 그 후 시간이 한참 지난 지금까지 '을'부동산 소장으로부터 전화는 오지 않았다. A가 소송을 진행했는지 여부 등은 알 수 없지만 추측건대 아무런 조치도 취하지 않았으리라 짐작된다. A가 1+1이 되는지는 논외다.

재개발·재건축에 투자 시 최악은 현금청산이다. 현금청산 대부분은 물딱지를 산 경우이다. 물딱지는 매수한 부동산이 입주권이 나오지 않거나, 입주권이 나오더라도 매도인과 공동으로 묶일 경우, 즉 매수자에게 단독으로 입주권이 나오지 않는 경우 물딱지라고 봐야 한다.

'설마, 어떤 투자자가 물딱지를 사냐!'라고 묻겠지만, 현장에서 상담하다 보면 기가 막히고 코가 막히는 경우가 많다. 매수한 물건이 현금청산되거나 물딱지가 되는 물건을 매수한 경우가 종종 있다는 사실이다.

전세로 들어가면서 전입신고와 확정일자를 받지 않아 보증금을 다 날렸다면. 도덕적으로는 슬픈 일이지만 법적으로는 그런 사람은 보증금을 못 받는 것이 당연하다. 권리 위에 잠자는 자를 보호할 필요가 없기 때문이다.

입주권을 받기 위해 재개발구역 주택을 샀는데 입주권을 못 받았다면, 물딱지가 됐다면, 현금청산 됐다면, 이 역시 권리 위에 잠자는 유형이라고 봐야 한다. 그래서 재개발·재건축은 정보의 비대칭성이 강하다고들 한다. 공부한 놈과 하지 않은 놈의 차이가 크다는 말이다.

재개발 감정평가액과 비례율은 어떤 상관관계가 있는지요?

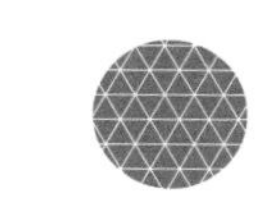

감정평가액과 비례율은 연동되어 있어 감정평가액이 높으면 비례율이 낮아지고 감정평가금액이 낮으면 비례율은 높아지는 경향을 보인다.

정비사업, 이른바 재개발·재건축사업은 물론 소규모재개발·소규모재건축사업에서 감정평가가 나오면 바람 잘 날이 없다.

어느 사업장 할 것 없이 감정평가가 나오는 순간 한바탕 난리가 난다. 배가 산으로 가기도 하고, 거품 물고 불평하는 조합원들이 많다. 하지만 감정평가가 높게 나오든 낮게 나오든 너무 까칠해질 필요가 없다. 감정평가는 조삼모사의 성격이 짙다. 감정평가가 높게 나오면 비례율이 낮아지고, 비례율이 낮아지면 감정평가가 높아진다.

재개발은 사업시행인가일을 기준으로 감정평가를 하는데 종전자산평가(감정평가)가 나오는 순간부터 조합사무실뿐만 아니라 현장 부동산 사무실 전화통도 불이 난다.

조합원이나 투자자들로부터 감정평가액이 형편없이 나왔다고, 시세보다 훨씬 낮게 나왔다며 부동산에도 전화해 확인해 보고 싶은 것이다. 통상 재개발 감정평가는 미래가치가 반영되지 않기 때문에 시세보다 훨씬 낮게 나온다. 하지만 감정평가가 전부는 아니다.

간단한 시뮬레이션을 통해 감정평가액에 따른 비례율의 변화를 보자. 신축 12세대, 조합원 수 5명, 신축 타입 33평형, 조합원분양가 3억, 일반분양가 5억, 총비용 25억, 총수입 50억 원이다.

이를 토대로 감정평가액에 따라 비례율이 어떻게 변하는지를 보자. 물론 비례율은 다른 여러 요인이 복합적으로 반영되어 결정되지만 여기서는 감정평가액과 비례율의 변화를 [사례1]과 [사례2]를 통해 살펴보자.

[사례1] – 감정평가액이 [사례2]의 절반 수준으로 나온 경우

구분	감정평가금액(억 원)	감정평가액 기준 분담금(억 원)	비례율 적용 분담금(억 원)
주택1	1	2	1.34
주택2	2	1	-0.32
주택3	3	0	-1.98
주택4	4	-1	-3.64
주택5	5	-2	-5.3

[사례1]은 주택1~5를 가지고 있는 조합원 5명의 감정평가액이 각각 1, 2, 3, 4, 5억으로 나왔을 경우이다. 이 경우 비례율((50-25)/15×100)은 166%이다.

[사례2] - 감정평가액이 [사례1]보다 두 배 높게 나온 경우

구분	감정평가금액(억 원)	감정평가액 기준 분담금(억 원)	비례율 적용 분담금(억 원)
주택1	2	1	1.34
주택2	4	-1	-0.32
주택3	6	-3	-1.98
주택4	8	-5	-3.64
주택5	10	-7	-5.3

[사례2]와 같이 감정평가액이 [사례1]보다 2배 높게 나온 경우를 보자. 이때 비례율((50-25)/30×100)은 [사례1]의 절반인 83%로 낮아진다. 따라서 감정평가액이 높아지는 만큼 비례율은 낮아지게 되고, 감정평가액이 낮아지는 만큼 비례율은 올라간다.

사례를 정리하면, [사례1]에서 주택1~5처럼 감정평가액이 나왔을 경우 비례율은 166%가 되고, [사례2]처럼 [사례1]보다 2배 높게 감정평가액이 나온 경우 비례율은 83%가 된다. 감정평가액을 높인 만큼 비례율은 낮아진다.

이 중에서 주택1의 경우만 보자. 먼저 감정평가액이 1억인 경우 감정평가액 기준의 분담금은 2억이 되고, 여기다 비례율 166%를 적용한 분담금은 1억3,400만 원이 된다.

감정평가액을 2억으로 할 경우 감정평가액을 기준으로 한 분담금은 1억이 되고 비례율 83%를 적용한 분담금은 1억3,400만 원이 된다. 주택1에서 5까지 같은 패턴이고 감정평가액을 높이던 낮추던 비례율을 반영하면 [사례1]과 [사례2]의 분담금은 같아진다.

분담금은 감정평가액 기준이 아닌 비례율이 반영된 권리가액(감정평가액×비례율)을 기준으로 하기 때문에 감정평가액보다 더 중요한 것은 일반분양가를 높이고 총비용을 줄이는 일이다.

비용을 줄이는 최고의 방법은 사업 기간을 단축하는 것이다. 구역 내 다른 조합원들과 비교해서 상대적으로 감정평가액이 낮게 나온 경우가 아니라면 감정평가액에 너무 일희일비할 필요가 없다. 물론 감정평가액이 높으면 이주비 대출에서는 유리할 수 있다. 간단한 사례지만 조합원 수가 100명, 500명이라도 별 차이는 없다.

재개발·재건축에서 부동산을 사면 프리미엄을 주고 사게 되는데 프리미엄이 적당한지는 어떻게 알 수 있나요?

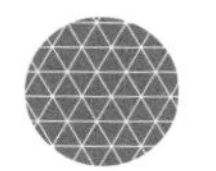

프리미엄은 연기처럼 사라지는 돈이 아니다. 프리미엄(P)이란 재개발·재건축구역의 물건을 살 때 조합원이 받을 수 있는 각종 혜택을 매도인에게 지급하는 것을 말한다. 즉 일반분양 대비 조합원만이 누릴 수 있는 할인분양가, 비례율, 확장비, 각종 옵션 및 가전제품, 좋은 동·층·뷰(view) 등이 모두 포함된 것을 프리미엄이라는 형태로 주고받는 것이다.

다음 사례를 토대로 프리미엄이 형성되는 구조를 간단하게 살펴보자.

프리미엄 항목	금액(원)
조합원분양가(34평, 평당)	11,000,000
일반분양가(평당)	14,000,000
종전자산평가액	200,000,000
비례율 110%	220,000,000
확장비	15,000,0000
각종 옵션 및 가전제품	20,000,000
동, 층, 뷰에 따른 프리미엄	20,000,000
준공 후 시세와 일반분양가 차이	136,000,000

항목	금액(원)
1. 조합원과 일반분양가 차이	102,000,000
2. 비례율에 따른 이익	20,000,000
3. 확장비	15,000,000
4. 각종 옵션 및 가전제품	20,000,000
5. 동, 층, 뷰 프리미엄	20,000,000
6. 준공 후 시세와 일반분양가 차이	136,000,000
합계	**313,000,000**

<사례>에서 보듯이, 조합원으로서 누릴 있는 1~6의 항목이 더해진 3억1,300만원이 프리미엄의 최대치가 되는 것이다. 따라서 매수 시점에서 해당 구역의 각 항목을 체크해보면 프리미엄이 적정한지 아닌지를 파악할 수 있다.

재개발은 사업시행인가일 기준으로 종전자산평가를 하기 때문에 종전자산평가가 나오지 않았다면 매매가에서 추정종전자산평가액을 뺀 금액이 프리미엄이 되고, 종전자산평가액이 나왔다면 매매가에서 종전자산평가액을 뺀 금액이 프리미엄이 되는 것이다.

그리고 관리처분인가 전이라면 예상 일반분양가에서 조합원분양가를 뺀 금액을 프리미엄으로 보면 되는데, 이때 프리미엄이 생기는 구조를 간단하게 살펴보자.

〈그림〉 프리미엄이 생기는 구조

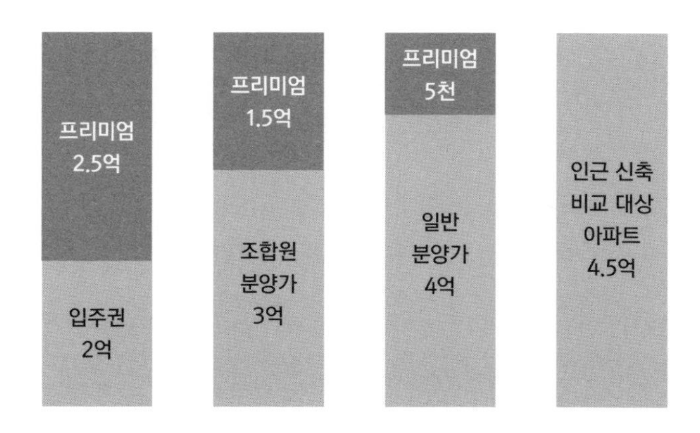

<그림>을 보면, 인근 신축 비교대상아파트가 4억5천만 원이다. 일반분양가 4억에 프리미엄 5천만 원, 조합원분양가 3억에 프리미엄 1억5천만 원, 입주권 2억에 프리미엄 2억5천만 원의 프리미엄이 붙어야 비교대상아파트 가격과 동등하게 형성된다는 것을 알 수 있다.

따라서 매수자는 매수 시점에서 프리미엄을 산정해 보고 프리미엄의 범위 내에 있는지, 범위를 초과했는지를 보고 매수 여부를 결정하면 된다. 사실 종전자산평가액은 크든 작든 이는 투자금의 문제일 뿐이고 수익률을 결정하는 핵심은 결국 프리미엄이다.

물론 실수요자이고 자금의 여유가 된다면 종전자산평가액이 큰 물건을 살 수도 있다. 종전자산평가액이 크면 종전자산평가액이 적게 나온 물건보다 상대적으로 프리미엄이 낮게 형성되고, 분담금도 줄어들기 때문이다.

구역마다 차이는 있지만 일반적으로 재개발구역 프리미엄은 "조-사-관" 즉, 조합설립인가, 사업시행인가, 관리처분인가 시점에서 높게 형성된다. 매수자는 부동산 사무실에 가기 전에 진행 단계와 프리미엄의 기본구조를 알고 가야 부동산과 대화도 되고 바가지를 쓰지 않는다.

재개발 투자에서 실투자 금액을 줄여야 하는 이유가 무엇인지요?

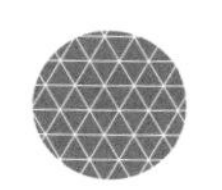

실투자금이 적을수록 수익률이 높아지고, 출구전략도 용이하여 단타가 가능하기 때문이다.

실투자 금액을 줄이는 것! 재개발 투자의 기본이다. 물론 입지, 프리미엄, 추진단계 등을 고려해야 하지만, 중요한 것은 실투자 금액을 줄이는 일이다.

초기일수록 더 그렇다. 초기일수록 빌라나 아파트가 주택보다 상대적으로 프리미엄이 높게 형성되는 이유도 보증금만큼 투자금이 적게 들기 때문이다

어느 재개발구역에 입지와 건축 연도가 비슷하고 건물면적이 동일한 A, B 주택이 매물로 나왔다. A는 대지 5평, 건물 5평 평당매매가 1,000만 원이다. B는 대지 10평, 건물 5평 평당매매가 900만 원일 경우, 어느 물건을 매입하는 것이 좋을까?

구분(금액:만 원)	A(대5평, 건5평, 평당 1,000만 원)	B(대10평, 건5평, 평당 900만 원)
매매가	5,000	9,000
감정평가액(대+건, 평당 700)	3,500(p1,500)	7,000(p.2,000)
조합원분양가(84A)	40,000	40,000
추가분담금(분양가-감정가)	36,500	33,000
투자금액(매매가+분담금)	41,500	42,000

일반적인 부동산이라면 평당가가 낮은 B를 매입하는 것이 정상이다. 그러나 재개발구역이라면 이야기가 달라진다. 감정평가액은 둘 다 같고, 둘 다 84A타입 신청, 비례율 100%, 감정가는 둘 다 평당 700만 원(대지+건물)이 된다.

먼저 감정평가액을 보면, A는 3,500만 원(5평×평당 700만 원), B는 7,000만 원(10평×평당 700만 원)이 되어 A의 프리미엄은 1,500만 원, B는 2,000만 원이 된다. 다음으로 84타입의 조합원분양가를 보면 A, B 모두 4억이고, 조합원분양가에서 권리가액을 뺀 추가분담금(비례율 100%)은 A는 3억6,500만 원, B는 3억3,000만 원이 된다.

결국 매매가에서 분담금을 더한 투자금액은 A가 4억1,500만 원, B는 4억2,000만 원이 된다. 따라서 B가 평당가는 낮지만, 투자금액은 A보다 더 많이 든다. 일반적으로 재개발구역 매물은 다른 조건이 비슷하다면 대지지분(감정평가액)이 적을수록 프리미엄이 높게 형성된다.

다음은 재개발구역에 매물로 나와 있는 물건 현황이다. 실투자금을 줄이는 대표적인 방법은 과도한 프리미엄이 아니라면 전세보증금이 있는 물건을 사는 것이다. 전세보증금에 따라 수익률이 달라진다는 것을 보여주고 있는데, 취득세와 중개보수 등은 고려하지 않았다.

1	지분매입가	3억6,000만 원
2	전세	9,000만 원
3	초기투자금	2억7,000만 원
4	감정평가액	3억2,500만 원
5	비례율	130%
6	조합원분양가	6억9,000만 원
7	일반분양가	7억7,000만 원
8	준공 시세	9억5,000만 원

준공 시세 대비한 수익률을 살펴보자. 먼저 수익률을 파악하기 위해서는 권리가액, 비례율, 추가분담금을 먼저 산출해야 한다.

다음 산식으로 계산해 보자.

- 초기투자금 = 지분매입가 - 전세
- 권리가액 = 감정평가액 × 비례율
- 추가분담금 = 조합원분양가-권리가액
- 총투자금액 = 지분매입가 + 추가분담금

따라서 수익은 일반분양가 대비 1억4,250만 원(일반분양가-총투자금액), 준공 시세 대비 3억2,250만 원(준공 시세-총투자금액)이 된다.

재개발·재건축에 투자하면 안전 마진을 확보할 수 있어 수익성이 높아진다는데 '안전마진'은 어떻게 계산할 수 있나요?

안전마진이란 매수 시점에서 안전하게 확보한 수익을 말한다.

'안전마진(Margin of safety)'이란 용어는 투자의 대부 워렌 버핏의 스승으로 불리는 벤저민 그레이엄Benjamin Graham의 책 《현명한 투자자》에서 처음 등장한 용어다. 주로 주식투자에서 사용되는 개념이다. 최근에는 부동산 투자에도 안전마진의 중요성이 높아지고 있다.

원래 안전마진이란 기업의 순운전자본과 주가의 차이 즉 미래 적정가치와 현재가치 간의 차이를 말한다. 따라서 안전마진이 높을수록 투자는 안전해지고 큰 수익을 낼 수 있다.

부동산으로 안전마진을 높이는 대표적인 방법은 경·공매라 할 수 있다. 시세 10억짜리 아파트를 경매로 8억에 낙찰받으면 2억의 안전마진이 확보되는 것이다. 재개발 투자에서 안전마진은 매수하는 시점에서 확보되는 수익을 말한다. 재개발 투자에서의 안전마진 산출을 위해서는 먼저 재개발 인근의 신축아파트를 선정하는 것이다. 선정 기준은 신축아파트, 교통, 학원 등과 같은 입지, 총 세대수, 브랜드 등을 종합한다.

다음으로 비교대상아파트의 현재 시세를 체크한다. 마지막으로 입주 시 예상 시세를 산출한다. 물가상승률 등을 고려하여 보수적으로 비교대상아파트의 현재 시세 대비 재개발아파트 입주 시 예상 매매가를 계산해 본다. 서울 영등포구 재개발아파트의 안전마진을 사례를 통해 산출해 보자.

비교대상아파트(A)		재개발구역(B)	
아파트명	아파트	구역명	재개발구역
위치	서울시 영등포구	위치	서울시 영등포구
건설사	대우건설 외1	시공사	GS건설 외1
세대수	2,100세대	조합원	450
년식	2007	규모	18개 동 35층
입지	역세권, 초품아, 공원, 백화점	세대수	1,746

먼저 비교대상아파트(A)와 재개발구역(B)에 대한 기본현황을 조사한다. B구역 전체 1,746세대 중 조합원 450세대를 빼면 일반분양(보

류지 미고려)은 1,296세대가 된다.

조합원 수 대비 일반분양이 많아 사업성이 양호한 수준이어서 비례율은 높을 것으로 예상할 수 있다. 재개발에서 일반분양 물량이 많다는 것은 곧 사업성이 좋다는 신호다. 그래서 일반분양 물량을 많이 확보하고 기존 조합원들을 보호하기 위해 기준일을 정해 지분쪼개기를 금지하는 것이다.

A아파트의 84타입의 현재 호가는 8억이고 실거래가는 7억5,000만 원인 상황에서 B구역의 84타입 입주권 매매가 3억6,200만 원, 종전자산평가액 1억6,200만 원, 프리미엄 2억, 조합원분양가 3억3,100만 원짜리 매물이 나왔다.

이 물건을 매수할 경우 조합원분양가 3억3,100만 원이므로 총투자금액(프리미엄+조합원분양가)은 5억3,100만 원이 되고, 추가분담금은 1억6,900만 원이 된다. 비례율은 고려하지 않았다. 따라서 총투자금액은 조합원분양가에 프리미엄을 더한 5억3,100만 원이 되고 실투자금액은 종전자산평가액에 프리미엄을 더한 3억6,200만 원이 된다.

그러면 안전마진은 어떻게 되는지 보자. A구역의 안전마진=B아파트의 현재 시세-(프리미엄+조합원분양가)이므로 7억5,000만 원-(2억+3억3,100만 원)=2억1,900만 원이 되는데 이것이 안전마진이다. 현재 A아파트의 실거래가가 7억5,000만 원인데 5억3,000만 원에 매수하면 그 차액인 2억2,000만 원이 안전마진이 되는 것이다.

그리고 입주 시 예상 매매가는 B아파트 현재 시세×물가상승률(연 2.5%)×5년(입주 시까지의 공사 기간), 즉 7억5,000만 원×2.5%×5=8억

4,000만 원이 된다. 즉 B구역의 재개발사업이 완공되어 5년 후 입주할 시점에는 물가상승률을 고려하여 8억4,000만 원 정도가 될 것으로 예상할 수 있다. 다시 말하면, 조합원분양가와 프리미엄을 합한 금액이 재개발 신축아파트 총 매입가격이 된다.

예를 들어 방배13구역 84타입 총투자금이 23억인데 주변 비교대상아파트 가격이 30억이라면 매수 즉시 확보할 수 있는 안전마진은 7억이 되는 것이다. 이처럼 비교 대상 신축아파트보다 재개발 입주권 매입가격이 낮은 이유는 사업추진에 대한 리스크 프리미엄이 있어야 매수자가 생기기 때문이다.

간단하게 계산해 보는 방법도 있다. 재개발구역인 A와 인근 신축아파트 B가 있다. B단지 시세가 10억이라면 A구역 재개발 물건이 향후 신축아파트가 되었을 때 B단지 시세와 비슷하게 보는 것이다. 당장은 신축이 아니지만, 신축아파트에 입주할 예정이니까. 그래서 A구역 재개발 매물 총매매가가 7억이라면 인근 시세 10억과의 차액인 3억이 안전마진이 된다. 물론 부동산시장에 따라 B단지의 시세가 변동할 수 있는 여지는 있다. 10억 원에서 더 상승할 수도 있고 하락할 수도 있다.

많은 사람이 재개발 투자를 어렵게 생각한다. 아파트 갭투자의 경우, 이미 대중화되어 있고 투자 기법도 다양하게 알려진 반면, 재개발은 관련 법규도 복잡하고 용어도 어려운 데다가 시간이 오래 걸려

자금이 묶인다는 인식이 강하기 때문이다.

시장 논리상 경쟁자가 많으면 가격이 올라가고 좋은 매물을 찾을 가능성이 작아진다. 그런 측면에서 정보의 비대칭이 강하고 여러 진입장벽 탓에 상대적으로 경쟁자가 적은 것이 재개발 투자의 장점이다. 재개발 투자는 방법이 아니라 실천이 어려운 셈이다.

재개발 투자와 갭투자를 두고 고민이 된다면 안전마진을 따져볼 필요가 있다. 갭투자는 미래의 불확실성에 투자하는 것이고, 재개발 투자는 미래의 확정 수익에 투자하는 것이다.

전세가 4억인데 매매가 8억인 아파트에 갭투자를 하려면 실투자금은 4억이 필요하다. 4억으로 2억의 수익을 내려면 아파트 가격이 10억이 넘어야 가능하기 때문에 시장 상황으로 보아 확실치 않다.

그러나 재개발구역에 4억짜리 빌라를 사면 5년 후 32타입 아파트를 받을 수 있다. 매매가 4억은 권리가액 2억에 프리미엄 2억을 합한 금액이다. 32타입 조합원분양가가 6억이고 추가분담금은 4억이다. 정리하면 빌라 구입 시 실투자 금액은 4억, 추가분담금이 4억인데 인근 비교 대상 신축아파트 가격이 13억이라면 5년 후 5억의 확정 수익을 확보할 수 있다. 특히 금리가 오르고 부동산시장이 침체될수록 안전마진을 확보하는 투자전략이 리스크를 상쇄시킬 수 있다.

재건축에서 무상지분율이 높을수록 분담금이 줄어든다는데 무상지분율은 어떻게 계산해 볼 수 있는지요?

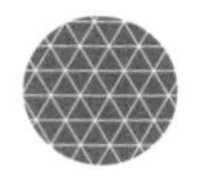

무상지분율이란 재건축에 적용되는 지표로 재개발의 비례율과 유사한 개념이다. 재건축 조합원이 추가분담금 없이 받을 수 있는 면적의 비율을 말한다. 즉 개발이익을 평당분양가로 나누어 환산된 무상지분이익(개발이익평수)을 총대지면적으로 나누어 백분율로 표시한 것이다. 조합원이 무상으로 입주할 수 있는 평형을 자신이 가지고 있는 대지지분으로 나누면 무상지분율이 된다. 따라서 대지지분이 많을수록 유리하다.

예를 들어보자. 무상지분율이 200%라면 대지지분이 100㎡인 조합원이 재건축 후에 200㎡까지는 추가 부담 없이 받을 수 있다는 것이다.

무상지분율은 용적률, 분양가, 시공비(공사비)에 따라 좌우되기 때문에, 조합원의 금전적인 부담과 직결된다. 따라서 무상지분율을 알면 무상으로 배정받을 수 있는 평수와 넓은 평형으로 갈 경우의 추가분담금 등을 예측해 볼 수 있다.

예를 들어, 조합원 A가 가진 기존 아파트 대지지분이 66m^3이고 무상지분율이 150%라면 99m^3까지는 추가분담금 없이 받을 수 있다. 이때 A가 132m^3를 신청한다면 99m^2를 제외한 33m^3에 대해서만 추가분담금을 납부하면 된다. 또한 대지지분이 20평이고 무상지분율이 150%라면 30평까지는 무상으로 받을 수 있게 되는 것이다.

재건축 사업지 현황

- **대지면적** : 49,587㎡(15,000평)
- **용적률** : 250%
- **분양가**(3.3㎡당) : 2,000만 원
- **공사비**(3.3㎡당) : 550만 원

위 자료를 토대로 무상지분율을 구해보자.

구분	산출 공식	산출 내역	결과
연면적	대지면적 × 용적률	15,000평 × 250%	37,500평
분양수익	연면적 × 평당분양가	37,500평 × 2,000만 원	7,500억
공사비	연면적 × 공사비	37,500평 × 550만 원	2,062억5천만 원

개발이익	총분양수익 - 총공사비	7,500억 - 2,062억5천만 원	5,437억5천만 원
평당개발이익	총개발이익 / 대지면적	5,437억5천만 원 / 15,000평	3,625만 원
무상지분율	평당개발이익 / 평당분양가	3,625만 원 / 2,000만 원	180%

* 개발이익은 순이익과 동일한 개념이며, 공사비는 사업비 포함 금액임

결국, 무상지분율은 평당개발이익을 평당분양가로 나눈 것이다. 개발이익은 전체 예상 분양수익에서 예상 공사비를 뺀 금액이다. 위의 사례에서 전체 분양수익은 연면적 37,500평에 평당분양가 2,000만 원을 곱한 7,500억 원이 된다. 전체공사비는 연면적에 평당 공사비 550만 원을 곱한 2,062억5천만 원이 된다. 따라서 개발이익은 총분양수익에서 총공사비를 뺀 5,437억5천만 원이 되고 이를 다시 대지면적으로 나눈 평당 개발이익은 3,625만 원이 된다. 최종적으로 평당개발이익을 평당분양가로 나눈 무상지분율은 180%가 되는 것이다.

따라서 대지지분 15평을 가진 조합원이라면 신축아파트를 27평까지 추가 부담 없이 받을 수 있다. 무상지분율이 높아지려면 기본적으로 분양수익이 많거나 공사비가 낮아야 하고 분양가가 높게 책정됐다면 분양수익이 늘어나기 때문에 무상지분율도 높아질 수 있다.

또 공사비가 낮을수록 무상지분율은 올라갈 수 있다. 같은 크기의 아파트라도 무상지분율에 따라 수익성이 달라질 수 있어 건설사로서는 무상지분율을 조금이라도 더 낮추려 하고 조합원들은 더 높

이려 하는 것이다.

최근에는 재건축의 경우에도 미분양을 우려한 건설사들이 도급제로 참여하다 보니 무상지분율 대신 재개발의 비례율 방식으로 하는 사업장이 늘어나는 추세다. 무상지분율은 재건축사업을 통해 발생하는 개발이익, 즉 분양수익에 따라 결정된다. 부동산 경기침체로 일반분양가가 낮아지면 시공사가 원래 제시했던 무상지분율은 지키기 어려워 그 피해는 조합원에게 돌아갈 수밖에 없다.

무상지분율이 높아지면 그에 비례해서 조합원들의 수익률이 좋아질 수 있지만, 부실시공, 일반분양가 상승으로 인한 미분양 증가 등 각종 부작용을 초래할 수도 있다. 무상지분율을 높게 제시할수록 건설사의 수익은 줄어들기 때문에 어떻게든 공사비를 낮추려 할 것이므로 무상지분율이 높다고 해서 긍정적인 요인만 있는 것은 아니다.

무상지분율이 높은 재건축단지는 여러 곳 있다. 서울 강동구 고덕주공6단지 재건축사업 시공사로 무상지분율을 가장 높이 제시한 두산건설이 선정됐다. 무상지분율이 높은 재건축단지들의 특징은 조합원들이 아파트 브랜드보다 실리를 선택하는 경우다.

결과적으로 재건축의 경우 건물의 면적보다는 대지지분과 무상지분율이 높을수록 수익률이 높다. 무상지분율은 개발이익과 관련이 있으니 용적률이 높을수록, 분양가격이 높을수록, 분양세대수가 많을수록 높아진다. 따라서 지분제 도급방식의 재건축에 투자할 경우 대지지분과 무상지분율을 함께 고려할 필요가 있다.

5

핵심용어 모르면 진짜 호구된다

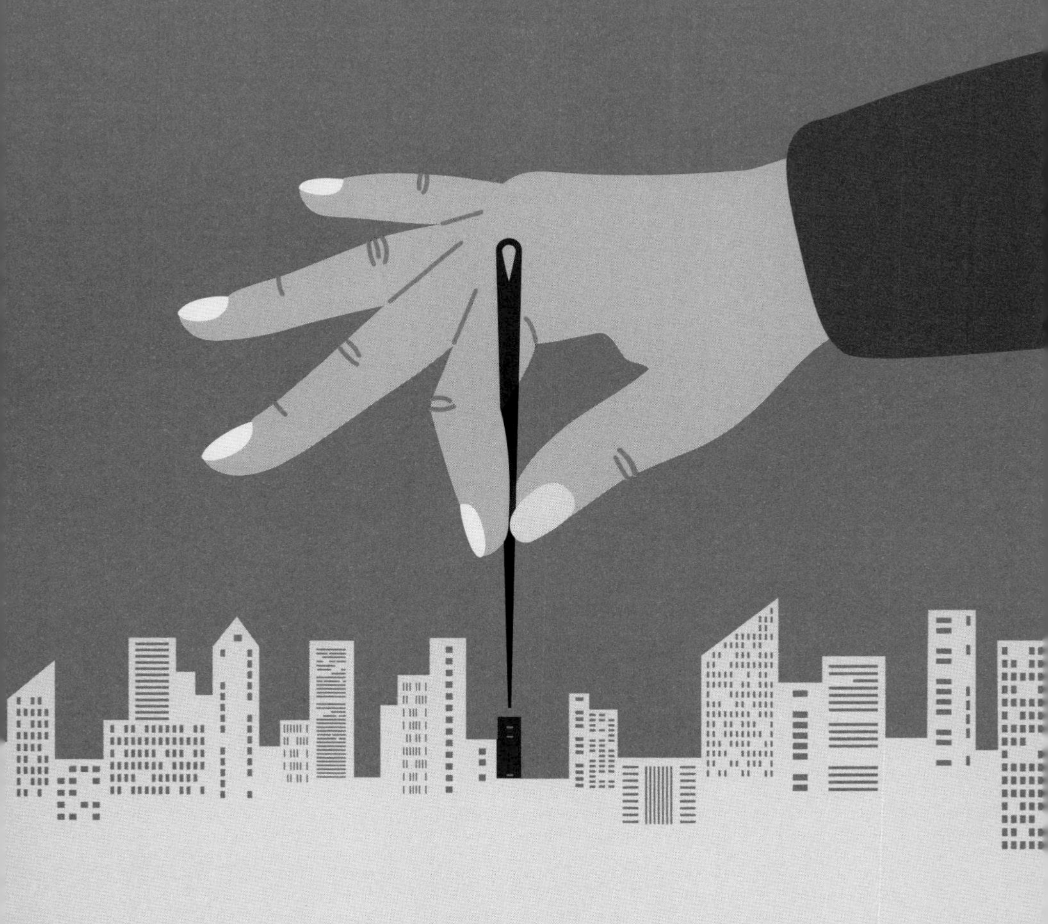

재개발·재건축은 같은 법으로 진행되지만, 많이 다르다는데 어떤 차이점이 있는지요?

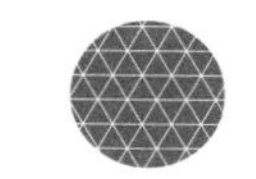

재건축은 협의의 개발, 재개발은 광의의 개발로 볼 수 있는데, 가장 큰 차이점은 재건축에 비해 재개발은 기반시설이 열악하여 기부채납 비율이 높고 공공성이 가미된 강제조합원제도를 채택하고 있다는 점이다.

재개발·재건축사업은 많은 차이점이 있다. <도시정비법>을 근거로 진행되는 사업으로는 주거환경개선사업도 있지만, 대표적인 것은 재개발·재건축사업이다. '재개발·재건축도 구별 못 할까?' 하겠지만 의외로 헷갈려 한다.

먼저 사업의 범위에 따라 건축물에만 한정되면 재건축, 건축물과 더불어 정비기반시설을 포함하면 재개발이다. 정비기반시설이라 함은 상하수도, 도시가스, 전기 등과 같은 인프라, 공원·광장 같은 녹지공간과 도로나 주차장 같은 교통시설, 그리고 체육관과 같은 생활

편의를 위한 일체의 공공시설을 말한다.

재개발·재건축 모두 <도시정비법>에 의한 '도시·주거환경정비기본계획'에 속해 있는 정비사업이다. 다시 말하면 주거환경을 개선하는 사업 중 노후화된 건축물만을 다시 지어 주거환경을 개선하는 것이 재건축이고, 건축물뿐만 아니라 정비기반시설이 열악하여 토지를 효율적으로 이용하고 도시기능을 회복하기 위하여 시행하는 것이 재개발이다.

재개발의 경우 사업대상 구역의 지정 절차는 <도시계획법>에 의하고, 사업계획과 시행은 <도시정비법>이 정하는 절차에 따른다. 사업 절차는 행정청 내부에서 이뤄지는 계획단계와 시행자가 행정청의 인·허가, 승인 등을 받아 집행하는 시행단계, 관리처분단계 그리고 공사와 법정 절차에 대한 완료 단계 등으로 진행된다.

반면 재건축은 건물소유주들이 조합을 구성해 아파트(단독주택 재건축 포함)를 대상으로 노후·불량주택을 헐고 새로운 주택을 짓는 것이다. 공히 '헌 집을 주고 새집을 받는다.'라는 공통점이 있지만, 재개발은 노후·불량주택이 밀집된 지역을 헐고 도로를 내고 공원을 만드는 등 기반시설을 설치하여 새 아파트를 짓는 것이고, 재건축은 기반시설이 설치되어 있는 기존 오래된 단지를 헐고 그 자리에 새 아파트를 짓는다는 차이점이 있다.

그래서 재개발은 공공사업 성격을 띠지만, 재건축은 민간사업 성격이 짙다고 하는 것이다. <표>는 재개발·재건축의 차이점을 비교한 것이다.

〈표〉 재개발·재건축 비교

구분	재개발	재건축
의미	'헌 집 줄게, 새집 다오'	
	정비기반 시설이 열악하고 노후·불량건축물 밀집 지역의 주거환경을 개선하거나, 상·공업지역 등에서 도시기능회복 및 상권 활성화를 위해 도시환경을 개선하는 사업	정비기반시설은 양호하나 노후·불량건축물에 해당하는 공동주택 밀집 지역에서 주거환경을 개선하기 위한 사업
사업목적	주거환경 및 도시환경 개선	주거환경 개선
사업시행자	① 조합 ② 지정개발자 : 토지등소유자가 지정 요청한 토지주택공사 등 ③ 시행자에게 토지수용권 부여	① 조합 ② 지정개발자 : 토지등소유자가 지정 요청한 토지주택공사 등 ③ 시행자에게 매도청구권 부여
사업시행 방식	관리처분계획에 따라 건축물을 건설하여 공급하거나 환지로 공급 (관리처분방식, 환지방식)	관리처분계획에 따라 주택, 부대시설, 복리시설 및 오피스텔을 건설하여 공급(관리처분방식)
정비기반시설	상대적으로 열악	상대적으로 양호
사업대상	노후화된 단독주택 밀집 지역	노후화된 아파트 밀집 지역
조합원 자격	토지등소유자 (토지소유자, 건축물 소유자, 지상권자)	토지등소유자 (토지 및 건축물 소유자로서 조합설립에 동의한 자)
조합가입 형태	강제가입	자율가입
조합설립 동의율	토지등소유자 3/4 이상, 토지 면적 1/2 이상 (반대자 25%는 강제가입)	전체 구분소유자의 3/4 이상, 토지 면적 3/4 이상, 동별 과반수 이상 (반대자 25%는 조합에 매도청구)
상가영업보상비	현실 보상(개발이익 미반영)	시가 보상(개발이익 반영)
안전진단	×	o (단독주택 제외)

기부채납 비율	상대적으로 많음	상대적으로 적음
실투자금	상대적으로 적음	상대적으로 많음
주택공급	1세대 1주택 (일정 요건 충족 시 2주택 가능)	1주택(과밀억제권역 투기과열지구) 다주택자: 관리처분 시 3주택까지 공급(규제지역 제외)
사업소요 기간	상대적으로 길다	상대적으로 짧다
초과이익환수	×	o
사업의 성격	공공개발	민간개발
소형임대주택 건설	100분의 15 이내에서 조례로 정함	×
주거이전비	현금청산자, 세입자	×
이사비	현금청산자, 세입자	분양받은 조합원
이주비	분양받은 조합원	분양받은 조합원
사업부지 매입 권한	강제수용권	매도청구권
개발이익	상대적으로 많다	상대적으로 적다
용적률	상대적으로 높다	상대적으로 낮다
세입자 처리	공공임대주택 공급	임대차계약에 의해 처리
시공방식	도급제	지분제(일부 도급제)
이익률	비례율	무상지분율
장점	주민이 소유한 토지·건축물 등을 출자하는 형식의 사업 방식으로서 토지매입 비용이 낮다	
근거법률	〈도시 및 주거환경정비법〉, 시행일자 2003.7.1.	

* 자료 : 《하루에 끝내는 재개발·재건축》, 한솜미디어, p.206~207.

이외에도 사업목적, 조합원 자격, 시공방식 및 조합가입 형태, 사업 속도, 기부채납 등에서 차이를 보인다. 재개발은 재건축과는 달리 안전진단에 대한 의무 규정은 없다. 또한 재개발에 참여할 수 있는 토지등소유자의 자격은 구역 내 토지 또는 건축물을 소유한 자와 지상권자만 가능하다. 특이한 점은 조합에 동의하지 않는 토지등소유자도 강제로 조합원이 되는 강제조합원제도를 실시한다는 점이다.

반면, 재건축의 토지등소유자는 토지 및 건축물 소유자로 한정되고, 조합 가입 역시 자율조합원제도를 실시해 원하지 않으면 조합에 가입하지 않아도 된다. 사업 속도 면에서는 기반시설이 갖추어진 재건축이 재개발보다는 빠르게 진행되고, 기부채납비율에서도 차이를 보인다. 기반시설이 열악한 재개발이 재건축보다는 기부채납비율이 높다. 또한 재개발에서는 주거이전비를 지급해야 할 의무가 있지만, 재건축에서는 지급 의무가 없다.

재개발·재건축 사업장이 특별건축구역으로 지정되면 어떤 혜택이 있나요?

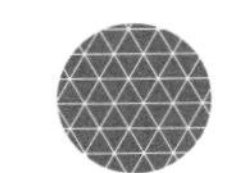

특별건축구역으로 지정되면 용적률이 완화되고 꿀벌집 아파트를 지양하며 미적 감각을 가미한 입체적 디자인으로 설계된 미래형 아파트로 재탄생하게 된다.

> '특별건축구역' 이란 〈건축법〉에 의거해 조화롭고 창의적인 건축물의 건축을 통하여 도시경관의 창출, 건설기술 수준 향상 및 건축 관련 제도개선을 도모하기 위하여 이 법 또는 관계 법령에 따라 일부 규정을 적용하지 아니하거나 완화 또는 통합하여 적용할 수 있도록 특별히 지정하는 구역을 말한다. (건축법 제2조 18호)

특별건축구역은 건축물에 대한 디자인 등을 창의적으로 구상하기 위해 건축과 관련한 일부 법령을 적용하지 않거나 완화하여 적용하는 제도이다. 한마디로 성냥갑이나 꿀벌집 같은 아파트를 지양하고 미적 요소를 가미한 창의적인 디자인으로 아파트를 설계하라는 것이다.

재개발·재건축 사업장에도 특별건축구역으로 지정되는 사업장이 늘고 있다. 그동안 특별건축구역은 주로 재건축단지에 적용되었지만, 몇 년 전부터는 재개발구역에도 도입되고 있다.

서울에서는 2017년 12월 8일 최대의 뉴타운단지인 한남뉴타운3구역이 첫 특별건축구역으로 지정되었다. 특별건축구역으로 지정되면 건폐율과 일조권은 물론 용적률 등에서 혜택을 받을 수 있다.

뉴타운 지역의 특별건축구역 지정은 한남3구역이 처음이다. 지금까지는 백사마을 등 대규모의 철거 및 재생이 필요한 사업지나 신반포3차 등 고밀도 재건축아파트에만 제한적으로 특별건축구역이 적용되었다.

한남3구역이 이례적으로 특별건축구역으로 지정된 것은 지형적 영향이 컸다. 한남3구역은 사업지 전체가 구릉지에 잡혀 있는 데다 한강은 물론 남산까지 인접하고 있어 뉴타운 지정 당시부터 지역경관을 고려한 정비사업을 펼쳐야 한다는 지적이 꾸준히 제기되어왔다. 용적률 기준 완화(최고 20%)뿐만 아니라 건축물의 높이와 규모 등을 유연하게 조정할 수 있다. 또한, 건축물의 외형과 내부 구조 등을 창의적, 입체적으로 디자인할 수 있다. 국내 재개발 최대어로 불리는 용산구 한남동 686번지 일대에서 진행되는 한남3구역은 2019년 3

월 29일 사업시행인가를 받았는데 사업 규모가 어마어마하다. 한강과 남산 뷰를 살리기 위해 지하 6층에서 지상 22층으로 현대건설에서 디에이치한남 브랜드로 짓는다. 조합원 수는 3,857명, 임대아파트 876세대, 197개 동에 일반분양 1,083세대 모두 5,816세대에 이른다. 사업비는 무려 7조 원, 공사비 1조8,000억에서 보듯이 역대급 프로젝트다. 일반분양가는 평당 5,500만 원으로 분양가상한제 적용 단지 중 최고금액이다. 특이한 점은 일반분양 물량이 전부 소형인 전용 59㎡로 구성되어 있으며 평균 분양가는 13억7천만 원 수준이다.

부산에서도 한남3구역처럼 지형적 요인으로 특별건축구역으로 지정된 곳이 있다. 2020년 지정된 동구 초량2구역이다. 부산 역사 이래 가장 큰 공공프로젝트인 북항재개발의 배후지에 있어 최대 수혜지로 꼽힌다.

산허리를 가로지르는 산복도로를 따라 북항 일대를 한눈에 조망할 수 있는 일명 '조망 깡패'로 불리는 곳이다. 2022년 9월 28일 사업시행인가를 받았고 호반써밋이라는 브랜드를 달고 지하 5층 지상 21층 높이로 1,815세대를 짓는다. 게다가 '2030월드엑스포'의 개최지가 부산으로 결정될 경우 북항재개발 일대에서 진행될 예정이어서 초량2구역의 미래가치는 더 높아질 것으로 예상된다.

이외에도 2020년 부산에서 처음 특별건축구역으로 지정된 시민공원촉진3구역이 있다. 지하철 1호선 부전역 인근 부산시민공원을 접한 공세권 대장이다. 2022년 10월 13일 사업시행인가를 받아 부동산 침체기인데도 입지가 좋아 사업에 한층 탄력이 붙을 전망이다. 2018년 사업시행계획을 신청하여 여러 차례 변경인가를 거쳐 4년여에 걸친 우여곡절 끝에 사업시행인가를 받았다. 상업지역에서 진행되는 도시정비형재개발 사업장으로 60층 높이로 지어진다. 18개 동에 3,545세대의 매머드급 단지로 거듭나는 이 사업은 이제 어떻게 설계할 것인가가 초미의 관심사다. 시공사로는 DL이앤씨가 낙점을 받았는데 자사 하이엔드 브랜드 '아크로ACRO'를 적용한 '아크로 라로체'를 내세워 세계적인 건축 디자인그룹 SMDP 및 조경 설계그룹 SWA와 협업해 특화된 설계를 적용하였다.

DL이엔씨가 최근 부산에서 'ACRO'브랜드를 남발하고 있어 브랜드 가치가 점차 퇴색되어 가는 느낌이다. 부산 정비사업에서 ACRO는 우동1구역재건축(삼호가든), 광안A구역에 이어 촉진3구역이 3번째다.

특별건축구역으로 지정된 곳은 용적률 완화 등의 장점이 있지만, 가장 중요한 것은 디자인 설계가 획기적으로 달라진다는 점이다. 서울 한남3구역, 부산 초량2구역 및 시민공원촉진3구역 모두 아파트 설계에 미적, 입체적 감각이 반영되어 종전의 병풍 아파트와는 차원이 달라 미래형 아파트단지의 시금석이 될 전망이다.

안전진단이 완화되어 재건축을 쉽게 할 수 있다는 데 어떤 내용이 바뀐 것인가요?

안전진단 항목별 가중치에서 구조안전성 비중이 낮아지고 재건축이 가능한 점수를 높여 많은 단지가 재건축이 가능한 상태가 되어 재건축이 활성화될 것으로 보인다.

재개발·재건축사업은 일단 정비구역으로 지정이 되어야 비로소 <도시정비법> 적용을 받는다. 따라서 정비구역 지정 전에는 <도시정비법>의 적용을 받지 않는 일반지역에 불과하다.

재개발·재건축은 곧장 정비구역으로 지정되어 사업이 진행되는 것이 아니고 재건축의 경우에는 정비구역 지정 전에 안전진단을 통과해야 비로소 정비구역으로 지정되어 사업을 시작할 수 있는 기본 요건이 충족된다. 따라서 안전진단은 재건축을 하기 위한 일종의 사전작업이다.

재건축 안전진단의 기준 및 등급은 2003년 노무현 정부 때 무분별한 재건축으로 집값 상승을 부추기자 등장한 제도다. 문재인 정부는 임기 내내 규제 일변도의 부동산정책을 펼쳤는데도 부동산가격은 폭등했다.

규제가 많다는 것은 시장개입이 많다는 의미고 자꾸 개입하다 보면 시장원리가 왜곡되는 결과를 초래하게 된다. 당시 재건축시장 과열을 막겠다며 구조안전성 비율을 20%에서 50%로 대폭 올렸다. 그러자 안전진단을 신청한 아파트 상당수가 열악한 주거 여건에도 구조안전성 즉, 무너질 가능성이 적다는 이유로 퇴짜를 맞았고, 전국적으로 사실상 재건축 추진을 중단시킨 꼴이 되었다.

역대 정권에서 시장 상황에 따라 규제와 완화를 반복해 오다가 현 정부 들어 2022년 말에 국토부에서 "재건축 안전진단 합리화 방안"을 발표(2022.12.8.)하여 시행(2023.1.)에 들어가면서 안전진단 요건이 대폭 완화되었다.

그동안 안전진단 통과에 열쇠를 쥐고 있던 구조안정성에 대한 가중치가 대폭 낮아져 안전진단 통과가 한층 수월해졌다. 아파트가 당장 무너질 정도로 구조적인 문제가 심각하지 않아도 주차장 부족이나 녹물·층간 소음 때문에 생활에 불편함이 크다는 등의 사유로도 재건축이 가능해졌기 때문이다. 한편, 점수에 따른 재건축 판정 기준도 완화되었다. 흔히 '2차 안전진단'으로 불리는 적정성 검토는 지방자치단체의 재량에 맡기기로 했다.

안전진단은 구조안전성, 주거환경, 설비 노후도, 비용편익의 네 가지 항목의 가중치를 점수화하여 평가등급을 A(100점)에서 E(0점)로 구분한다. 점수가 45점 이하면 즉시 재건축, 45~55점 이하는 조건부 재건축, 55점을 초과하면 재건축 대신 유지보수로 결정된다.

네 가지 항목 중 재건축의 향방을 가늠하는 중요한 항목은 구조안정성과 주거환경에 대한 가중치다. 국토부의 이번 발표 역시 구조안전성과 주거환경에 대한 가중치를 조정하여 종전보다 요건이 한층 완화되었다. 구조안전성에 대한 가중치는 50%에서 30%로 낮추고 주거환경에 대한 가중치는 15%에서 30%로 올렸다.

변경 전(%)	50	15	25	10
항목	구조안전성	주거환경	설비 노후도	비용편익
변경 후(%)	30	30	30	10

- 재건축 안전진단 평가항목별 가중치 변화 : 국토교통부, 2022.12.8./변경 후 기준 적용은 2023년 1월 1일부터임.

이번 조치로 재건축사업 단지가 대폭 늘어날 것으로 보인다. 국토부가 이번 방안을 발표하기 전에 2018년 3월 이후 안전진단을 완료한 단지들을 시뮬레이션해본 결과 통과 단지가 많이 늘어나는 것으로 나타났다.

총 46개 단지 중 현행 제도에서는 조건부를 포함해 안전진단을 통과한 단지가 21곳이었는데, 이번 완화 방안을 적용하면 35곳으로 늘어났다는 것이다. 구체적으로는 '재건축'은 0곳에서 12곳으로, 조건부 재건축은 21곳에서 23곳으로 각각 증가했다. 국토부 자료에 따르면, 이번 안전진단 완화로 재건축 추진이 가능한 아파트(준공 30년이 지난 200가구 이상 아파트 중 안전진단을 통과하지 못한 곳)는 전국적으로는 152만 가구 정도인데, 이 중 서울 389개 단지로 현장에서는 2만7,000여 가구에 이르는 양천구 목동신시가지 아파트를 최대 수혜지역으로 꼽는다.

1985년부터 입주를 시작했던 목동신시가지아파트는 현재 안전진단을 통과한 6단지를 뺀 나머지 13개 단지가 그동안 안전진단에 발이 묶여 재건축이 지지부진한 상태였다. 그러나 토지거래허가구역이 1년 더 연장되고 초과이익환수제도 남아 있어 안전진단 완화에도 재건축이 당장 활발하게 진행될지는 의문이다. 사실 안전진단보다 더 중요한 것은 토지거래허가구역 해제와 초과이익환수제 폐지다.

서초구 반포미도2차아파트도 이번 조치로 안전진단을 통과했다. 애초 예비안전진단을 마치고 2022년 6월 1차 안전진단에서 52.19점을 받아 조건부 재건축 판정을 받아 2차 안전진단인 공공기관 적정성 검토를 앞둔 시점에서 안전진단 완화 조치가 발표되어 새로운 기준에 따라 안전진단을 통과할 수 있었다. 이외에도 도봉구 상아1차, 방학동 신동아1단지, 쌍문동 한양1차 등도 즉시 재건축이 가능한 조건이 되었다.

유지보수에서 조건부 재건축으로 전환되는 단지도 다수 있다. 서울에서는 양천구 2곳, 노원구와 영등포구가 각 1곳이며, 경기도에서는 남양주, 부천, 수원, 안산 각 1곳, 그리고 부산 2곳, 대구 3곳, 경북 1곳으로 나타났다.

부산에서도 안전진단 완화로 재건축시장이 한층 활기를 띠고 있다. 재건축 대어로 불리는 세 곳은 수영구 남천삼익비치, 해운대구 삼호가든, 동래구 럭키아파트이다. 이 중 남천삼익비치와 삼호가든은 종전의 안전진단 규정을 통과하여 이미 사업이 진행 중이다.

안전진단으로 골머리를 앓았던 럭키아파트도 이번 조치로 무난히 통과될 것으로 보이고, 수영구 수영현대아파트 역시 수혜지가 될 것으로 예상된다.

부산에서 바뀐 규정으로 첫 혜택을 본 곳은 부산진구 당감1구역(무궁화아파트)이다. 부산진구에서 적정성 검토를 진행 중이었으나 2023년 1월에 바뀐 규정을 적용해 적정성 검토를 중단하고 곧바로 재건축 판정을 내렸다.

간접적인 혜택을 받은 곳도 있다. 수영구 남천3구역(뉴비치아파트)은 같은 조건부 재건축 판정이지만 총점이 내려가 의무였던 적정성 검토도 건너뛸 가능성이 생긴 것이다.

시공사 선정 시 지분제와 도급제 중 어느 것이 조합원에게 유리한가요?

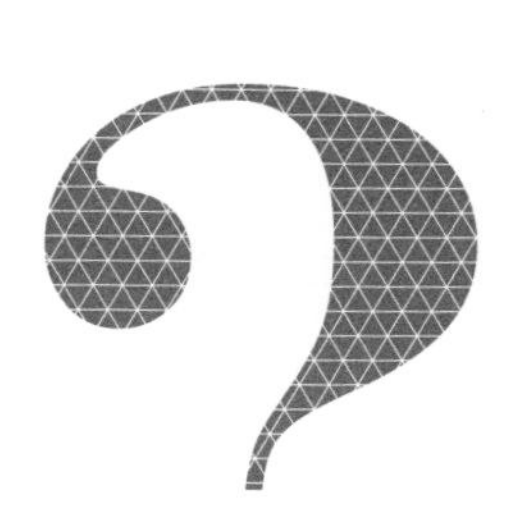

조합에서는 부동산시장이 상승장일 때는 도급제, 하락장일 대는 지분제가 유리한데 시공사 입장은 조합과 반대이기 때문에 상호 조정이 쉽지 않고 지금은 대부분 도급제 방식으로 공사계약을 하는 편이다.

요즘 정비사업장에서는 시공사 선정 및 공사비 관련 분쟁이 잦다. 시공사를 선정하는 곳에서는 공사비 상승으로, 이미 시공사를 선정한 곳에서도 공사비 증액을 두고 마찰이 일어나고 있다. 코로나19와 금리 인상 등으로 부동산시장이 침체기에 들어서자 사업장마다 공사비를 두고 조합과 시공사 간 갈등이 격화되고 있는 것이다.

시공사에서는 자금조달의 어려움, 인건비, 자재비 상승 등으로 공사금액을 대폭 올릴 수밖에 없다는 입장이다. 그러다 보니 시공사 선정도 어렵고 입찰에 참여하는 시공사도 많지 않은 실정이다.

지분제와 도급제는 건설사들이 정비사업을 수주하는 방식 즉, 시행사인 조합과 시공사인 시공사 간 공사계약 체결방식으로 누가 어떻게 이익과 리스크를 가져갈 것인지를 결정하는 공사방식을 말한다. 재개발은 도급제만 가능하고 재건축은 도급제와 지분제 중 선택할 수 있다.

지분제는 시공사가 건축부터 분양까지 책임을 지는 것으로 조합원에게는 신축아파트를 정해진 평수까지 무상으로 공급해 주고 일반분양과 상가 분양수익으로 건설비와 이윤을 충당하는 방식이다.

주로 재건축사업에서 시행하고 계약 당시 조합원들에게 개발이익을 먼저 보장한 뒤 사업 결과에 따라 추가되는 개발이익은 시공사에 귀속된다. 결국 시공사가 조합원에게 무상지분율을 제시하여 해당 정비사업의 공사를 수주하는 방식이다.

지분제는 다시 확정지분제와 변동지분제로 구분된다. 확정지분제는 계약 시점에 조합원의 개발이익(지분보상률)을 확정하는 것이고, 변동지분제는 용적률 변화, 이주 기간 지연 등에 따라 조합원의 개발이익(지분보상률)을 변동시킬 수 있는 계약을 말한다.

물론 확정지분제라고 해서 100% 안전한 것은 아니다. 공사계약서상에 공사비 증가요인에 따른 별도의 특약사항이 있을 수 있기 때문이다. 즉 지분 조정 없이 시공사 선정 시점에 조합원들의 무상지분율을 확정적으로 정하는 것이 '확정지분제'이다.

확정지분제로 사업을 진행하면, 조합원들은 확정된 무상지분 상당의 이익을 받는 것으로 만족하고, 사업상의 위험부담은 시공사가 안게 되므로 안정성 면에서 확정지분제가 선호될 수 있다.

그러나 현실이 꼭 그렇지는 않은 것 같다. 확정지분제라고 하더라도 시공사로서는 손해가 발생하는 사업을 추진하기는 어려우니 결국 사업이 지연되거나 수익이 나지 않을 경우 기존에 확정했던 무상지분율을 조정해 줄 수밖에 없기 때문이다. 그렇지 않으면 사업은 한없이 지연되고 때에 따라서는 시공사가 사업에서 철수해 버릴 수도 있다. 지분제계약과 도급제 계약의 특약을 사례를 통해 살펴보자.

지분제 계약의 특약 및 조건

지분제 계약의 특약 및 조건
일반분양가 상승액 전액은 조합에 귀속하되, 아파트 후분양에 따른 금융비용은 일반분양가 상승분에서 조합이 부담한다.
기본 이주비는 실금리로 정산하고, 입찰제안서상 금융비용보다 상승한 경우 차액은 조합이 부담한다.
조합원의 추가분담금은 다음 각호의 조건 및 본 계약상의 제반 계약조건을 전제로 한 것이므로, 향후 조건 변동이 있을 경우에는 조건을 변경하기로 한다.

도급제 계약의 특약 및 조건

도급제 계약의 특약 및 조건
시공상 민원 이외의 민원(일조권, 조망권, 인접도로 통행 제한 등)은 조합이 부담한다.
공사계약금액은 0000년 00월 00일부터 실제 공사 착공일까지 소비자물가지수 중 시도별 주택 설비 수리항목지수의 등락액이 일정률 이상인 때에는 초과분에 해당하는 인상률을 적용하여 공사계약금액을 조정한다.
관련 법규의 개폐, 각종 정부 정책, 금리변동, 기타 부동산시장의 급격한 변동 등으로 본 계약을 유지하는 것이 객관적으로 보아 심히 부당한 경우 시공사는 조합에게 본 계약의 내용 변경을 요청할 수 있다.

반면 도급제는 시공사가 신축아파트 시공만 하고 분양은 조합에서 하는 방식으로 사업의 이익이나 손실을 전부 조합이 책임지는 사업 방식으로 주로 재개발사업에서 시행되지만, 일부 재건축에서도 하고 있다.

공사 진척 속도가 빠르지만, 사업이 진행되는 도중에 물가상승이나 설계변경 등 공사비 증가요인이 있을 때 조합원에게 추가분담금이 발생하기도 한다.

따라서 부동산시장이 호황이거나 사업성이 양호한 경우 조합은 도급제 방식을, 시공사는 지분제 방식을 선호하게 된다. 반대로 부동산시장이 침체하거나 사업성이 불투명한 경우에는 조합은 지분제를, 시공사는 도급제 방식을 선호한다. 조합과 시공사의 이해관계가 정반대가 되는 것이다. 그러므로 지분제, 도급제는 딱 잘라서 어느 방식이 좋다고 단정할 수는 없고 부동산시장 상황, 조합의 사업관리 능력 등에 따라 결정해야 한다.

결론적으로 지분제와 도급제 계약 사례에서 보듯이, 지분제든 도급제든 시공사는 절대 손해를 보지 않는 구조다. 손해가 발생할 우려가 있는 부분은 미리 계약서에 특약과 여러 조건을 달아 손해를 만회할 수 있도록 안전장치를 마련하기 때문이다.

2000년대 중반, 신규분양가가 높아 재건축사업이 호황이던 때에는 지분제 방식을 선호했지만, 현재는 분양가상한제, 초과이익환수제 및 고분양가와 규제정책으로 인한 미분양 리스크 등으로 시공사

입장에서 지분제로 시행하는 재건축사업에 참여하기가 쉽지 않은 상황이다.

경기도 부천시의 한 재건축 사업장의 사례를 보면, 시공사 선정 시에는 확정지분제로 계약을 체결하였으나 주택경기가 전반적으로 침체되어 일반분양분의 분양가가 낮아지고, 나아가 미분양 우려가 예상되자 시공사와 조합이 도급제로 변경계약을 다시 체결해 조합총회를 통과하였다.

도급제로 계약이 변경되자 일반분양분 분양가 하락에 따른 손해, 미분양 발생분에 대한 금융비용 등을 모두 조합원이 떠안게 되어 아파트 준공 및 입주 후 시공사에서 조합원에게 1,369억 원을 추가 부담하라고 요구한 것이다.

분양권과 입주권을 혼동하는 경우가 많은데 어떻게 구별할 수 있나요?

분양권과 입주권은 많은 차이점이 있지만 가장 큰 차이점은 분양권은 종이 쪼가리에 불과한 채권, 입주권은 소유권을 수반하는 물권이라는 점이다.

분양권과 입주권은 공히 주택에 입주할 수 있는 권리다. 따라서 주택은 아니지만, 세법에서는 주택 수로 친다. 설마 분양권과 입주권을 구별하지 못할까 싶지만 그렇지 않다. 강의장에서나 상담 과정에서 상당수가 분양권과 입주권이 헷갈린다고 한다.

일반적으로 집을 사는 방법은 크게 네 가지다. 지어진 집을 사거나 경·공매를 통해 낙찰받거나, 청약통장으로 분양권에 당첨되거나 아니면 재개발·재건축구역에 가서 조합원 물건을 사는 것이다.

여기서는 지어진 집을 사거나 경·공매로 낙찰받는 것은 논외로 하고, 분양권과 입주권을 중심으로 살펴보고자 한다. 분양권과 입주권을 법적으로 구분하면, 분양권은 준공 후 아파트에 입주할 수 있는 권리를, 그리고 입주권은 <도시정비법> 제48조의 규정에 따른 관리처분계획인가로 인하여 취득한 입주자로 선정된 지위를 말한다.

재개발·재건축에서 관리처분계획인가를 받아 기존 주택을 철거한 후 새 아파트가 완공되면 조합원에게 좋은 동·층을 우선 배정하고, 남는 물량이 20세대 이상이면 일반분양을 하게 된다. 따라서 입주권은 청약을 통한 당첨 여부와 관계없이 조합원 자격으로 새 아파트에 입주할 수 있는 권리다.

반면 청약을 통한 일반분양에 당첨되어 건설사와 계약하여 새 아파트를 받을 수 있는 권리가 분양권이다. 한마디로 입주권은 조합원 권리를 사는 것이고, 분양권은 당첨자의 권리를 사는 것이다. 결과적으로 투자 측면에서 보면 분양권과 입주권은 각각의 장단점이 있어 딱 잘라 어느 것이 유리하다고는 할 수는 없다.

아래 <표>는 분양권과 입주권을 비교한 것인데 청약통장 사용 여부, 양도소득세와 재산세 및 취득세 관련 사항, 주택 수 산정 여부 등에서 차이가 있다.

분양권과 입주권의 발생 시점을 보면, 분양권은 철거 후 일반분양 시 확정되고, 입주권은 관리처분계획인가 시 확정된다. 또한 분양권이 단순한 권리인 채권인 데 반해 입주권은 소유권을 가지고 있는 물권이라는 차이가 있다.

〈표〉 분양권과 입주권 비교

구분	분양권	입주권
의미	신축아파트에 입주할 수 있는 권리(분양계약서 매매)	재개발·재건축 새 아파트에 조합원 자격으로 입주할 수 있는 권리
발생 시점	일반분양 후	관리처분계획인가 후
자격	청약 당첨자	재개발·재건축 조합원
청약통장	o	×
투입자금	분양가의 10~20%의 계약금	초기 목돈 필요
분양가	입주권보다 일반분양가가 높다 (분양가 확정)	일반분양가보다 낮다 (추가분담금 발생 가능성)
동·호수	저층 등 상대적으로 좋지 않은 동·호수 배정	로얄층 지정 가능
주택 수 포함	o	o
재산세 부과	×	o
양도소득세	처분 시 차액 과세	비과세(1가구 1주택)
장기보유특별공제	×	o
취득세	1.1~3.6%(입주 시)	4.6%
준공 후 보존등기	1.1~2.4%	2.96~3.16%
권리	채권	물권(소유권)
권리발생 시기	-	관리처분계획인가일
권리의 성격	부동산을 취득할 수 있는 권리	
전매	가능하지만 까다롭다	쉽다(조정지역일 경우 3년)
비과세 특례	×	o
중과세율 적용	×	o
매입 시 등기여부	×(실거래가 신고)	o(소유권 이전)

- 자료 : 〈하루에 끝내는 재개발 재건축〉, p208. 참조하여 각색함.

재개발·재건축구역의 주택은 '정비구역 지정-추진위원회 승인-조합설립-시공사 선정-사업시행인가를 거쳐 관리처분계획인가'를 받으면 주택에서 입주권으로 바뀐다. 관리처분계획인가가 나면 기존 주택이 철거되지 않았더라도 주택이 멸실된 것으로 보는 것이다.

입주권은 종전자산평가액, 추가분담금, 프리미엄이 모두 포함된 가격으로 거래가 이루어지므로 분양권과 비교해 상대적으로 초기 투자금이 많이 든다. 반면 분양권에 비해 총거래가격을 기준으로 볼 때, 조합원에게 적용되는 할인 분양금액으로 매입할 수 있는 장점이 있다. 게다가 이주비, 발코니 확장, 시스템에어컨 등 시공사가 제공하는 다양한 옵션 혜택도 받을 수 있다. 그러다 아파트가 지어져 준공(사용검사필증 교부일 또는 임시사용일)되면 입주권은 다시 주택으로 변신한다. 그리고 세법에서 말하는 '조합원입주권'에 대한 정의는 <소득세법> 제89조 제2항에 규정되어 있다.

정리해 보면, 세법상 입주권이란 <도시정비법>에 따른 재개발·재건축의 관리처분계획인가로 취득한 입주자로 선정된 지위 및 <빈집 및 소규모주택 정비에 관한 특례법>에 따른 재건축사업의 사업시행계획인가로 취득한 입주자로 선정된 지위를 말한다. 즉 <도시정비법>과 <소규모주택 특례법>에 따른 입주자로 선정된 지위만 입주권으로 본다.

새로 지어지는 아파트는 조합원들에게 우선해서 좋은 동·호수 위주로 배정한다. 이유는 조합원들을 대표하는 조합이 시행하기 때문에 조합원에게 각종 혜택을 주는 것이다. 조합원에게 배정하고 남는 물량을 일반분양으로 전환하여 각종 비용을 충당하고 조합원의 수익을 극대화한다.

일반분양가는 조합원분양가보다 평균 10~30%가량 높은 편이지만 초기 투자금은 적은 편이다. 분양가의 10%에 해당하는 계약금과 프리미엄만 있으면 거래가 가능하기 때문이다.

〈표〉 입주권과 분양권 투자 비교

구분	입주권	분양권
정의	정비사업의 조합원으로서 공급되는 신축에 입주할 수 있는 권리	일반분양 청약 당첨 또는 전매를 통해 신축에 입주할 수 있는 권리
초기 투자금	종전자산금액+프리미엄	계약금(분양가 10%)+프리미엄
취득세	(종전자산금액 + 프리미엄) × 4.6% + 입주 시 원시취득세	명의 변경 시 취득세 없음 (입주 시 주택 취득세는 내야 함)
추가분담금	사업성에 따라 발생 가능 (물론 반대의 경우도 있음)	상관없음 (상황에 대한 변동성 없음)
옵션 비용	옵션 비용 부담하나 무상인 경우도 있음 (조합원 혜택)	옵션 비용 부담

분양권과 입주권을 매수할 때 초기 투자금뿐만 아니라 취득세에도 차이가 있다. 입주권의 경우 매입하는 즉시 토지분의 4.6%에 해당하는 취득세(주택의 경우, 철거될 때까지는 주택분 취득세 납부)를 내야 하지만, 분양권은 매입 시 취득세는 없고 준공 후 등기 때 내면 되기 때문에 준공 이전에 팔면 취득세를 내지 않아도 된다.

최근 재개발사업의 새로운 복병으로 등장한 존치건축물은 어떻게 처리하는 것이 좋은가요?

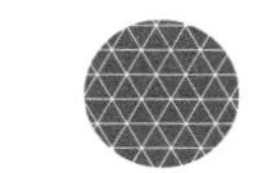

존치건축물은 조합총회에서 정비계획 수립 시 존치시킬 것인지, 아니면 보상금을 지급하고 내보낼 것인지를 결정하여 처리한다. 어떤 방식을 택할지는 조합원 의사에 따른다.

최근 재개발사업에서 핫이슈로 등장한 것이 존치건축물이다. 글자 그대로 재개발구역 내 위치한 건축물로 정비계획에서 철거하지 않고 존치하는 것으로 계획된 건축물을 말한다. 아니면 조합과의 협의를 통해 존치시키지 않고 명도하는 방법도 있다. 대부분 재개발구역에는 약방의 감초처럼 종교시설 등과 같은 존치건축물이 존재하기 마련이다.

서울 J재개발구역에서 교회 관련하여 조합과 원만한 합의가 되지 않아 사업이 지연되는 등 잡음이 끊이지 않았다. 존치건축물에 대한 명확한 처리 규정이 없기 때문이다. 따라서 존치건축물 관련 대법원 판례, 법제처 유권해석, 그리고 국토부 질의회신을 통해 살펴보자.

정비구역 내 존치건축물 소유자의 법적 지위 및 권리·의무에 대해서는 여러 가지 법적 쟁점이 존재한다. 쟁점이 많다는 것은 관련 규정이 명확하지 않다는 증거다.

따라서 존치건축물 소유자에게 추진위원회 설립이나 조합설립 시 동의를 받아야 하는지, 그리고 조합원 자격은 있는지, 분양자격이 주어지는지와 같은 사안들이 쟁점이다.

〈도시정비법〉 제58조

① 사업시행자는 일부 건축물의 존치 또는 리모델링(「주택법」 제2조 제25호 또는 「건축법」 제2조 제1항 제10호에 따른 리모델링을 말한다. 이하 같다)에 관한 내용이 포함된 사업시행계획서를 작성하여 사업시행계획인가를 신청할 수 있다.

(중략)

③ 사업시행자가 제1항에 따라 사업시행계획서를 작성하려는 경우에는 존치 또는 리모델링하는 건축물 소유자의 동의(「집합건물의 소유 및 관리에 관한 법률」 제2조 제2호에 따른 구분소유자가 있는 경우에는 구분소유자의 3분의 2 이상의 동의와 해당 건축물 연면적의 3분의 2 이상의 구분소유자의 동의로 한다)를 받아야 한다. 다만, 정비계획에서 존치 또는 리모델링하는 것으로 계획된 경우에는 그러하지 아니한다.

<도시정비법> 제58조 제1항에서 "사업시행자가 일부 건축물의 존치에 관한 내용이 포함된 사업시행계획서를 작성하여 사업시행인가를 신청할 수 있다"라고 규정하고 있다. 즉 사업시행계획서 작성 시 조합 마음대로 계획을 수립하지 말고 존치건축물 구분소유자 및 건축물 연면적의 3분의 2 이상의 동의를 받도록 했다.

그러나 동법 제58조 제3항 단서조항에서는 만약 존치건축물이 존치하거나 리모델링 할 경우에는 동의를 받지 않아도 되도록 했다. 존치건축물이 재개발구역 내 어딘가에 존치되거나 현재 그 상태에서 리모델링할 경우에는 구태여 존치건축물 소유자의 3분의 2 이상 동의가 필요 없다. 따라서 존치시키지 않을 경우에만 사업시행계획을 수립할 때 존치건축물 소유자의 3분의 2 이상 및 존치건축물 연면적의 3분의 2 이상의 동의를 받도록 하고 있다.

정리하면 이렇다. 존치건축물 소유자는 조합원 자격은 있지만 분양자격은 없다. 정비사업은 정비구역 내 토지등소유자들의 자산을 현물출자 받아 건물을 철거하고 새로 아파트를 건축하여 환지 개념으로 분양하는 것을 기본 골격으로 하고 있다.

자산의 현물출자가 없는 존치건축물 소유자에게 추진위원회 구성이나 조합설립에 동의 권한을 주는 것, 조합원의 자격을 주는 것은 논리상 맞지 않는다는 주장도 있다. 그러나 판례, 국토부, 법제처는 존치건축물 소유자에게도 조합원 자격을 주어야 한다고 보고 있다.

현행 <도시정비법>상 존치건축물 소유자를 정비구역 내 토지등소유자가 아니라고 볼 수 없고 강제조합원제도를 택하고 있는 재개발사업의 경우에는 동의 여부를 불문하고 정비구역 내 토지등소유자는 모두 조합원의 자격이 부여되므로 존치건축물 소유자의 조합원 지위를 부정하는 것은 법 해석의 한계를 넘어선다는 것이다.

존치건축물 관련 법제처 유권해석, 국토부의 질의회신 및 대법원 판례는 유사한 내용을 보이고 있다. 이를 정리하면 존치건축물 소유자는 추진위원회나 조합설립 동의율 산정 시 포함되어야 하지만 분양자격은 주어지지 않는다.

앞서 언급한 서울 J구역 교회의 경우 조합에선 존치 대신 조합과의 협의를 통해 명도하는 방식을 택했지만, 합의 실패로 사업이 지연되고 있다. 조합에서는 그동안 여섯 번이나 집행에 나섰으나 명도에 실패하였고 이에 사업이 계속 지연되어 이자 부담이 눈덩이처럼 불어나자 결국 울며 겨자 먹기로 총회(2022.9.6.)를 개최하여 500억이라는 어마어마한 보상금을 지급하기로 함에 따라 기나긴 분쟁은 끝이 났다.

사업은 빨리 진행될지 모르겠지만, 애초 조합이 제시했던 80억에 비해 보상금 규모가 너무 커졌다. 그런데 조합과 합의로 2023년 4월 이사를 하기로 했던 교회는 최근 갑자기 이사 계획을 철회했다고 한다. 인근 재개발구역 내 사우나 건물을 매입해 이사하려고 했지만 성북구청이 토지거래를 '불허'하면서 생긴 일이다.

현재 J구역에는 교회 건물만 남아 있고 조합원들은 이미 철거·이주를 마친 상태다. 교회 측은 해당 구청이 사우나 토지거래허가를 내

주든, J구역 시공사인 대우건설이 임시 거처를 지어줘야 현재 교회를 비워주겠다는 것이다. 이에 참다못한 조합이 대의원회를 개최해 보상금 500억 지급하는 것을 중단하고 사업이 지연되고 사업비가 증가하는 것을 감수하고서라도 아예 교회 부지를 빼고 사업을 진행하겠다고 한다. 어떻게 해결될지 모르겠지만 사업 지연과 사업비 증가는 불을 보듯 뻔하다.

이번 사안은 정비업계에서도 예의주시하고 있다. 향후 다른 정비사업장의 존치건축물 보상체계에 본보기가 될 수 있기 때문이다. 하루빨리 존치건축물 관련 보상기준을 법과 조례로 명확하게 할 필요가 있다. 이렇게 가다가는 존치건축물이 있는 지역은 재개발 자체가 쉽지 않을 수도 있다.

재개발구역 영업손실보상금은 조합마다 차이가 있던데 얼마나 받을 수 있나요?

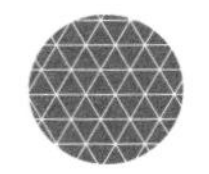

영업손실보상은 매출액, 인건비, 고정비, 감가상각 등을 반영한 4개월 치를 받는 것이 일반적이다.

영업손실보상금은 사업인정고시일 이전부터 영업한 사업장을 대상으로 매출액, 이전 실비 등을 고려하여 통상 4개월분을 받게 된다.

한 곳에 터를 잡고 오랫동안 개인사업자로 점포나 상가를 운영하다가 갑자기 재개발사업이 진행되어 불가피하게 영업장을 이전해야 하는 경우에 받는 것이 영업손실보상이다.

그렇다면 영업장소를 이전해야 하는 사업자 관점에서 보상금 산정기준은 어떻게 되고 언제, 어떻게, 얼마를 받을 수 있는지가 초미의 관심사다.

재개발구역에서는 보상금 관련하여 심심찮게 갈등이 표면화되어 왔다. 대표적인 사건이 바로 2009년 1월 '용산사태'이다. 서울 용산재개발구역 철거과정에서 발생한 철거민 다수와 경찰관의 사망 이후 관련 법 규정을 개정하면서 보상금 관련 기준이 한층 강화되었다. 이에 관해서는 <도시정비법>에 별도 규정은 없고 대신 <공익사업을 위한 토지 등의 취득에 관한 법률>을 준용한다.

먼저 영업손실에 대해 지급하는 보상금 한도는 휴업 기간 영업손실액의 4개월에서 최고 2년분이다. 영업손실에 해당하는 것은 휴업 기간에 해당하는 영업이익과 이전 후 발생하는 영업이익 감소액에 영업용 자산에 대한 감가상각비, 유지관리비 및 휴업 기간에도 정상적으로 근무해야 하는 최소인원에 대한 인건비를 고려한 고정적 비용을 포함한 금액이다. 이외에 영업 시설 원재료, 제품 및 상품의 이전에 따른 비용과 그 이전에 따른 감소와 손해의 상당액도 포함된다.

재개발사업으로 영업이 금지되거나 제한받는 기간은 4개월을 초과하는 경우가 대부분이지만, 법적으로는 그 휴업하는 기간을 4개월로 보아 4개월분을 보상금으로 지급한다. 예외적으로 기존 영업 시설이나 장비 등의 규모가 거대하여 이전하는 데 고도의 정밀성이 요구되거나 특수성이 있어 4개월 안에 다른 장소 이동이 불가능하고 영업이 힘들다고 인정될 경우에는 실제 휴업 기간으로 적용할 수 있다. 다만, 이 경우에도 2년을 초과할 수는 없다.

한편, 보상금 지급대상은 사업인정고시일 전부터 적법한 장소(무허가건축물 등 불법 형질변경, 토지 그밖에 다른 법령에서 물건을 쌓아놓는 행위가

금지되는 장소가 아닐 것)에서 인적, 물적 시설을 갖추고 계속해서 영업하는 경우를 말한다.

영업하는 데 관계 법령에 의한 허가 등을 필요로 하는 경우에는 사업인정고시일 등 전에 허가 등을 받아 그 내용대로 하고 있어야 한다. 여기서 유의할 점은 무허가건축물 등에서는 '임차인'만 해당하고 그 임차인 역시 사업인정고시일 등 1년 이전부터 <부가가치세법> 제8에 따른 사업자등록 하여야 한다는 점이다.

따라서 무허가건축물 등의 소유자가 직접 영업하는 경우나 임차인이 사업인정고시일 등 1년 이전부터 사업자등록이 되어 있지 않으면 영업보상 대상에서 제외된다.

보상금 제외 대상

① 무허가(무면허, 무신고 포함)인 경우, 즉 허가 등을 받지 못한 사람은 영업보상을 받을 수 없는 것이 원칙이지만 토지보상법은 특칙을 두어 일정한 금액을 보상하도록 하고 있다.

② 허가받은 대로(장소, 영업내용 등) 영업을 하지 아니하는 경우

③ 사업인정고시일 등 이후부터 행하고 있는 영업

④ 조건부 공장등록의 허가 기간이 연장되지 아니한 경우

⑤ 사업과 관계없이 휴업상태에 있거나 영업이익이 없는 경우

⑥ 부동산임대업 등

또, 사업장이 반드시 영리만을 목적으로 운영되는 곳이 아닌 경우에도 영업이익이 발생하는 사업장이면 보상금 지급 대상이 된다. 보상금을 청구하려면 여러 가지 관련 서류를 제출해야 하는데, 재개발구역마다 세부적인 구비서류가 다소 달라질 수는 있으나 크게 차이는 없다.

이런 상담 사례도 있었다. 자가건물은 임대를 주고, 타인의 건물에 임차하여 영업 중인 재개발 조합원이었는데, 조합이 처음엔 세입자로 영업 중인 영업장에 대해 영업손실보상을 해준다고 했는데 후에 '다른 건물의 세입자로 있다 하더라도 분양신청한 조합원은 영업보상 대상자가 아니다'라며 영업손실보상을 해줄 수 없다고 했다는 것이다. 이에 관한 결론은 아직 정해지지 않은 상태다.

재개발구역에서 지분쪼개기를 많이 하면 사업성이 나빠진다는데 지분쪼개기는 언제까지 가능한가요?

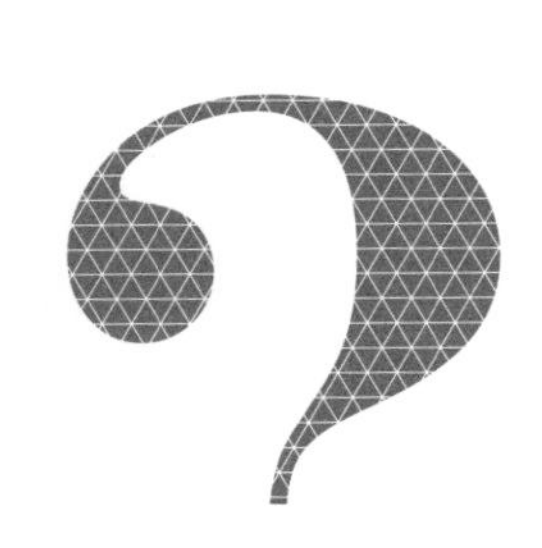
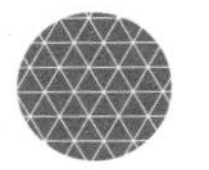

지분쪼개기는 조합원 수를 증가시켜 사업성을 악화시키는 요인이기 때문에 기준일을 정해 엄격하게 금지하고 있으며, 기준일은 지자체마다 다르다.

각종 강의나 상담 시 가장 많이 받는 질문이다. 지분쪼개기는 재개발 사업이 진행되는 한 없어지지 않을 것이고, 계속 논쟁의 중심에 서 있을 것이다.

우리는 툭하면 '법으로 하자'라는 말을 자주 한다. 그런데 법으로 안 되는 일도 많다. 지분쪼개기 금지 규정이 그렇다. 이는 법의 허점을 이용하는 것이다. 지분쪼개기는 권장할 일은 아니지만 그렇다고 불법은 아니다. 지분쪼개기는 각 지자체에서 정한 권리산정기준일 전까지 가능하다.

지분쪼개기를 금지하고 분양자격을 결정하는 권리산정기준일

(이하 '기준일')은 <도시정비법> 제10조에 규정되어 있다. 기준일을 정하는 방법은 두 가지다.

정비구역 지정고시일 아니면 시도지사가 투기 방지를 위하여 정비구역 지정 전에 별도로 정한 날이다. 따라서 시도지사가 별도로 정하지 않으면 정비구역 지정고시일 다음 날이 기준일이 되고, 시도지사가 별도로 정하면 그 정한 날의 다음 날이 기준일이 된다.

〈도시정비법〉 제77조

① 정비사업을 통하여 분양받을 건축물이 다음 각 호의 어느 하나에 해당하는 경우에는 제16조 제2항 전단에 따른 고시가 있은 날 또는 시·도지사가 투기를 억제하기 위하여 기본계획 수립 후 정비구역 지정·고시 전에 따로 정하는 날(이하 이 조에서 "기준일"이라 한다)의 다음 날을 기준으로 건축물을 분양받을 권리를 산정한다. [개정 2018.6.12] [[시행일 2018.10.13]]

1. 1필지의 토지가 여러 개의 필지로 분할되는 경우
2. 단독주택 또는 다가구주택이 다세대주택으로 전환되는 경우
3. 하나의 대지 범위에 속하는 동일인 소유의 토지와 주택 등 건축물을 토지와 주택 등 건축물로 각각 분리하여 소유하는 경우
4. 나대지에 건축물을 새로 건축하거나 기존 건축물을 철거하고 다세대주택, 그 밖의 공동주택을 건축하여 토지등소유자의 수가 증가하는 경우

② 시·도지사는 제1항에 따라 기준일을 따로 정하는 경우에는 기준일·지정사유·건축물을 분양받을 권리의 산정 기준 등을 해당 지방자치단체의 공보

에 고시하여야 한다.

먼저 서울의 경우를 보자. 재개발 기준일은 조례시행일인 2003년 12월 30일로 하다가 2010년 7월 16일 법률상의 기준일과 같은 내용을 조례에 도입했다.

하지만 조례 부칙을 통해 개정된 조례의 적용 범위를 2010년 7월 16일 이후 최초로 기본계획을 수립하는 지역으로 한정하였고, 개정 전 이미 기본계획이 수립되어 있는 지역에 대해서는 여전히 2003년 12월 30일을 기준일로 산정하도록 했다.

문제는 서울 재개발구역의 대부분이 이미 기본계획이 수립된 지역이었으므로 많은 재개발 사업장들이 아직도 호랑이 담배 피던 시절의 옛날 조례로 분양자격을 산정하고 있다. 그래서 자꾸 헷갈리니까 정비업계에서는 개정 전 조례를 '구 조례', 개정 후 조례를 '신 조례'로 구별하여 부르는 실정이다.

<도시정비법>으로 시행되는 신속통합기획 1차 재개발 예정지의 경우 2021년 9월 23일, 2023년까지 공모하는 예정지의 경우 2022년 1월 28일이 기준일이 된다. 공공재개발 1차 후보지는 2020년 9월 21일, 2차 후보지는 2021년 12월 30일, 그 이후 공모하는 후보지는 2022년 1월 28일이 각각 기준일이 된다.

또, <공공주택특별법>에 의거하여 진행되는 3080+도심공공주택복합사업(공공주택특별법)의 경우에는 2021년 6월 29일, <빈집및소

규모주택정비사업>에 근거해 진행되는 모아타운 1차는 2022년 1월 28일, 추가지정 20곳은 2022년 6월 23일, 그 후 공모하는 모아타운은 공모공고일이 각각 기준일이 된다. 주민동의율 80% 이상으로 조합이 설립되는 가로주택정비사업의 경우에는 조합설립인가일이 기준일이 된다.

부산시의 권리산정기준일(이하 '기준일'이라 함)이다. 기준일 관련하여 부산시는 <도시정비법> 제77조 제2항에 근거하여 2020년 9월 14일 '부산광역시 고시 제2020-349호'로 기준일을 별도로 정했다. 2020년 9월 14일 이전에 정비구역으로 지정된 사업장은 정비구역 지정고시일 다음 날, 그 이후에 정비구역으로 지정된 사업장은 사전타당성심의 통보일 다음 날이 기준일이 된다. 사전타당성심의 제도는 부산에만 있는 독특한 기준일을 정하는 방식이다.

기준일의 다른 말은 지분쪼개기 금지 기준일이다. <도시정비법> 제77조 제1항에서는 기준일 다음 날을 기준으로 분양자격을 산정하기 때문이다. 따라서 기준일 이후에 1필지의 토지가 여러 개의 필지로 분할되는 경우, 단독주택 또는 다가구주택이 다세대주택으로 전환되는 경우, 하나의 대지 범위에 속하는 동일인 소유의 토지와 주택 등 건축물을 토지와 주택 등 건축물로 각각 분리하여 소유하는 경우, 그리고 나대지에 건축물을 새로 건축하거나 기존 건축물을 철거하고 다세대주택, 그 밖의 공동주택을 건축하여 토지등소유자의 수가 증가하는 경우에는 1개의 분양자격만 주어 지분쪼개기를 금지하고 있다.

사전타당성 통과가 중요한 이유는 분양자격을 결정하는 기준이 되기 때문이다. '부산시에서 사전타당성 검토 심의결과(원안의결, 조건부의결 포함)를 해당 자치구군에 통보한 다음 날'이 기준일이 되는 것이다. 따라서 종전보다 기준일이 더 강화된 것이다.

사전타당성 통보일로부터 정비구역 지정까지는 통상 1년 정도 시간이 소요되기 때문에 그만큼 기준일이 앞당겨진 것이다.

사전타당성 통과 후 일부 구역이 추가로 편입될 경우, 편입된 구역의 기준일을 어떻게 정할 것인가도 중요하다. 이에 대해 부칙 제2조에서 추가 편입된 구역은 사전타당성 통보일이 아닌 정비구역 지정고시일을 기준일로 본다.

하지만 현행 부산의 기준일인 사전타당성 통보일은 지분쪼개기에 속수무책이다. 사전타당성 심의 신청에서 통과까지는 통상 3개월에서 6개월가량 소요되는데 이 시기에 쪼개기가 성행하기 때문이다. 마치 지분쪼개기를 방조하는 듯한 느낌마저 들 정도이다. 따라서 기준일을 사전타당성 통보일이 아닌 사전타당성 신청일로 앞당겨야 할 필요가 있다.

재개발·재건축이 진행되어 관리처분인가가 나면 이주를 해야 하는데 이주비나 이사비는 얼마나 받게 되나요?

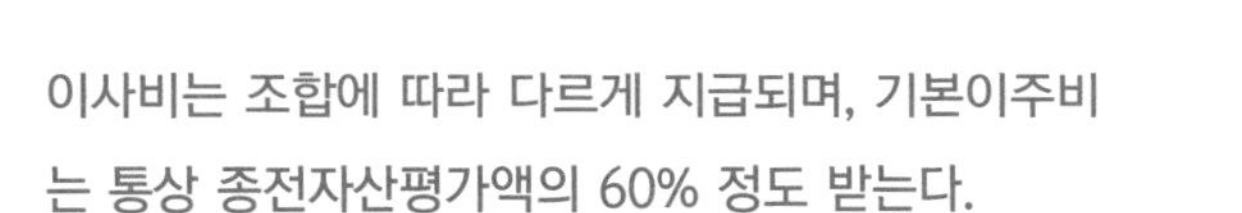
이사비는 조합에 따라 다르게 지급되며, 기본이주비는 통상 종전자산평가액의 60% 정도 받는다.

이주비 관련 상담도 약방의 감초처럼 빠지지 않고 등장한다. 재개발·재건축이 진행되어 이주 시기가 되면 조합원과 세입자는 일정 요건을 충족할 경우 이사비와 이주비 등을 받는다.

재건축에서 이주비와 이사비는 분양신청을 한 조합원에게 지급되지만, 재개발에서는 이주비는 분양신청한 조합원에게, 이사비는 현금청산자나 세입자에게 지급된다. 조합에 따라서는 분양받은 조합원에게 이사비를 지급하는 경우도 있다.

이주비란 재개발·재건축으로 인해 집이 철거될 경우 이를 대체할 수 있는 새로운 집을 마련할 수 있도록 이주할 때 지급하는데 이는 이사비나 주거이전비와는 달리 대출이기 때문에 나중에 상환해야 한다. 물론 중도 매각 시에는 매수자에게 승계하는 절차를 거친다.

재개발구역 현금청산자의 경우 임대아파트를 배정받을 수 있으며, 세입자의 경우에도 일정 요건 충족 시 주거이전비 외에 임대아파트도 배정받을 수 있다.

먼저 이주비다. 이주비는 조합원에게 지급되는데 관리처분 시 최종 결정된다. 조합원이 거주하고 있는 경우 신청 기간 내 이주사무실에 신청하면 공가 확인 및 열쇠를 받은 후 지정 은행을 통해 통장으로 지급한다.

반면 세입자가 거주하고 있을 경우 임대차계약서 사본을 조합에 제출하면 퇴거일에 지급된다. 조합원이 임차인을 두고 있다면 이주비는 세입자 보증금 반환 용도로 사용된다. 이주비는 통상 무이자와 유이자가 있다. 무이자는 종전자산평가액의 40~60%, 그 외 유이자로 추가 지급하는 조합도 있다.

갈수록 대출 규제가 강화되면서 이주비 대출한도가 60%에서 40%로 낮아져 사업 속도를 내지 못하는 사업장도 있는데 여유자금이 부족한 조합원들에게 어려움이 가중되고 있다.

투자 측면에서 보면 이주비 대출이 나오는 시점이 투자의 마지막 타이밍이라고 봐야 한다. 실수요자와 투자자가 섞여 있는 상황이다. 따라서 투자자로서는 이주비 지급 전·후는 실투자 금액이 달라지기 때문에 잘 판단해야 한다.

<table>
<tr><th>매입금액</th><th colspan="2">실투자금</th></tr>
<tr><td rowspan="4">감정평가액 + 프리미엄</td><td rowspan="2">이주 전</td><td>감정평가액 + 프리미엄 - (임차보증금, 대출)</td></tr>
<tr><td>임차보증금액이 큰 물건이 실투자금이 적다</td></tr>
<tr><td rowspan="2">이주 후</td><td>감정평가액 + 프리미엄 - (이주비, 이사비)</td></tr>
<tr><td>이주비를 많이 지급할수록 실투자금이 적다</td></tr>
</table>

실투자금을 줄일 방법은 두 가지다. 임차보증금이 많고, 이주비를 많이 지급하는 구역이다. 조합에 따라서는 '무이자 60%+유이자 20%' 등 총 80% 정도를 지급하는 곳도 있지만 '무이자 60%'가 대부분이다.

무이자 이주비 역시 공짜가 아니다. 조합원이 직접 이자를 납부하지 않지만, 간접적으로 시공사의 금융비용에 포함되거나, 조합 경비로 처리하기 때문에 분양가에 반영된다.

최근 들어서는 이주비를 후불제 유이자로 지급하는 곳도 있다. 조합 사정에 따라 그 비율은 다르지만, 이주비 대출을 많이 해주는 구역이 당연히 투자에 유리하다. 반면, 법인 조합원이거나 상가 신청한 조합원의 경우 이주비 대출을 지급하지 않는 조합도 있으므로 유의해야 한다.

간혹 종전자산평가액에 불만을 품고 지정된 기간 내에 이주하지 않는 경우가 있다. 실제 이와 관련한 많은 문의를 받는다. 이의신청은 이의신청대로 진행하되 가급적 이주 기간 내 이주를 하라고 대답한다.

이주 기간 내 이주를 지연하거나 거부하는 조합원에 대해서는 총회결의, 조합 정관 등에 따라 이사회 결의로 명도소송, 점유이전금지가처분 등 소를 제기함은 물론 인도 지연에 따라 발생하는 모든 손해배상 및 소송비용을 부담해야 한다. 일부 사업장에서는 조합원들의 총회 의결로 이주 기간 내 이주를 완료하지 않는 조합원에 대해 스스로 불이익 처분을 내리기도 한다.

주의할 점은 LTV 규제 강화로 매매 시 매도 조합원이 받은 이주비가 승계조합원에게 그대로 승계되지 않거나 금액에 차이가 날 수 있다는 점이다. 즉 매도하려는 조합원은 이주비를 60% 받았지만, 승계조합원의 사정에 따라 이주비가 50%로 줄어들 수 있고 이주비 대출이 아예 승계되지 않는 경우도 있어 주의해야 한다.

그리고 국유지무허가건축물의 경우에 이주비가 지급되는지 궁금해하는데, 이 경우에도 이주비는 지급되지만, 은행이 아닌 조합에서 지급한다는 차이점이 있다. 하지만 대부분 종전자산평가액이 낮은 데다 구비서류도 복잡하여 이주비 신청을 하지 않는다.

다음은 이사비에 대해 알아보자.

재개발사업에서 이사비는 <공익사업을 위한 토지 등의 취득 및 보상에 관한 법률 시행규칙> 제55조에 의거 지급된다. 재개발의 경우 현금청산자, 세입자, 재건축의 경우에는 분양받은 조합원이 지급 대상이다.

물론 재개발구역 내로 이사하거나, 조합원이 구역 내 다른 조합원의 주택에 세입자로 이사할 경우에도 지급되지 않는다. 이사비는 주택거주자가 아니라 주택소유자에게 지급된다. 세입자의 이주비도 일단 주택소유자에게 지급된다. 주택소유자가 세입자의 명도 등을 확인한 후 지급하도록 하고 있다.

이사비는 구역마다 다소 차이가 있다. 간혹 소유자가 세입자에게 이사비를 지급하지 않아 문제가 발생하기도 하는데, 이 경우에는 조합에서 대신 지급해주고 해당 주택소유주에게 구상권을 청구한다.

세입자에게만 지급되는 주거이전비가 있다. 정비구역 내 일정 요건을 충족하는 세입자에게 지급되는 주거이전비는 흔히 '세입자 이주비'로 불리기도 한다. 물론 세입자라고 해서 전부 받을 수 있는 것은 아니고 요건에 부합해야 한다.

주거이전비는 거주하는 가구원 수가 많을수록 많이 지급되며 유주택자인 경우에도 받을 수 있다. 계약 당시 임차인이 "재개발 이주시 조건 없이 이사한다." 또는 "이주비는 포기한다"와 같은 특약을 넣었을 때는 어떻게 될까?

주거이전비 관련 판례(대법원, 2009두16824, 2010.9.9.)

〈공익사업을 위한 토지 등의 취득 및 보상에 관한 법률〉 제78조 제5항, 같은 법 시행규칙 제54조 제2항, 구 도시 및 주거환경정비법(2008. 3. 28. 법률 제9047호로 개정되기 전의 것) 제4조 제1항, 제2항, 같은 법 시행령 제11조 제1항 등 각 규정의 내용, 형식 및 입법경위, 주거이전비는 당해 공익사업시행지구 안에 거주하는 세입자들의 조기 이주를 장려하여 사업추진을 원활하게 하려는 정책적인 목적과 주거이전으로 인하여 특별한 어려움을 겪게 될 세입자들을 대상으로 하는 사회보장적인 차원에서 지급하는 성격의 것인 점 등을 종합하면, 도시정비법상 주거용 건축물의 세입자에 대한 주거이전비의 보상은 정비계획이 외부에 공표됨으로써 주민 등이 정비사업이 시행될 예정임을 알 수 있게 된 때인 정비계획에 관한 공람공고일 당시 당해 정비구역 안에서 3월 이상 거주한 자를 대상으로 한다.

<민법>은 당사자 간 계약을 우선하기 때문에 주거이전비를 받을 수 없다는 의견과 재개발구역의 특성을 고려하여 이러한 특약은 효력이 없으니 지급해야 한다는 의견으로 나뉘지만, 결론적으로 주거이전비는 사회보장적 성격이므로 임차인이 포기각서를 쓰더라도 무효다.

재개발에서는 소유주에게는 이주비를, 세입자에게는 요건 충족 시 주거이전비를 지급하지만, 재건축에서는 소유주에게는 이주비가 지급되지만, 세입자에게는 주거이전비가 지급되지 않는다는 차이가 있다.

마지막으로 임대아파트 입주 자격을 보자.

재개발구역 내 세입자에 대한 혜택은 크게 두 가지다. 먼저 <공

익사업을 위한 토지 등의 취득 및 보상에 관한 법률>에 따라 정비구역 지정공람공고일 3개월 전부터 사업시행인가일(또는 이주 및 철거 시, 조합에 따라 다소 차이가 있음)까지 거주한 경우 가구원 수별 주거이전비를 받을 수 있다.

거기다 주거이전비 지급 대상자라면 <도시정비법>에 의거 세대원 전원이 무주택자인 경우 구역 내 임대아파트를 배정받을 수도 있다.

자격요건 중 거주기간에 대해서는 조합마다 다소 차이가 있다. 원칙은 해당 세입자가 정비구역 지정공람공고일 3개월 전부터 사업시행인가일까지 거주하면 된다. 다만, 일부 조합에서는 이주 및 철거 시까지로 거주요건을 강화하는 경우도 있다.

주거이전비는 주택의 유무에 관계없이 지급되지만, 임대아파트는 세대원 전원이 무주택자여야 배정받을 수 있다.

재건축사업에 부과되는 재건축 부담금은 어떻게 산출하고 납부는 어떻게 하나요?

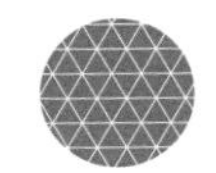

재건축부담금은 재건축시장 활성화를 가로막는 장애물인데, 정해진 산식에 따라 계산한 초과이익에 대해 최대 50%를 납부하여야 한다.

2006년 처음 도입된 '재건축부담금' 일명 '초과이익환수제'는 부동산 시장 위축으로 시행이 유예되다가 문재인 정부 때 부활해 2018년부터 본격 시행에 들어갔다.

대상은 2018년 1월 2일 이후 관리처분인가를 신청하는 조합부터 적용되는데, 재건축으로 발생한 초과이익에 대해 10%에서 최고 50%까지 환수하는 제도다. 그러다가 2022년 9월 28일 전면 개정되었다. 주요 내용은 세 가지다. 먼저 초과이익 기준금액을 3천만 원에서 1억으로 올렸다. 또한 60세 이상의 경우 수입이 없어 당장 세금을 못 내면 주택처분 시점에 납부할 수 있는 세금감면제도를 신설하였고, 마지막으로 비교하는 기준시점을 달리하여 부담금을 줄여주었다.

〈표〉 초과이익 기준금액 상향

초과이익	현행	0.3억 이하	0.3~0.5억	0.5~0.7억	0.7~0.9억	0.9~1.1억	1.1억 초과
	개선	1억 이하	1.0~1.7억	1.7~2.4억	2.4~3.1억	3.1~3.8억	3.8억 초과
부과율(%)		면제	10	20	30	40	50

이를 세부적으로 보면, 위 <표>에서 보듯이 원래 1인당 평균 3천만 원의 과세기준을 1억으로 올려 1억까지는 세금을 내지 않도록 했다. 그리고 종전에는 과세구간이 2천만 원으로 촘촘했는데 그 구간을 7천만 원으로 크게 나누었다.

세금감면제도가 신설되었다. <표>에서 보듯이 1주택자의 경우 준공 시점을 기준으로 과거 6년 이상 보유했다면 6년 이상부터 보유기간 1년당 10%씩 최대 50%를 감면해 준다. 또한 60세 이상의 경우 당장 세금을 낼 돈이 없을 때는 주택을 처분하는 시점에 낼 수 있도록 했다.

부담금 납부 시점은 먼저 준공 후 1개월 이내에 조합에서 개별비용 등 내역서를 지자체에 제출하여야 하고, 지자체장은 준공 후 5개월 이내에 부담금을 결정하여 부과하고 부과한 날로부터 6개월 이내에 납부한다.

마지막으로 개정 내용의 핵심이라 할 수 있는 것은 비교하는 기준시점이 달라졌다는 점이다. 종전에는 추진위원회가 시작점이었는데 이를 조합설립인가일로 늦추어 전체 기간이 짧아져 종전보다는 유리해졌다.

재건축의 경우 통상 시작점이 길어질수록 이익이 많아지기 마련이다. 즉 사업 기간이 길수록 물가상승이나 인플레이션 등과 같은 이유로 집값이 오를 가능성이 크다.

종전에는 시작 시점을 추진위원회승인 시점으로 봤지만 이를 조합설립인가일로 늦추어 부담을 줄여주었고, 또 사업 기간이 오래 지연되면 최대 비교 시점을 10년까지로 제한했다. 그러나 본 개정법안은 2023년 5월 현재 아직 국회에서 통과되지 못하고 있다.

다음은 재건축부담금 산정 방식이다.

> 초과이익 = 재건축 완료 후 주택가격 – 개시 시점 주택가격
> – 정상주택가격상승분 – 개발비용

먼저 '개시 시점 주택가격'이란 재건축사업을 시작할 당시 기존 아파트 공시 가격을 말하며, '정상주택가격상승분'은 정기예금 이자율 또는 평균 집값 상승률로 계산한 금액을 말한다. 재건축을 하든 하지 않든 집값은 인플레이션으로 매년 일정 가격 상승한다는 전제다. '개발비용'은 재건축사업을 진행하면서 드는 비용으로 설계비·공사비·조합원 운영비 등 일체 비용을 말한다. 마지막으로 '초과이익'은 재건축을 완료하고 집값 상승분과 개발비용 등을 빼고 조합원이 얻

은 이익을 의미한다. 재건축 완료 전, 완료 후 아파트 가격 산정은 한국부동산원에서 한다.

예를 들어보자. 어느 재건축단지의 원래 아파트 가격이 1,000억, 정상 주택가격 상승분 200억, 개발비용 300억이 들었는데, 재건축 완료 후 아파트 가격이 2,000억이 되었다면 조합원이 얻은 초과이익은 500억이 된다. 여기서 초과이익 500만 원에서 조합원 수를 나누면 '1인당 초과이익'이 나온다.

초과이익이 500억 원인데 조합원이 500명이면 1인당 초과이익은 1억 원이 되는 것이다. 여기서 초과이익이 1억이 나왔다고 1억을 모두 부담금으로 내는 건 아니다. 부담금은 1인당 초과이익 금액에 따라 구간을 나눠서 누진 적용한다.

조합원 1인당 초과이익	부담금
3천만 원 이하	면제
3천만 원~5천만 원	3천만 원 초과액의 10%
5천만 원~7천만 원	200만 원+5천만 원 초과액의 20%
7천만 원~9천만 원	600만 원+7천만 원 초과액의 30%
9천만 원~1억1천만 원	1200만 원+9천만 원 초과액의 40%
1억1천만 원 초과	2000만 원+1억1천만 원 초과액의 50%

만약 초과이익이 1억 원이 나왔다면 실제 부담금은 9천만 원에

서 1억1천만 원 구간이 된다. 1,200만 원에 9천만 원 초과금액의 40%인 400만 원을 더하면 1,600만 원이 나오는데 이 금액이 실제 부담금이 된다.

현장에서는 여전히 재건축부담금이 불합리한 제도라고 주장하고 있다. 먼저 단지 전체의 총액을 기준으로 조합에 부과된다는 것이 문제라는 것이다. 이런 논란에도 불구하고 정의당 심상정 의원실이 국토부에서 제출받은 자료에 따르면, 재건축부담금이 본격 시행된 2018년 이후 2022년 6월까지 전국 재건축 추진 84개 단지에 통보된 재건축부담금은 총 3조1,477억 원이지만 실제 징수는 한 차례도 이뤄지지 않은 것으로 나타났다.

얼마 전 서울의 재건축 대장으로 불리는 은마아파트의 경우 예상 분양가를 평당 7,700만 원으로 공개했는데 이는 둔촌주공의 3,800만 원보다 두 배 이상 높은 금액이다.

84타입 기준으로 26억 원이 넘는다. 추정 사업비는 총 5조2,135억으로, 만약 84m²를 보유한 조합원이 동일 평형을 배정받으려면 1억1,847만 원 원을 내야 한다. 76m² 소유주가 109m²를 배정받는다면 조합원 분담금은 7억7,654만 원까지 늘어난다. 게다가 현행기준으로 한다면 조합원은 수억 원대의 재건축부담금도 납부해야 할 것으로 보인다.

부산의 재건축 대장으로 불리는 남천삼익비치아파트 역시 최근 예상 분양가를 공개했다. 조합원 평당 4,500만 원, 일반분양 4,900만 원이다. 기존 아파트 전용면적 84m²(34평)를 보유한 조합원이 재건축 이후 같은 84타입을 분양받는데도 무려 6억8,195만 원을 추가로 부담해야 한다.

59타입을 분양받는다면 1억8,867만 원으로 줄어들지만 179타입에 입주하기 위해서는 자그마치 25억5,585만 원을 추가로 내야 한다. 74m²(30평형)를 가진 조합원이 73타입을 분양받으려면 5억9,699만 원, 84타입을 분양받기 위해서는 약 8억3,007만 원을 부담해야 하는 것으로 추산됐다. 사업비는 3조 원인데 일반분양분도 거의 없는 사실상 1:1 재건축에 가깝다 보니 조합원 분담금이 급격하게 증가한 것이다.

은마아파트의 경우 84타입을 보유한 조합원이 같은 평형을 분양받는 데는 1억1,847만 원을 더 내야 하지만, 남천삼익비치아파트는 6억8,195만 원을 부담해야 한다. 여기에 재건축부담금 폭탄도 감수해야 할 판이다.

하지만 은마아파트나 남천삼익비치아파트의 분양가는 훨씬 더 높아질 거로 판단된다. 이는 예정대로 사업이 진행되고 이주 및 착공에 들어갔을 때의 이야기다. 그런데 서울과 부산을 대표하는 두 아파트가 조합원들의 마음이 하나로 모여 예정대로 사업이 착착 진행될 것으로 보지는 않는다. 그 어느 사업장보다 조합원들의 말발이 세고 잘난 사람들도 많고 이해관계가 복잡하여 배가 산으로 갈 가능성도 짙다. ■

부록

꾼들만 아는, 지분쪼개기 가능한 재개발 예정지 TOP 71 (경기도&부산)

- 본 자료는 부산광역시와 경기도 일부 지역 재개발 예정지(2023.3.기준)이며, 일부 오류가 있을 수 있어 직접 사실관계를 확인 후 활용하시기 바랍니다.

1. 경기도

구별	연번	예정지	위치(일원)	면적(㎡)	특징	갭투자금
화성시	1	안녕 03	송산동 142-3	82,958	병점역 도보 가능, 한성미메이드 및 신현대2차 인근, 추진위 오픈, 동의서 징구	1억
	2	매송 03	매송면 원평리 142-3	24,523	어천역(인천발ktx), 2006년 재개발 추진 무산, ktx역 예정, 수인선 역사	8천~1.5억
수원시	3	팔달2매산	팔달구 매산로1가 114-3	22,662	수원역, 수인분당선, 수원역푸르지오자이 인근, 성매매 집결지, 도시환경정비사업	2억~2.5억
성남시	4	상대원 3	중원구 상대원동 2780	450,470	단대오거리역(8호선) 도보 이용 가능, 성남도시철도1호 트램, 항송 및 해오름공원	2~3억
용인시	5	삼가 1	처인구 삼가동 110-1	16,000	용인경전철 삼가역(에버라인) 도보 이용 가능, 두산위브아파트 인근,	2억
	6	삼가 2	처인구 삼가동 216-1	16,000	삼가역(에버라인), 우남퍼스틸아파트 앞, 원룸 신축 반대 현수막 다수	2억
	7	역북 1	처인구 역북동 454-1	40,489	김량장역(에버라인) 사거리, 용인역북신원아침도시아파트 앞, 능말근린공원	2억
시흥시	8	목감 1	조남동 171-4	62,950	신안산선 공사 중, 목감호반베르디움더프라임아파트 인근, 목감공원, 시흥하늘휴게소	1~1.3억
	9	포동 1	포동 2	82,134	신현역(서해선)	1억

남양주시	10	퇴계원 4	퇴계원읍 퇴계원리 82-13	18,986	퇴계원역(경춘선), 퇴계원신도브래뉴, 신별내퇴계원아파트 인근	1.5억
	11	퇴계원 5	퇴계원읍 퇴계원리 272	14,045	퇴계원역(경춘선), 퇴계원쌍용스윗닷홈, 강남1, 2차 아파트 인근	1.5~2억
	12	퇴계원 7	퇴계원읍 퇴계원리 329-69	10,929	퇴계원역세권(경춘선), 퇴계원극동, 힐스테이트아파트 인근, 퇴계원IC	1~1.5억
	13	금곡 6	금곡동 162-42	25,372	금곡역(경춘선) 도보 이용 가능, 남양주시청 제1청사 옆, 초중고 학세권, 홍유릉, 다산정약용공원, 면적 추가 편입	8천~1억
	14	금곡 7	금곡동 158-7	15,269		
	15	진건 1	진건읍 용정리 781-2	38,032	사릉역(경춘선), 장기 호재 다수, 경기 동북부에서 가장 저평가	5천
양주시	16	신산 1, 2	남면 신산리 285-75	60,700	한국외식과학고, 신산리공원	5천
	17	덕계 1,2,4	덕계동 634	113,500	덕계역(경원선), 덕계근린공원, 아파트 밀집지역, 양주회천신도시디에트르센트럴시티, 덕계역금강팬테리움센트럴파크아파트 인근	5천~7천
평택시	18	평택 1	평택동 76	33,814	평택역 광장, 원도심개발, '삼리(평택역 성매매 집장촌)'를 포함한 구도심 재개발, 평택의 랜드마크 지향, 도시계획심의 통과	1.5~2억

2. 부산광역시

구별	연번	예정지	위치(일원)	면적(㎡)	특징	갭투자금
중구	19	대청 1	대청동 4가 67	36,311	부산 원도심, 재개발 사업설명회, 부산민주공원, C-Bay Park 트램 및 국제시장 개발 호재	5천
	20	대청 2, 3	대청동 4가 78	14,549		
	21	보수 1	보수동 1가 60	23,681	부산 원도심 개발의 축, 주거환경개선지구, 중부산세무서, 깡통시장, 헌책방골목, 자갈치시장, 남포동 상권 접근성 용이	
	22	보수 2	보수동 1가 2	11,378		
	23	보수 3	보수동 1가 33	13,176		
	24	보수 4	보수동 1가 41	12,736		
	25	보수 5, 6	보수동 1가 41	23,536	주거환경개선지구 해제 중	
	26	동광 2	동광동 5가 3	11,805	메리놀병원, 코모도호텔, 부산민주공원 인근	

서구	27	아미 1	아미동 2가 213	33,499	주거환경개선지구, 비석문화마을, 까치고개, 감천문화마을 인근	3천
	28	동대신 7, 8	동대신동 1가 11	27,633	주거환경개선지구, 부산민주공원, 부산터널, 동대신비스타동원 인근	4천
	29	동대신 9	동대신동 2가 77-63	31,254	주건환경개선지구, 부산서여고 인근, 중앙공원, 덕박골 벽화마을	4~5천
	30	동대신 10	동대신동 2가 87	24,275		
	31	서대신 5	서대신동 1가 247	13,908	대신푸르지오아파트 앞, 서대신역(1호선)	5천
	32	남부민 1	남부민동 22	12,900	충무동 새벽시장 위, 자갈치역(1호선)	3~4천
	33	남부민 2	남부민동 428-179	69,405	천마산터널 인근, 산복도로, 바다 조망	3~4천
	34	초장동	초장동 75-413	91,440	토성역(1호선), 뚜껑 매물 다수, 사전타당성 통과 임박, 부산대학병원, 자갈치시장, 국제시장	8천~1억
동구	35	수정 2,3,4	수정동 974	49,302	주거환경개선지구, 부산진역(1호선), 북항재개발 배후지	5천~1억
	36	수정 6	수정동 684	169,191.3		
	37	수정 7	수정동 525	143,268	산복도로, 북항 조망, 경남여고 인근	8천~1억
	38	초량 5	초량동 794-2	18,880	산복도로, 초량역(1호선), 부산중.고등학교, 북항 조망	5~7천
부산진구	39	가야 4	가야동 361-1	27,792	동의대역, 가야역(2호선), 서면 중심지로의 접근 용이	8천~1억
	40	부암 6	부암동 326-1	88,000	서면동일파크스위트아파트 인근, 부산시민공원 및 서면 중심가 접근 용이	5천
	41	안창마을	범일동 산 605-30	168,923	동의대학교 인근, 수정터널, 사전타당성심의 동의서 징구, 경사지, 북항조망, 뚜껑매물 다수, 서면 중심지 접근 용이, 호랭이마을, 범일동+범천동	3~6천
	42	전포 4, 5	전포동 27-81	489,700	서면역(1,2호선 환승역), 부전역 도보 이용 가능, 부산 중심지 서면상권 인프라 이용 가능, 부전역복합환승센터 호재	6천~8천
	43	전포 6	전포동 191-7	90,000	서면역, 부전역(1호선) 도보 이용 가능, 서면 생활권, 고지대 조망	4천~7천

수영구	44	광안 6	광안동 1057-10	95,000	수영역 망미역 더블역세권, 팔도시장, 코스트코 및 이트레이더스 생활 인프라	7천~1억
	45	광안 7	광안동 178-17	89,801	광안리 오션뷰, 광안대교 뷰, 사전타당성 접수	1~1.5억
	46	민락 4	민락동 26	58,300	광안역, 수영역(2호선) 도보 이용 가능, 광안리해변 및 수변공원, 민락골목시장, 해운대센텀시티 생활권 인프라	5천~7천
	47	민락 5	민락동 158-13	71,000	수영역+광안역(2호선) 도보권, 광안리 만남의 광장, 카페거리 도보 가능, 관안대교뷰	8천~1억
	48	망미 6	망미동 415-20	140,000	망미역(2호선), 망미주공재건축단지(연산5구역) 인근, 망미중앙시장, 해운대 센텀시티 상권 접근 용이	6천~1억
사하구	49	장림 2	장림동 615-1	30,600	1호선 더블역세권(장림역+신장림역), 장림역베스티움2차 인근	5천
	50	하단 5	하단동 533-6	34,574	하단역(1호선), 사상~하단선 개통 예정, 하단~녹산선 착공 예정, 트리플역세권, 교통요지, 동아대 승학캠퍼스, 에덴공원, 승학산, 에코델타시티 배후지	6천~1억
	51	괴정 14	괴정동 1104-9	230,000	사하역(1호선) 초역세권, 초품아, 특별건축구역 추진, 괴정골목시장, 사하도서관, 생활인프라 우수, 제2대티터널(서부산터널, 괴정사거리~충무동사거리) 예정, 사하비스타동원아파트 힐스테이트사하역아파트, 매머드급대단지 예정	7천~1억
남구	52	감만 2	감만동 44-143	14,331	구. 부산외국어대학교 및 대연8구역 접함, 홈플러스, 감만1구역 인근, 사전타당성 심의 접수	7천
	53	용호 9	용호동 422-1	119,435	오륙도 트램(1호트램) 개통 예정(2024년), 예문여고(부산시 최우수학교), 이기대 및 오륙도공원, 동명대 인근	4~7천
	54	대연 9	대연동 1475-2	210,000	대연역, 못골역(2호선) 더블 역세권, 초중고 교육인프라, 남구청, 못골시장, 보건소 생활인프라 양호	3천~6천
	55	문현 4	문현동 94	135,000	문현동+대연동, 대연SK뷰아파트 인근, 고지대, 장기 미추진 지역,	3천~5천
영도구	56	청학 4	청학동 382	16,155	영도신도브래뉴아파트 앞, 부산항대교	4천

연제구	57	망미 3	망미동 826	33,400	망미역, 배산역(3호선), 교육환경 우수, 생활 인프라 양호, 부산지방병무청, 수영SK뷰1단지아파트, 해운대 센텀시티 이동 용이	8천~1억
	58	망미 5	망미동 457-40	98,000	사전타당성 심의 접수, 망미주공재건축 단지 앞, 센텀시티 접근 용이	1~1.5억
	59	연산 14	연산동 657	123,000	사전타당성 심의 접수, 물만골역(3호선), 황령3터널 개통 시 최대 수혜지역	7천~1억
	60	거제 4	거제동 566-8	60,850	거제해맞이역(동해선), 시청역 및 양정역(1호선), 트리플역세권, 부산시청 및 경찰청 인근, 사전타당성 심의 동의서 징구	5천~1억
동래구	61	명장 3	명장동 508-70	88,727	명장역(4호선) 인근, 센텀2지구, 명장근린공원, 동래사적공원	1~1.5억
	62	온천 6	온천동 1246-6	253,000	미남역(3,4호선 환승역), 온천공원, 롯데백화점 동래점, 대동병원 인근, 명문 학군	6~8천
금정구	63	남산 A,,B	남산동 694-1	250,000	범어사역+남산역(1호선), 부산외국어대, 사전타당성 접수 전, 부산 고속버스터미널	4~8천
	64	서금사 13	서동 141-1	180,000	서동역, 금사역(4호선) 도보 이용 가능, 센텀2지구첨단산업단지 수혜지, 서금사재정비촉진지구 광역개발, 서금사재정비촉진지구	6~8천
	65	서금사 14	금사동 397	125,611	금사역, 서동역(4호선) 더블역세권 도보 이용가능, 센텀2지구첨단산업단지 배후지 주거단지, 서금사재정비촉진지구	6천~1억
북구	66	숙등역	덕천동 419-20	79,342	숙등역(3호선), 구포시장, 사전타당성 심의 접수 전, 덕천교차로 젊음의 거리	5~9천
사상구	67	괘법 1	괘법동 539-23	119,000	사상역(2호선), 사상~김해 경전철, 부전~사상~마산 복선전철, 사상역 복합환승센터, 사상~하단선(5호선) 개통 예정, 서부시외버스터미널, 사전타당성 심의 접수 전	7천~1억
해운대구	68	재송	재송동 110	61,325	센텀역(동해선) 인근, 동부지방법원	8천~1억
	69	반송 2	반송동 40-3	154,571	윗반송, 고촌역(4호선)	5천~7천
	70	달맞이 1	중동 1487-3	125,000	제2의 한남동, 최고의 해운대 오션뷰, 대형빌라와 상업시설 다수, a+b구역 통합, 엘씨티더샵아파트, 사전타당성 심의 접수 전	6천~1억
	71	달맞이 c	중동 1485-9	90,000	달맞이고개 고지대, 소형 구축 빌라 다수, 해운대힐스테이트위브, 영구바다 조망 가능	5~7천